文心讲堂

第一辑

镇江市图书馆◎编

江苏大学出版社
JIANGSU UNIVERSITY PRESS

图书在版编目(CIP)数据

文心讲堂.第1辑/镇江市图书馆编.—镇江:江
苏大学出版社,2010.12
ISBN 978-7-81130-197-7

Ⅰ.①文… Ⅱ.①镇… Ⅲ.①传统文化－中国－文集
Ⅳ.①G12－53

中国版本图书馆 CIP 数据核字(2010)第 242126 号

文心讲堂 第一辑

编　　者/镇江市图书馆
责任编辑/张　平
出版发行/江苏大学出版社
地　　址/江苏省镇江市梦溪园巷 30 号(邮编:212003)
电　　话/0511-84440890
传　　真/0511-84446464
排　　版/镇江文苑制版印刷有限责任公司
印　　刷/扬中市印刷有限公司
经　　销/江苏省新华书店
开　　本/718 mm×1 000 mm　1/16
印　　张/19.5
字　　数/300 千字
版　　次/2010 年 12 月第 1 版　2010 年 12 月第 1 次印刷
书　　号/ISBN 978-7-81130-197-7
定　　价/42.00 元

如有印装质量问题请与本社发行部联系(电话:0511-84440882)

序

张洪水

作为一个镇江人,家乡这几年翻天覆地的变化让我激动和自豪。这份激动,这份自豪,不仅来自于经济发展上的跨越提升,来自于城市建设上的突飞猛进,也来自于文化活力的不断焕发,来自于镇江人民精气神的焕然一新。"大爱镇江"、"文化嘉年华"等各种群众精神文化活动如火如荼开展,《小城大爱》、《血色沉香》、《诗话镇江》、《三国龙凤呈祥》、《水漫金山》等优秀文艺作品如雨后春笋般涌现,镇江大地一年四季都劲吹着文化的春风。

从事宣传文化工作这几年,我深深感到,镇江人民对文化的渴求是炽热的,而且随着经济社会的加快发展,这种渴求将会越发强烈。我们有责任将群众这种对文化的自发追求引导好、满足好,使其上升为一种文化自觉,并更进一步成为一种文化自信和自强,进而提升整个城市的品质。为此,这几年镇江的文化工作者进行了很多有益的探索和尝试,"文心讲堂"就是其中的较好代表。

我去"文心讲堂",每次都被现场热烈的氛围所感染。不大的讲堂里挤满了坐着的、站着的听众,无论是年幼的还是年长的市民,对文化最真挚的喜爱都溢于言表。我想,正是因为"文心讲堂"为广大市民架设了一个学习、感知、思考的平台,让大家的文化之心在这里相互碰撞、得到激荡、实现提升,所以才受到大家的热爱和追捧。

翻看《文心讲堂》一书,仿佛又回到了讲堂,与王蒙、余秋雨、易中天、于丹等文化大师分享和探讨着文化的魅力。愿本书能带给大家更多文化的启迪,为大家打开一道去探索文化世界的心灵之门;愿"文心讲堂"越办越好,成为镇江文化建设的靓丽名片;愿文化镇江的明天更美好!

(作者系中共镇江市委常委、宣传部长)

目录

康熙与读书

阎崇年

阎崇年
Yan chongnian

北京社会科学院满学研究所研究员、北京满学会会长、中国紫禁城学会副会长、历史学者，主要研究满洲史、清代史，兼及北京史。倡议并主持第一至五届国际满学研讨会，先后到美国、日本、蒙古等国家和香港、台湾地区讲学。北京市政府授予有突出贡献专家称号，享受国务院颁发的特殊津贴。主要著作有：《努尔哈赤传》、《清朝皇帝列传》、《正说清朝十二帝》、《袁崇焕传》等。

尊敬的图书馆任馆长，尊敬的在座和在站的诸位领导、诸位先生、诸位女士：

我第一次到镇江，但对镇江向往已久，主办方约我到镇江来，我非常高兴，借这个机会，同在座的诸位做一次学术和文化的交流。交流的题目，主要是读书，就是"康熙与读书"。我曾经做过一报告，比较高端的报告，我就说读书的事情。有一些先生和一些领导说，我们很忙，没有时间读书。我反问："您比康熙皇帝还忙吗？如果您比康熙还忙，您有理由不读书，如果您没有康熙忙，您就没有理由不读书。"为什么我选择"康熙与读书"这个题目？因为我们在座的，主要是公务员、干部、教师等，大家都有一个愿望，要把工作做好，把自己管的那套事业往前推进。怎么做好，怎么往前推进？其中一个问题就是读书。

康熙的一生，我总结了几句话，供大家参考。我说康熙有"大过人之处"，康熙之所以有大过人之处，因为康熙有大过人的思想。康熙为什么有大过人的思想？因为康熙有大过人的学习。我把这个话简单地解释一下，我们每个人都平心静气地想一想。人生在世，难过百年，到晚年，60 岁 70 岁 80 岁 90 岁甚至 100 岁的时候，回顾自己的一生，能算作大事情的有几件？大概一般的人有一件就不错了，有两件就很可以了，有三件就很难得了。20 世纪 80 年代我去美国进行学术交流的时候，别人送我一本书，叫做《美国历任总统传》。从第一任华盛顿，一直到当时的总统，每一个总统后面都有一个简短的结论，即他做了几件在历史上可以称得上贡献的事情。那些总统有一件事情就不错了，多则两件，三件的都很少。

康熙 8 岁即位，在位 61 年，69 岁因病故去。他一生做了几件事情？我给归纳了一下，他一生主要做了五件事情。时间不够，我不能多说，我就举三件事情来讲讲康熙怎么有大过人之处，然后再分析他的大过人思想，再讨论他的大过人的学习。

康熙一生第一个贡献，就是奠定了中国版图的基础。康熙那时候版图有多大？东南到台湾，康熙在位把台湾统一了，使得从万历十一年（1583 年）开始到康熙二十二年（1683 年）100 年没有完成的那个金瓯统一,康熙他完成了。也就是说,100年来人们没有做到的事情,康熙做到了,统一了台湾。再往东,疆域东到大海,东北到库页岛,现在俄罗斯的萨哈林岛,就是黑龙江入海处的那个地方,再往北就是外兴安岭。在座的可能有人工作比较忙,对这块地区不太熟悉,也就是外兴安岭发源的那个水,往北流的流到北海,就是北冰洋,往南流的流到黑龙江,外兴安岭山脊所有流到黑龙江的水流经的那个流域,都归清朝。再往西,就是贝加尔湖,大家很熟悉的苏武牧羊的贝加尔湖,就是康熙朝的疆域。北面到贝加尔湖以南,都属于清朝的领土。再往北,就是现在的蒙古国,当年叫喀尔喀蒙古,完全臣服于康熙朝。解决这个问题不容易啊!中国汉族、中原地区的农耕文化同西北游牧民族(秦始皇的匈奴、明朝的蒙古)的草原文化之间冲突了两千年,这个问题一直没解决,到清朝,这个问题可以说解决了。怎么证明?蒙古在清朝康熙、之后,没有闹独立,一直是大清王朝属下的一个部分,蒙古地区安定了150多年。

我讲一个故事:1992年,我到台湾地区进行学术交流,1992年的时候,海峡两岸刚开始进行文化交流,我们社会科学界第一批访问台湾的学者在台湾参加了一次学术研讨会,名字叫"清史与档案"学术研讨会。研讨会的开幕式,大家都知道的那个圆山大饭店,在那儿开,闭幕式也在圆山大饭店,闭幕式的酒会要结束的时候,大会执行主席宣布说:"蒙古国的学者现在到会,大家鼓掌欢迎。"大家哈哈一笑,用北京话来说:"您是开会来了,还是找饭辙来了?"为什么蒙古国这个代表散会的时候、举行闭幕酒会散会的时候才到会?后来这个代表说,他从乌兰巴托到了香港,从香港进台湾要办手续,他们叫做"签证",我们叫做通行证。"签证"的时候先找台湾"外交部"驻香港的那个机构,说"不行,不能办"。为什么不能办啊?说"蒙古国是'中华民国'的部分,'外交部'不能办,不是外国啊,外交部不能办"。那怎么办啊?说"要找'蒙藏委员会'"。台湾啊,有个"蒙藏委员会",大体上相当于我们大陆的民族事务委员会——民委,说由他们办。到了"蒙藏委员会","蒙藏委员会"负责人说,"不能办",说"你外蒙古加入联合国了,我怎么能管到你那份儿上,不能办"。台湾"外交部"、"蒙藏委员会"都说不能办,就把那个代表在香港隔住了。怎么办呢？这官司就打到李登辉那儿，当时李登辉是台湾地区带引号的"总统"。李登辉说："这样，这件事情做个案处理，下不为例。"就指示一个方面办了手续，蒙古国的代表就去了，在香港又耽搁了5天，所以在大会闭幕的那个酒会上，他刚赶到。这个故事说明一个问题，就是台湾现在的那个"中华民国"地图，"外蒙古"还划在中国范围内。

　　我想说明一件事情，这个事情是从康熙朝奠定的：漠南蒙古（现在的内蒙古），漠北蒙古（现在的蒙古国），漠西蒙古（现在新疆地区的蒙古），完全归属于清朝的版图。再往西转就是新疆，康熙、他的儿子雍正、他的孙子乾隆，经过三代，新疆问题解决了。开始是设伊犁将军，就是军政府，后来就变成新疆行省，新疆省。再往那边转，就到了西藏。达赖喇嘛是顺治皇帝册封的，班禅额尔德尼是康熙皇帝册封的。康熙皇帝的时候在西藏驻军，中央政府在西藏派驻代表。后来乾隆又规定，达赖和班禅的灵童转世，用金奔巴瓶掣签，由中央政府最后来册封。康熙以后，整个清代，西藏没有提出独立的问题，一直是清朝的一部分。往南到什么地方？康熙朝的版图，往南就到了南沙群岛最南端的曾母暗沙。曾母暗沙什么概念？可能很多人不太熟悉。2007年我应邀到新加坡和马来西亚讲清史，他们说，阎教授你想看什么地儿？我说，我就想到马六甲，他们就送我到马六甲。马六甲这儿紧挨着赤道，我说我要在这个地方看一看曾母暗沙。我展开地图看这个曾母暗沙，几乎就到了赤道。也就是说康熙朝的版图：往南最远到接近于赤道；往北到外兴安岭；西北到巴尔喀什湖，现在哈萨克斯坦那旁边，伊犁河河水就流到巴尔喀什湖。日后我考察过，总共是大约1 300万平方公里土地。我们今天是960万平方公里，那时比现在大约大三分之一。这是一个了不起的贡献。但这不仅仅是清朝的版图。在黑龙江，康熙设立了黑龙江将军。那是个衙门，就是军政府，驻军。设立衙门、设立官署、设立卡伦——就是一个一个军卡站，巡逻，征收赋税，实际上完全控制了这个版图。一个人在历史上，使中国版图达到了这样一个状态，应该说是对我们中华民族的一大贡献。

第二个贡献，民族多元一统。我们现在 56 个民族，当年，这些民族也都生活在这个范围里面，这么多民族在一起，多元一统，不容易。我听说我们镇江市还有十多个民族呢。这么多的民族汇集在一起，蒙古族也好，藏族也好，康熙朝也好，乾隆朝也好，没有说要独立。康熙皇帝自己会蒙古语，同蒙古王公贵族对话的时候用蒙古语交流。乾隆会蒙古语、满语、藏语，和班禅对话用藏语，用藏语讨论藏文的大藏经（大藏经有藏文的、蒙古文的、满洲文的、汉文的），他和章嘉呼图克图大活佛讨论满文的、藏文的、蒙古文的大藏经，进行经典的学术讨论。乾隆还会维吾尔语，维吾尔的博克到北京朝贡的时候，他用维吾尔语跟他进行交流。试想，如果乾隆不会维吾尔语，那么他和香妃怎么进行交流啊？乾隆会维吾尔语所以和香妃能够交流。

第三个贡献，文化，就是中华文明的传承。大家知道古印度文明中断了，古埃及文明中断了，古巴比伦文明也中断了，四大文明古国，古文明没有中断的只有中国。我们中华文明在元朝有可能中断，因为元朝是蒙古人建立的，但是元朝时间比较短。还有一次中断的可能，就是清朝，多尔衮实行了很多错误的政策，如剃发易服、圈地占房等，演出了扬州十日、嘉定三屠、江阴抗清等一幕一幕的历史悲剧。但是康熙即位之后，就尽量融合满汉文化，特别是要求满族人学习汉族文化，底下我要细讲。他修《康熙字典》，一个满族人修汉文字典；修《古今图书集成》，一万卷。他的孙子乾隆又修《四库全书》。《四库全书》抄了七部，第一部藏在北京皇宫的文渊阁，文渊阁最近刚修好，过一段时间大家可以到北京看一看文渊阁，但书现在在台北。第二部在圆明园，英法联军给烧了。第三部在承德避暑山庄，当时专门盖了文津阁，这部书现在移到北京，藏在国家图书馆。第四部在沈阳，当年叫盛京，藏在文溯阁，但这部书当年战备的时候移到了甘肃兰州山里边儿保存，现在兰州说，就搁我们这儿吧，也甭还了。沈阳方面希望还啊，就专门盖了一个阁，仿照文溯阁新盖了一个，很漂亮，我去看了，花了几千万就是为了保存这个文溯阁版的《四库全书》。江北四部，江南三部。杭州一部，第五部，太平天国的时候毁了一部分，后来有人出钱又再补，基本上补得差不多了，现在还在杭州图书馆搁着。第六部,在扬州,没有了,壳也没有了。还有一部,第七部,就在镇江——文宗阁。今天中午吃饭的时候,我跟几位先生讨论这事儿,江南那么多地方儿啊,南京(江宁、金陵)有《四库全书》吗?没有。苏州,清朝时候江苏巡抚住苏州,苏州有《四库全书》吗?没有。无锡,有吗?没有。但是这部《四库全书》搁在镇江。乾隆还有个解释,说让江南的士子,到镇江这儿来看这《四库全书》。我今天上午到金山去找文宗阁遗址,后来徐馆长给我指出地方。我说,要是能把这个文宗阁复建一下多好!书也好办,给《四库全书》影印啊,精装本的、线装本的都有。因为我是经扬州来的,扬州的一个能修大和尚介绍我见一下金山江天寺的心澄大和尚,上午我跟这个心澄大和尚又谈起了这个事情,他很有兴趣,他说文宗阁要建,他想法儿找钱。他找钱,我说:"这书呢?"他说:"书现在有了。台湾的星云大和尚给我打电话,建议我参观参观扬州的鉴真图书馆,我看了,那儿有《四库全书》,有精装本的,还有线装本的。"我就想,如果扬州有,那么镇江文宗阁复建,把线装本的影印了充实起来,这应当是弘扬镇江文化的一件盛事。心诚大和尚跟我说:"这个书,我可以想法找到一部,如果阁盖好了,就给它充实起来。"

康熙皇帝还做了许多的事情,其中任何一件事情都应当说流传千古。

我说康熙皇帝有大过人之处,那我再举两个例子说一下。我们中国自有皇帝开始,从秦皇到宣统,多少个皇帝?有人算了一下,是349个皇帝。康熙也关心这事儿,他让大臣数一数,到他为止一共有多少个皇帝?他大臣报告说211个皇帝,取样标准不同,我们不讨论。多少年?中国有皇帝的年代是3 132年。这3 132年中统一的时候,一个皇帝在位满40年,还不说60年,满40年的只有6位。第一位是汉武帝,但是汉武帝中间天旱的时候发生了民变,有比较大的社会动荡。第二位就是唐玄宗,中间发生了一次"安史之乱",唐玄宗不仅自己逃难,他的杨贵妃也死在马嵬坡,又有人说逃到日本了,我们不讨论这事儿,总之吧,"安史之乱"是唐朝由盛转衰的标志。第三个就是明朝的明世宗,嘉靖,在位45年。社会安定吗?蒙古的军队打到北京,所以嘉靖皇帝修北京的外城。现在到北京看永定门的门楼啊、外城啊，都是那个时候修的。你不能说安定啊，北京城都被攻啦。第四个就是万历皇帝，在位48年。万历皇帝时发生一个大的事情啊，对外援朝不说，对内就是那个萨尔浒大战，明朝出动号称47万军队，明朝有大约20多万军人在一个战场上进行战争啊，你不能说太平啊。第五个就乾隆，乾隆在位60年。乾隆三十九年山东发生了王伦起义，也是一个比较大的社会动荡。但是康熙朝，康熙二十年平定"三藩之乱"之后到康熙六十一年，中间41年，中原地区没有战争，没有大的民变。我说是康熙盛世，有人赞成，有人不赞成。我说中国两千年，准确说中国2 132年有皇帝的历史，在位满40年以上的统一的王朝，40年没战争的和平、安定的环境，只有康熙朝。我说，你要不同意，你举出一个朝代来，此其一。

康熙朝也杀人哪，叫秋决啊，每年秋天要决定杀人哪，各省要报到中央三法司，一个刑部、一个都察院、一个大理寺，三个机构讨论，杀人的权在中央。这个大理寺很有意思，是独立的。大理寺管什么呢？专管驳，你报上不是要杀吗？我就调查，找茬，驳你，你重新报材料，完了再驳你，驳倒了，这个死刑就不成立，驳不倒你，我也签字。三法司共同签字，报到康熙这儿，康熙再签字，最后再决定死刑。当时康熙朝全国一共18个省，18个省人口大约有一万万，一年杀多少人呢？开始，一年杀40来个人；后来社会比较安定，减少到30多人；再后来社会安定，减少到20多人；再后来又减少到十几个人，就是平均一年一个省不到一个人。这不是宽大无边吗，要是十恶不赦，你把人家一家灭门了，能不杀你吗？我有一次做一个高端报告，吃饭的时候，那纪委书记、政法委书记跟我说："阎老师，咱们别的不说，就康熙这一条，18个省一万万人，全年杀十来个人就这一条就够太平盛世。"所以我说康熙这61年，他有大过人之处，跟历代皇帝比，跟那348个皇帝比，他有大过人之处，就他做了，别人没做。

康熙为什么有大过人之处？康熙的思想比其他的人想得深想得远。台湾要不要统一？好多人反对，隔个海峡，风也大浪也大，打不下来失败了怎么办？康熙一拍板儿，天下大权当统一，要解决台湾问题。解决啦！吴三桂发动叛乱，平不平叛？又说不行啊，吴三桂是康熙爷爷辈儿的，沙场62年啊。康熙没打过仗，康熙二十年，他才20岁，虚岁20，周岁19，这么一没打过仗的青年跟吴三桂来对弈？康熙还是天下大权当统一，平叛。平叛开始失利啊，吴三桂是云贵川，云南、贵州、四川往下打，加上广东、广西、湖南3个省，6个省了；东南，福建、江西、浙江，又3个省，9个省；西北，陕甘宁，12个省，相当于现在差不多16个省区。有人当时提议要撤藩要平叛，就是当年汉朝的"诛晁错，清君侧"。康熙说什么？这个事情我决定的，跟其他人没关系。用我们今天话说，你们要处理就处理我吧，要杀就杀我吧。哪个大臣、哪个尚书敢处理他啊？人心统一，经过8年战争，把三藩平定了。

康熙在关键的时候有过人之处。打沙皇俄国，在什么地方打啊？雅克萨。雅克萨在什么地方啊？大家知道黑龙江有个漠河吧，在黑龙江的北岸。我到黑龙江去考察，那个时候没火车，也没有飞机，坐吉普车，县委书记的吉普车，那吉普车是特制的，带扶手儿。为什么带扶手啊？那个路一颠起来，扶着吉普车扶手头还顶着吉普车顶棚呢。我坐吉普车去，颠簸得不得了。当年得骑马、步行、坐船到黑龙江漠河北岸的雅克萨，把沙皇俄国给打败了，没点儿气魄行吗！当时，康熙对情况不了解啊，怎么办？就派官员化妆成打鹿的，穿着当地少数民族的衣服，沿着黑龙江一直到雅克萨城下，多少里地、沿途情况等，画个图记下来。并且还在雅克萨城下抓了三个俄国人蛇头，抓回来以后了解情况，做了记录，向康熙汇报。了解好情况后，康熙便令将出师，取得两次雅克萨战争胜利，最后同俄国签订了《中俄尼布楚条约》，这是在康熙二十八年（1689年）。

康熙为什么有这么大过人之处？我说他有大过人的思想。为什么康熙有大过人思想？因为康熙学习过人。你不知道我知道，我知道你不知道，你没思考过，我思考了，你没想到，我想到了，你没有的决心，我有。所以我个人认为，康熙的学习是他后来成功的关键之一。康熙的学习我给他归纳了一下，有4个阶段：第一个阶段是少年时期，我给概括4个字——少年好学；第二个阶段是青年阶段，青年苦学，刻苦的苦；第三阶段是盛年博学;第四阶段是老年通学,通达的通,通学。我们在座的绝大部分都是孩子的家长,我们自己也有这样的经历。我们看看皇帝一生怎么学习的呢? 康熙 5 岁,虚岁啊,5 岁开始读书学习。谁教他呢? 大家说他爸爸死得早,他妈妈死得早,他奶奶,就是孝庄太皇太后教他。孝庄太后有个侍女,陪嫁的那个蒙古的姑娘,叫苏麻喇姑,苏麻喇姑会满文、会蒙古文,就教康熙,有电视剧说康熙跟苏麻喇姑两人谈恋爱谈得死去活来啊。孝庄跟皇太极结婚的时候,这个苏麻喇姑是陪嫁女啊。陪嫁女不能比孝庄大,孝庄 12 岁结婚,你不能 16 岁,大 4 岁,不行。孝庄她妈妈这事想得很周全啊,如果这苏麻拉姑是 16 岁,或者是十七八岁,长得再漂亮一点,还当个什么侍女啊,可能就纳为妃子啦,是不是这道理啊? 所以苏麻拉姑不能比孝庄大,也不能太小,太小,四五岁也不行,没法照顾庄妃啊,是不是? 应该说苏麻拉姑年龄啊,和庄妃的年龄大体差不多,那么孝庄是康熙的奶奶,到康熙执政的时候算一算,孝庄是 75 岁死的,那苏麻拉姑到康熙成事儿的时候,大体 50 岁多一点。你说一个蒙古的女孩子,都 50 多岁快 60 岁了,还跟康熙这十五六岁一个少年谈恋爱,而且谈得死去活来,这纯属胡编乱传,缺乏起码对历史的敬畏态度。有一次一个宣传部门的负责人跟我说:"阎老师,为什么清史类电视剧这么热闹啊?"我说:"很简单啊,民国的电视剧你敢这么写吗? 民国某某大员跟某某人可以吗? 人家家人还在,亲戚还在,不跟你打官司吗? 反正康熙爷死了,乾隆也死了,爱怎么说怎么说去吧。"

教康熙的还有两个太监。5 岁正式念书时,给他聘老师,一个是汉族老师教他汉语,还有个蒙古的老师教他蒙古语,这是正式念书。另外还有个满洲的师傅教他骑射,骑马射箭。5 岁就开始学骑马,到七八岁的时候马就骑得很好了。康熙学满语、蒙古语、汉语,和汉族小孩儿相似,学"三百千"——《三字经》、《百家姓》、《千字文》。再稍大一点儿,就念"四书"——《大学》、《中庸》、《论语》、《孟子》。《大学》1 753 个字,开宗文义:"大学之道,在明明德,在亲民,在止于至善。"有三纲领、八条目,八条目就是格物、致知、诚意、正心、修身、齐家、治国、平天下。底下我还要再说。《大学》康熙是念,念一遍,再念一遍,那个念是朗诵、诵读。康熙聪明啊，估计念个10遍20遍也就会背了。但他不，而是念一遍画一个记号，再念一遍再画个记号，要满120遍才可以，念完还要背，背一遍画一个记号，要背120遍。所以这个《大学》啊，康熙自己说，他到晚年了，还像刻在脑子里头一样，还能滚瓜烂熟背下来。《中庸》同样念120遍，背120遍。《论语》念120遍，背120遍。还有《孟子》，《孟子》比较难背，35 000多字，同样念120遍，背120遍。他功课熟到什么程度呢？他孩子们念书的地方叫上书房，教他孩子的老师当然都是大儒啦。康熙下朝去检查功课，老师在那儿坐着，孩子们在那儿念书。康熙进门以后，老师都站起来了。康熙说："背！"指定一个儿子背，老师呢，就拿出一本经书打开来，指出一段儿说："你开始背。"皇子就背啊，这老师还得看书，说你背得怎么样怎么样。背完，康熙先说话，康熙可以闭着眼睛说得一字不错，不用看书，不用对着，一字不错，那老师还得看书呢。你老师是吃饱饭就坐着的，对不对？皇帝的事情多多啦，都熟练到这个程度。

我们今天在座的主要是干部，张兵局长原来在广电局工作过对吧，你们要播的话，有的就给裁掉吧，咱们今天内部就说几个事。2007年5月，我和于丹教授应邀去台湾，她讲她的《论语》，我说我的清史。一名30岁多点的女记者，挺厉害的："阎教授。"我说："什么？""《论语》、《孟子》我常会背。"我说："你是精英啊，新闻媒体这么牛，都是精英啊！"她说："不对，我们台湾的中学生不会背不能毕业，所以全会背。"我不太相信，我又问了别人，印证了一下，是这样。我在这里孤妄地说一句，我们今天大学的中文系，别的系不说，中文系的教授，研究鲁迅、郭沫若现代文学、近代文学的不算，研究古代文学的能背《论语》、《孟子》的有几个人？我不敢说一个没有，大概没有几人。我们大学哲学系的，研究康德啊西方哲学的不算，研究中国哲学史的，研究朱熹也不算，研究先秦哲学史的，能够背《论语》、《孟子》的，有几个人？我不敢说没有，大概也没有几个人。

这是康熙少年阶段的读书，他8岁即位14岁亲政之后，慢慢就步入了青年、中年。这时候康熙的读书是，苦读，中年苦读。苦读到什么程度？就是他读书读得累到咯血。每天早上起来先是念书，后上朝。康熙几点起床啊？我算了一下，寅时，大约4点来钟起床。起床之后，先念书，完了上朝。几点上朝？夏天辰初，就是7点钟；冬天秋天呢，天短，是辰正，8点，8点上朝，他上朝之前的第一个单元是先念书。8点钟上朝，大约上一个时辰，约10点钟左右早朝下朝，这是正常情况下。如果有大朝，外来使臣的接见呐？是先太和殿上大朝，一个时辰，完了再上早朝，那下早朝大概就12点左右了。下完早朝以后做什么？第一个事情，向太皇太后请安。我看过《康熙起居注》，每天都这么记。我也纳闷儿，我说："康熙挺孝顺啊，下朝第一件事就是到他奶奶那儿去。"后来我仔细地读就明白了，他到他奶奶那儿去，用我们今天话来说，4个字：请示汇报！今天朝廷讨论了什么事情，有些什么样不同的意见，作了什么决定，还有什么问题拿不定主意，给他奶奶报告一下啊，奶奶出点儿主意。凡是当时不能决定的，康熙一定说明日再议，回去就跟他奶奶商量，完了再讨论，讨论有不同意见他也不说，而奶奶意见他也知道了。因为这时候他比较年轻，是刚刚开始执政的时候。最后他拍板儿，这事儿就这么定了。请安完了以后，接见臣工，这清朝有个规定，知县出去做知县的时候儿，皇帝一定找他谈话，知府更要谈话，巡抚总督也自然要谈话，亲自谈话。你到什么县做知县，这个县有什么特点，你准备怎么做，知县要有所准备吧。派一个镇江府知府来，康熙他要对镇江有所了解啊，要不然没法儿指示，这要准备吧，要看书，要学习。接下来一个时辰呢，是批答奏章，最多的时候，一天500件，都要批啊，而且要逐字逐句地推敲批啊。完了，他说叫做"游弋翰墨"，就是写字啊，作诗啊，写文章啊，苦读。

这个苦读，我举一个例子，就是他这时候不光是读经了，还读史。读《资治通鉴》，《资治通鉴纲目》他读了6遍。我原来知道他很熟，但不知道他具体读几遍。我这次出来第一站是到上海。到上海做什么？我到图书馆看《漫堂年谱》，王翠芳老师帮我把书借来了。《漫堂年谱》的作者宋荦这个人呢，做过江苏的巡抚，我们江苏省省长。康熙南巡，到他这，跟他谈，说这个《资治通鉴》纲目我已经通读6遍了。经史子集，康熙中年读书非常刻苦，此外还要学自然科学，学数学、天文学、历法学、光学、物理学、化学、生物学、地图测绘学、音韵学，还有人体解剖学、医学、药学，等等。他还学了天算，就天文历法学来说，康熙是找不着人来跟他对话的。于是他找到大学士李光地，说："你给我介绍一个研究数学水平特别高的。"后来了解到有个人叫梅文鼎，他写了本书，于是李光地就把书先给康熙看。康熙把这个书通读了，南巡时就接见了这个梅文鼎，两个人谈数学，谈了三天三夜。这个梅文鼎是当时中国水平最高的数学家和天文学家，康熙能跟他对话跟他讨论，可见康熙的数学水平。当时还没有数学界呢，有的话康熙也应当算是学术界里最高的水平了。关于几何学，他三征葛尔丹时，到了"外蒙古"，到了西宁，到了青海等地，他在那儿利用三角法测量，说这个地方离北京多少里地，纬度是多少，并写信告诉他儿子，计算结果和我们今天算的数据基本一样。他视察黄河，和他儿子亲自拉尺测量河堤高和低，测量水通得过通不过。关于医学药学、中医中药，他自己能开药方儿，懂得药理。关于植物学，他这个人很有意思。他在西园，就是现在的中南海，中南海丰泽园（丰泽园的名字是康熙起的），是康熙的试验田（丰泽园是 10 亩零 1 分地），康熙在这种水稻。水稻 6 月份熟嘛，康熙看有一棵水稻长得又高又挺穗儿又大，他很奇怪，就把这籽儿采下来。第二年又种，还是 6 月份熟，他又把籽儿采下来。他把这个稻米取名叫御稻米。他说他在北京皇宫御膳用的那个大米都是自己种的，后来又推广到承德，在避暑山庄又种这御稻米。他每年都去承德避暑山庄，一共去了 53 次，木兰围场去了 48 次，他吃的稻米是他自己种的御稻米。他又把稻米运到江南，让江南种植试试看。他知道南北水土不一样，想看看是不是能培育出两季稻。在江南的一部分实验失败了，一部分却成功了。现在袁隆平先生能培育出三季稻，康熙他能培育出两季稻。他认为应该在北京周边扩大一下，便扩大到了天津。他命人在天津试种这种水稻。天津当时的海水跟现在不一样，当时盐碱地比较多，长不了水稻，怎么办？康熙自己发明制造了一个抽水机（水车），把海水抽出去，再把淡水灌进来，从而改变了土壤，种植了水稻。后来经过几代培育，现在有名的天津小站稻开始就是康熙时候种的，还有北京的京西稻也是康熙时候的品种。种西瓜，进贡的

康熙与读书
阎崇年

哈密瓜、西瓜，他种，采集了种子。台湾不是统一了么，他便让人把种子送到台湾，在台湾种西瓜。台湾比较热，试了几次以后，说还行，长得比新疆西瓜小一点、差一点，但是还可以长。

到晚年，康熙学习的特点就是通了，经史子集、天文地理，中学西学融会贯通。他学习刻苦啊，南巡到了南京燕子矶，大臣有急事晚上找他奏报，大体相当于现在夜里 1 点钟左右吧，他还在那儿看书呢。康熙一生从 5 岁开始到 69 岁故去，4 个字：手不释卷。打葛尔丹时，他亲征，到现在蒙古国的克鲁隆和，晚上他找了耶稣会士到御帐里头给他讲数学题。他从幼年、青年、盛年，一直到晚年，始终是手不释卷。所以大臣有时候想蒙他，那不可能，你知道的他知道，你不知道的他也知道啊。举一个例子，日食和月食他是要很准确地预测几点几分的，钦天监观测的和耶稣会士观测的和他的不一样，于是争论，中西之争。他让大学士六部尚书就在午门前测日影儿；对月食进行计算，大学士六部尚书全部都算，还不行。天文台，就现在北京东城的那个，在那儿测。可是大臣也要问啊，康熙说我也不懂啊，于是他下决心学数学，学天文学，于是他精通了，大臣们都很佩服。数学题一般人也不会算，而他可以跟数学家对话，一夜算数学题。这是康熙学习的 4 个阶段。

第二点我跟大家交流的，就是康熙学习的 4 种境界。学习这东西啊，头悬梁锥刺股不是办法，一定要高兴地学。我们在座的很多家长，对小孩的学习，特别是小时候的学习，千万不要强迫，不要让孩子对学习产生厌恶和反感，要让他们认为学习是一种乐趣。康熙从小时候起就觉得学习是一种乐趣，他小时候的保姆看到他老是手不释卷，怕把孩子累坏了，就偷偷把书藏起来。他也不吭声，到时候找，找到了就接着看。我讲一个以色列的故事。咱们中国的小孩儿刚会爬、刚懂点事儿的时候不是要抓周嘛，糖啊、过去的制钱啊、花儿啊什么的，看他抓什么。贾宝玉不是抓了花么，抓那胭脂，不就是在女人堆里混嘛。以色列的小孩儿刚会爬的时候，大人就把一本书抹上蜂蜜搁到一边儿，小孩闻着蜂蜜味儿就爬到这儿，他也不懂啊，就舔，这就是想培养小孩读书和学习的兴趣，这一点和我们民族的习惯有点儿差异。康熙小时候学习，有一种欣然的境界，这一点我觉得对今天很有启发，特别对我们家长如何教育孩子有启发。学习是棍棒打不出来的，戒尺板儿也打不出来，只要启发孩子喜欢学习、爱好学习、有兴趣学习、以书为乐，孩子就可以学好，这是第一种境界。

第二种境界呢，是愤然境界。康熙学西方自然科学碰到困难了，碰到挑战了。原来是汤若望等人修历法，顺治死了以后，鳌拜他们四大臣辅政。有一个人叫杨光先，杨光先是个很奇怪的人，他是南方人，崇祯皇帝的时候他到北京告状，怎么告状呢？雇了几个人抬着棺材到北京紫禁城里告状去。崇祯皇帝生气，这大不吉利啊，你把棺材抬我这皇宫门口了，可不是不吉利吗！就把他给抓起来了，抓起以后要流放他，但后来明朝灭亡了，他也就回家了。清朝建立了，他还想去做官，想出奇，就到北京告状，告谁呢？就告汤若望他们。这时候汤若望他们修历法，杨光先就说历法有问题，这个历法是200年历，说大清国亿万斯年，大清国万万岁，你给皇帝排了200年，这不是让大清国短命吗？这不就上纲上线了么？这黄历修一万年，那怎么看，没法看了。哎，但鳌拜他们还就是相信了，就把汤若望他们就给抓起来了，让杨光先这个人当钦天监监正，天文馆的馆长。这人根本不懂，但这事儿瞒不住，他测日食啊月食啊，几点几分，到时候一验证这与日食月食不合，就出现了朝廷的两派纷争。康熙作为皇帝怎么判断？没法判断啊，所以他下决心学，他是碰到困难了才学。治河也是这样子，黄河泛滥，淮河流域淮安一带，一片泽国。要修河，但这种意见这么修，那种意见那么修，拿不定主意啊。康熙便研究历代治理黄河的书，再加上自己亲自考察，最后决定怎么修。这是实践逼着他提出问题，逼他学习治河的历史经验和治河的利益。大概一个人学习上有成绩就必有大的困厄，通过读书来启发才能进一步努力学习，这是第二种境界。

第三种境界，我把它叫做敬，尊敬的敬，敬然境界。大家平常不大用这个词儿，对书啊，对知识啊，第一个字要敬。我们小时候，我上小学一年级的时候第一件事情，就是在孔夫子牌位面前磕头，完了家长是千叮咛万嘱咐，凡是有字的纸不能垫着坐着，因为那是对圣人大不恭敬。一直到现在,凡是有字的纸,杂志也好报纸也好其他什么纸也好,到公园去,很脏,那我也不能用有字的纸垫着来坐,并不是不可以坐,这就是对文化的一种恭敬。1966 年我到山东曲阜,到了大成殿,天哪,孔夫子的塑像给开膛了,里面是棉花,我从来没见过,满地都是,大成殿里里外外都是。康熙什么态度啊,到了大成殿以后,三跪九叩,然后写"万世师表"。人家一个满洲人哪,说满洲话,对汉族的孔夫子三跪九叩啊。他是皇帝啊,汉人都得给他三跪九叩,他给孔夫子三跪九叩,还写"万世师表",我们汉族的人到大成殿给孔夫子开膛,把棉花撕得满地,罪恶滔天啊。康熙有一本书叫《庭训格言》,就是他平常说的话,由康熙的孩子或者周围人记录下来或者回忆记下来,康熙死了以后整理出来,类似康熙的语录。一条一条,我数了一下,246 条。这 246 条,讲"敬"字的有 41 次。所以我说啊,第一要敬天,第二要敬祖,第三要敬民,第四要敬己。首先要敬天,其次要敬祖。

我讲一件事情,前天清明节,我到这儿看我们镇江的报纸也登了清明节的活动,我们电视台也报道了外地的一些清明节活动,祭祖、放鞭炮、唱戏什么的。为什么国家要清明节放一天假啊?我来之前,中央电视台、北京电视台等几个电视台找我要我做一个专题,讲清明节放假的意义和价值。我说不行,我要到南方走走,那时候不在北京。我们在座诸位一块儿思考一下,为什么要过清明节呢?为什么要放一天假?我那天在扬州问记者为什么?有人说:"为了尽孝道。"我说:"你说得也有道理,你孝顺谁啊?假如说去祭奠父母的话,父母已经故去了,你给的好吃的他们也吃不着啦,给他们穿的他们也穿不了了,你给他们扎一个纸做的汽车,他们也坐不了啊,你给他们烧点纸钱他们也花不了呀,你说几句宽慰的话,他们也听不见啊,你怎么尽孝啊?我们去烧香烧纸钱,我说烧香烧纸钱是一个形式。这个形式的目的是什么,你的期待是什么?"他说:"您说是什么?"我说:"清明节很多原因啊,我只讲一个,就是感恩。父母已经故去了,到了坟前头,烧香也好磕头也好,主要是感恩,孝道已尽完了,生前孝,死后怎么孝啊。感谢父母给我们身体,给我们智慧,使得我们今天有房子有车子有票子有儿子。可以干什么呢,可以写篇文章,可以出本书,如果没有父母给我们这个身体,什么都谈不上。"
我说:"第一是感恩,记着这个恩,然后就严格要求自己奋发努力,感父
母的恩,父母的父母,祖父母的恩,是吧,祖先啊。第二,为什么要祭黄帝
呢,要感民族祖先的恩。这不是一个家庭,而是整个中华民族的祖先,炎
帝黄帝,要感他们的恩,要做炎黄子孙,严格要求自己做好工作,多做一
点事情。第三,要感历史的恩。我们五千年文明史教导我们,使我们有
文化有汉字,才可以看点东西,感历史的恩,这样才不会在祖坟前头放
鞭炮啊演大戏啊,是这样子么? 这有实际的意义、实际的价值,所以一次
祭奠活动就是我们自己心灵净化的过程,也是激励我们自己前进的
过程。"

康熙对书的敬意,他讲得很具体,凡人敬德修业,事事从读书起,从
读书做起。"多读书,则嗜欲淡",嗜好淡薄了,费用就省下来了,就不乱
花钱了;"费用省,则营求少",花的少了,需求的钱就少了,银求少呢,品
位就高,而这就先要从敬畏,从敬做起。

第四种境界,就是陶渊明那个陶然境界。《诗经》讲:"君子陶陶。"
读尽天下的书,清净灵魂,心里头安静才可以其乐陶陶。所以古人说
"读书乐志",康熙他自己说:"自元旦,正月初一,以至岁除,到腊月三
十,未尝有一日之间。"没有一天不读书,即巡幸所至,三次东巡,五次西
巡,六次南巡,三次亲征,等等,必以卷自随,必然带着书。巡幸,还是手
不释卷。康熙这样读书,就读到了一种和悦、快乐的心境,读到快乐,也
读到幸福。我看我们有的宾馆,比较高级的宾馆,除了写字桌之外还有
一个麻将桌,我就不以为然。我认为越高级的宾馆越不该有麻将桌,公
务之余要读书要学习,可能更好。

第三个问题,就是康熙读书的 4 点经验。第一,贵恒久。一个人读
一本书不难,读两本书也不难,读一个月的书也不难,一辈子读书,手不
释卷,数十年如一日就难。康熙作为一个皇帝可以说日理万机,他从 5
岁开始读书,活到 69 岁,64 年手不释卷,64 年如一日坚持读书,就不容
易。我举一个例子,康熙给自己做了一个规定,就是每天写 1 000 个字,
毛笔字。一天不难,一年也还勉强可以,一辈子每天坚持写毛笔字,大概

不容易。今天上午我到金山公园，问心澄法师，我说："你这字写得还可以，你一天写多长时间字？有没有规定啊？"他说："有规定，每天晚饭以后坐禅，坐禅我会写字，坐那儿一个小时。"我说："坚持做啊？"他说："坚持很长时间了。"这康熙每天坚持写1 000个字啊。正月初一，拜完堂子（据《皇朝文献通考》）回去就开笔写字，人家一个满洲人，母语是满语，文字是满文，拿毛笔写汉字，每天写1 000个，容易吗？我有一次去岳阳，他们送了我一个康熙《岳阳楼记》的拓片，我很珍视，有空就看一看。不客气地说，今天很多自称是书法家的，字比康熙的字差远了。康熙自己说："朕自幼好临池，写字，每日写一千个字，从无间断，仿古人之墨迹，时刻无不细心临摹，迄今三十余年矣。"康熙晚年中风，右手不能写字了，怎么办？左手写，批阅奏折也左手写。这是一，贵恒久。

第二，贵思悟。这读书啊，不要读成书呆子。我觉得康熙读书没有读成书呆子，他一面读书一面思考、一面省悟，体悟书里面的道理。我举个例子，苏州，就咱们旁边，奏报，说苏州发现一个事儿，有的歹徒用药往人脸上鼻子上一涂，这人就昏迷了，这就是迷魂药，然后"拍花子"就把人给拍走了。地方大员奏报说正在查，查完了以后严肃处理。康熙他怎么思考这事儿，旁边人提示："坚决查办，限期破案。"他说："你们研究下啊，涂的这药是什么药，为什么涂上这药人就迷糊了？"他除了要查清楚这案子之外，还做了一个深层的理性的科学的思考，这就比一般人高明一步了。这是一个例子，还有一个例子，他出巡的时候，看到鱼的化石，他就思考鱼在水里头怎么就成化石了？他就研究，哦，原来这个地方原本肯定是有水有鱼，后来地壳变化，这鱼呢，就跟石头结合在一起变成一块化石了，这就把一个现象上升到理论了。再举一个例子，他南巡到了杭州这儿观潮。这潮是有涨有落啊，为什么呢？你看他皇帝就思考这事儿，他问当地官员："这潮为什么有涨有落啊？"官员说："自古以来就这样子啊，没研究过。"他到天津，又问当地官员："为什么天津这潮也有涨有落啊，但并不是杭州那样？"没记载过到镇江他是不是也问这事儿了，反正他到天津问了。他到山海关，看山海关这海也是有涨有退的，他就查书、研究，于是就提出一个观点来：这个事情啊，跟月球、地球运行有关,这就接近我们现在的科学了。他不是死读书,是在思考这事儿,思考范围超出了当时所有的儒家的这些大臣的学问。他读了经书,朱熹的也好,孔子的也好,孟子的也好,研究哪些有用哪些吸取,不是书呆子。他毕竟是一个政治家,因而也是从治国的需要来看待和考虑这个事情。这是第二,贵思悟。

第三,贵知行。他还可以读完书以后教育别人,你们应该怎么怎么做。我举个例子,他三次亲征葛尔丹,只有一次到西北,很困难,马也没有水,人也没有水,又没有粮食。西北地区运输很困难,粮食不够一天吃三顿饭,就改成吃两顿饭,吃两顿饭粮食还不够,后改成一天吃一顿饭。但底下的大臣还照样一天给他供三顿饭,他说:"将士吃一顿饭,我和将士一样,一天吃一顿饭,什么时候他们吃两顿饭了,我也吃两顿饭,他们吃三顿饭了,给我再增加到吃三顿饭。"他能这么做,真不容易。千军万马粮食困难,供着皇帝一人总是没问题啊。这是一个例子,再有一个例子,他南巡,康熙前后6次南巡,当时工部给他做南巡的船。他看着船不理想、不平稳,就自己设计,设计完了让工部来做,做完之后大家公认这船比工部设计的船又平稳又快又舒适,后来康熙就用自己设计的船南巡。这就是行知的关系,知和行的关系是第三个特点。

第四,贵著述。我们中国349位皇帝,自己留下著述的不多,我们现在很多的干部也好官员也好,地市级的也好省部级的也好,留下自己东西的,有,但是也不多。康熙呢,他不仅学,不仅思考,不仅坚持,而且进行著述。康熙出了文集,叫《御制文集》,出了诗集,叫《御制诗集》。他《御制诗集》一共1 157首诗。有一次,我接到某大学的一个学生的电话:"阎老师你好。"我说:"恩。""您说康熙写诗1 157首是吗?"我说:"是我说的。""他这诗写的也不怎么样,水平不高,比杜甫差远了。"我说:"请问你是几年级啊?""大三。"我说:"你学什么的?""学文科的。"我说:"我再问一句,您写了几首诗?"他说:"阎老师,我一首没写。"我说:"你一首诗没写,你批评康熙1 157首诗写得不好?"我说:"你写完了以后再批评别人。"我们有些青年就是这样子,你别拿康熙的诗跟杜甫比啊,跟李白比啊,康熙是满洲人,他的母语是满语,用汉语汉字来写诗,我们在座诸位好多会英语的,在座的母语应当说全是汉语,您用英文写诗和莎士比亚比,别说你的诗跟莎士比亚比差远了,都未必能写出诗。咱们实事求是来说,汉语不是康熙的母语啊,汉语对他来说应当是外语,但是他用汉语写了 1 157 首诗,当然有些诗别人帮他润色了,他南书房的人有时候帮他润色,但是基本是他的意思,也就是说他还是比较勤奋的。乾隆是平均一天写两首到三首诗,一天最少写一首,一共写了 48 000 多首诗。我一介绍,大学生都说,阎教授你说乾隆写 48 000 首诗,有的诗不是他写的,别人代笔的,我说我也承认,乾隆的诗是数量多质量不高,但你就是比乾隆的质量再差一点,你写出 300 首诗给我看看。咱们今天很多专业的诗人,能写够 1 000 首诗的有几位啊。

实事求是来说,康熙不仅有《御制文集》、《御制诗集》,他还有科学论文的论文集,大家可能也不大知道,叫《几暇格物篇》,就是他日理万机之暇之余写的。这"格"字现在大家不太熟悉,不常用,《大学》讲"格物致知","格物","格"用我们今天话就是研究探索,"物"就是事物,研究探索事物;"致知","致"就是导致结果,"知"就是知识,通过研究探索事物最后求得对事物知识和内部规律的了解,所以叫格物致知,这个词我们今天不常用。《几暇格物篇》是康熙在日理万机的暇余研究事物的论文的集子,篇章很有意思,其中有研究人体解剖学的论文,有古生物学、植物学的,有种植稻米植物品种等,有医学的、药学的,一共 93 篇论文,其中有些论文,是原创性的,是他之前没人研究的。当然他的论文跟我们今天的博士论文不是一个概念,别拿今天博士论文要求来衡量,今天博士论文要求一篇要 20 万字,至少也要 12 万字以上,怎么怎么规范。

当时康熙出书也很严格,有些书他就不出。大家知道康熙治河是有成绩的,他治河时候发了很多的指示。河道总督,就是管理黄河运河最高的官吧,叫张鹏翔,给康熙上了奏章,用我们今天话来说就是,圣上啊,您写了很多关于治河的书,这书水平很高,应当编个集子,编个康选(这是我的话),然后让后世人来效仿学习。康熙看完以后啊,不高兴,说河水这东西此时和彼时不一样,此地和彼地也不一样,治河没有一种办法是通用的，用我们今天话说因时制宜、因地制宜。说你要把我对治河发表的一些言论、文章汇到一起发给天下，大家都照我这来学习，照这来治河，圣旨啊谁敢不照办，这就坏了，这河就治不好了。各地治河官员应该参考历史经验，根据当时河水、地理等各方面情况研究具体的治河方案来解决河的事，不可以编书。由此看出康熙是比较谦虚的，脑子还没有发胀，没有出康熙治河文选。有人要给康熙上尊号，第一次平定吴三桂之后，因为是皇帝立了功，这不能给他发奖金啊，他富有天下，又不能给他升官啊，他是皇帝、天子，他官儿最大，只有给他加尊号。现在国外的什么某某大元帅都是尊号，康熙说，8年战争生灵涂炭，都是因为朕不德引起的，我怎么可以上尊号呢，拒绝了。平定葛尔丹叛乱之后，又有人提议加尊号，他说不可以，那尊号是虚的，没什么用。把台湾给统一了，又有人说，你看台湾统一是一件大事情啊，要给他上尊号，他说不可以。蒙古问题解决了，又有人提议给他加尊号，他说不可以。诸位，汉人蒙古人先后8次要给他上尊号，他一概拒绝，这时候他心里还比较明白，没有加这个大字那个大字。

康熙为什么能够有过人的行为、过人的思想，我想其中一个重要原因，就是康熙有过人的学习观，古今中外的事情他看得比较明白比较透彻，心里头才比较坦然比较平静，才不会那么浮躁。当然康熙也有错误，也有缺憾，因为今天我们不是讨论这个问题的时候，将来有机会我们单讨论康熙的另外一面，他的缺点、他的错误、他的弱点，他的那一面。今天我们的主题呢，是康熙与读书，我们重点讨论读书的事情。

最后啊，我还想起孔夫子的一句话，就是孔子在《阳货》篇里讲的话，这个话讲得还是很有意思的，他说："好仁不好学其弊也愚。"这是第一条，说这人还注重仁义，不好学、不好读书，好仁不好学，弊病的弊，愚蠢的愚，愚昧的愚，"好仁不好学其弊也愚"，这话我觉得对。"好知不好学其弊也荡"，放荡、浪荡的荡，就是这人要是有点知识，不再认真读书，就会放荡、浪荡地夸夸其谈，到处表现自己，这是第二条。第三条是"好信不好学其弊也贼"，信义、信仰的信，偷东西那贼，贼在这个地方不是当偷东西讲，是当败坏意思讲。第四，"好直不好学其弊也绞"，绞杀那个绞,绞在这个地方当无理讲。第五,"好勇不好学其弊也乱",勇敢却不好好读书,便不知礼。第六,"好刚不好学其弊也狂",疯狂的狂,狂妄的狂。孔子《阳货》篇讲了不好学的这6种情况,所以我想啊,读书对每个人来说都是重要的,中央提出来建设一个学习型社会,大家多读书,少打麻将,少喝一点儿酒,大概对自己对工作对家庭都有利,就是《大学》所说"三纲八目,明明亲民止于至善"。八目:格物、致知、诚意、正心、修身、齐家、治国、平天下。格物就是研究事物、学习;致知,得到知识智慧,要学习;诚意,意要诚,要读书;正心,心要正,要读书;修身更要读书,不读书则狂妄,家庭关系肯定搞不好;齐家、治国,更要读书;平天下,不读书也不行。所以康熙读书呢,值得我们学习和借鉴,我愿意把我学习的心得体会介绍给大家,我自己做得也还不够。

大家共勉,谢谢。

(2008 年 4 月 7 日)

让灵魂跟上脚步

王石

王石
Wang shi

深圳万科企业股份有限公司创始人，现任董事长；兼任中国房地产协会常务理事、中国房地产协会城市住宅开发委员会副主任委员、深圳市房地产协会副会长、深圳市总商会副会长等职。主要著作有：《道路与梦想：我与万科 20 年》、《让灵魂跟上脚步》、《徘徊的灵魂》等。

很荣幸有这个机会在镇江和读者交流,交流之前先做个游戏。

游戏规则是这样的:每个参与者用一根手指共同托住这根竹竿,我说开始,大家一起慢慢往下放。但是,在放下的过程中,谁的手指先离开竹竿,谁就要被淘汰。现场请上来8位读者来试试,能不能把这竹竿放下去。

……

由于时间关系就不再试了,再试多少次结果都是一样的。大家都觉得这是没有问题的,但大家一块儿放下来了,结果却越抬越高;大家都知道往下放,但最后结果却是抬升的。

我今天第一个想说的关键词叫:放下。"放"在实际中试,是不"下"的。我们来做这个小游戏,但我们在生活当中,我想应从"放下"开始,因为寻藏之路正式走是2006年的10月份。整个路程是从西安出发,12 000公里,开车,其中有一段是徒步走的100公里。

我走了两次,2005年之前,探路走了一次,2006年正式又走了一次。在戈壁滩上,就做了这个游戏,8个人一组。看一组做的时候,其他人都在笑,觉得这是个很简单的事。为什么?叫你们试着放下嘛,你没听懂,怎么会往上抬?结果都是一样的。但是你看,8个人都这样举着,因为有个规则嘛,就是谁如果离开了,就被淘汰掉了。所以呢,那个放得快的,突然觉得他要被淘汰掉了。他干什么呢?他赶快往上顶,这一顶,那个往下放的也要离开了,也跟着往上顶,他并不是不往下放。其结果呢,是互相顶,都怕离开,所以顶顶顶,一直顶到上面这个竹竿,倾斜滑掉。实际上我们现实生活当中难道不是如此吗?比如说2006年我们那次走寻藏之路,大家都要离开自己的工作,离开自己喧嚣的都市一段时间。一说到戈壁滩走一走,当时报名的企业家有十七八位,随着时间的临近,即到敦煌集合,越临近,人数就越来越少,真正到场集合的就剩下五位。这五位当中有人第一天到就说对不起我马上得回去,一个什么什么事,说省里领导要见我,这个事我不能缺席,结果又有两位走不下去了,真正坚持走下来的就剩下三位。那么我们就会发现,为什么放不下,种种原因。当然我是走下来了,我登珠峰过程就是60天,所以这次徒步走 5 天当然不是问题,但为什么我们很多人都放不下呢?

我就想这跟我走这条寻藏之路,是不是跟这一点有直接关系,在戈壁走着走着,开始十七八位,最后就剩下自己和其他几位。我就想到我整个生活。我是 1983 年到深圳的,刚好 33 岁。那个时候我是在广东省外经委工作,我们知道,1983 年的时候改革开放才开始几年,广州改革的前沿春秋交易会,那时是最热闹的时候,我又在外经委工作,完全属于被别人羡慕的人。但当时我就毅然地放弃了这个工作到了深圳。因为我觉得深圳这个地方,改革给了我一个施展才干的机会。到了深圳,从扛麻袋做起。当然扛麻袋的其他人都是农村来的民工,他们就很纳闷。他们说城里人怎么和我们一块儿扛麻袋啊?中午在一块吃饭,他们就很好奇地问我,你干什么不好,怎么和我们一样干这个?当时我觉得跟他们说也说不清楚,就笑笑没有回答。但我内心怎么想的呢?我内心就想"燕雀焉知鸿鹄之志",当时我就这样想的。你能扛麻袋我也能扛,但我能干的很多你未必能。我那时候扛麻袋,因为我要创业。创业就要从头做起,在这之前,我也当过兵,当过工人,但实际上我上过大学,回来之后搞过工程技术,当过外贸业务人员。我现在扛麻袋,不是犯了错误被罚着干活。所以说,你能干的我也能干,我能干的你一定不能干。当然,在深圳两年,很快局面就打开了。我想:"啊呀,深圳这块热土确实能给年轻人施展才干的机会啊!"结果我就给我的部队战友啊、大学同学啊,给他们写信、打电话,建议他们都来深圳闯荡。我的建议很有诱惑力,但是种种原因他们都没来。都哪些原因呢?有的说,我这正评高工,高工评不上太可惜了。有的说,我这正分房子呢。有的说,我这儿正副处转正处呢,这时候离开太可惜啦。反正种种原因,有的就说我正辅导小孩,小学不仅要是班里尖子还要学钢琴学绘画,为后代操劳着。种种原因吧,没有一个来的。

一晃就 10 年过去了。到了邓小平南行,到了 1992、1993 年,这时候很多人给我来信了……哎,我小孩上中学了,我房子分到手了,我已经评上高工了,你看深圳有什么机会,我这边已经照顾好了,深圳有什么机会,我去那边发展。我说你没有机会了。为什么呢?我 1983 年到深圳,1984年成立公司,我们公司70多个人只有两个知识分子,这两个,所谓的知识分子,都是工农兵学员,一个是北京化工学院毕业的,再一个是兰州铁道学院毕业的,我就是兰州铁道学院毕业的,我1983年到深圳的时候可以算是知识分子。那时候,是刚恢复高考之后的第一届、第二届,刚毕业,分到全国之后真可以说是凤毛麟角。但你想10年之后,大学生一批一批,研究生甚至博士生都有了。我们的工农兵学员,哪能算知识分子啊。我这些同学,也都快40岁了,不是知识分子,还拖家带口,再到深圳去创业,显然没有什么竞争优势。也就是说,我放下的时候这些人什么都放不下,等放下的时候,已经错过了发展机会。对于我的体会我的生活经历,像1983年那一次,是在别人看着很羡慕的环境和位置上,毅然把一切放下,因为我的目标确定好了,这些东西都不应该留恋,要从头开始。所以有刚才那一幕,所以在扛麻袋的时候我是非常心甘情愿地去扛的,因为我要在那个环境中重新打拼。

这样一晃就到了1988年,1988年是我第二次放弃。这一年第一个问题就是这1 300万产权怎么算,说全是国家的?国家没投钱。说全是你王石的?你现在是赚钱,真出了事责任是国家承担的。所以这个怎么界定?界定的结果呢,因为深圳改革开放,产权的改革走在比较前面,所以当时"红头文件"确定四六开。60%归国家,就是属于国家下面控股公司的资产;40%归王石所带领的团队。当然,净资产1 300万又扩股了2 800万。这次改造下来我第一个放弃,我应该拥有的股份我放弃了,其他的高管和那些团队谁也不好意思要。按照当时一块钱一股,1 300万除以40%就是500多万股。这500多万股算到现在什么都没动,就派息、分红、派息、分红,按照现在市值,当时一块钱现在是800多块钱,当然2007年股市高峰的时候是1 400倍,按照现在这个算,500万的800倍,五八四十,40个亿。有人就问了,你当年放弃的股份会像现在值这个钱有没有想到?没有想到。第二个问题,后悔不后悔?不后悔。你当然不后悔,你放弃了后悔没用了。真的不后悔。当然我没法证明。我没法直接证明我不后悔,但我可以间接证明我不后悔。应该说三年前,2005年,我一年的工资加上奖金是60万。就是说我没有因为自己是创

让灵魂跟上脚步

王石

始人、非常有贡献，我就拿很多钱。既然选择放弃了，就要像个职业经理人，你可以拿得很多但你放弃了。再一个，收入到一定程度，有一定的结余，就可以自愿做一些公益，做一些慈善活动。做慈善的多少呢，也反映了对慈善的一个态度。比如按西方，西方基督教的一个价值观念就是中产阶级以上的人的收入当中平均拿出 1/3 来做公益活动。我在家里不大喜欢理账，我太太也不大喜欢理财，基本上都是由秘书来打理。我让秘书给我算了一下，从 2000 年到 2006 年我的一个支出情况。恰恰这么巧合，我支出的 1/3 是用于公益，就是恰好和西方的价值观念非常一致。我想说明什么呢，如果当初没有放弃，捐的肯定不是 1/3 了，因为我是不积累的，我是都花完的。因为我喜欢登山啊，喜欢去旅游啊。那很多读者说，你是万科董事长，你去登山，费用还不是公司报啊？那一定分得非常清楚，那是我自己的。公对公，私对私，尽管说这个登山的影响无形中也给公司创造了财富。我说，主观愿望不是这样的，这是客观起到的效果。但是也要看到它的负面影响，万一进山出不来了呢？可以非常正面地把这看成形象代言，但是这个形象代言人不能收费。所以即使当初我没有放弃，我也会把它捐出去。实际上现在要比过去捐的多得多。因为实际上从 2006 年开始，公司就对管理层实行期权制的激励。显然公司在做大，蛋糕在做大，即使分很小的一块工资，也比以前要高多了。工资，去年我记得大概是在 400 万到 500 万之间吧，在股市有6 000～7 000 万，平摊每年也可以有三四千万，显然这收入要比以前有一个几何指数的增长。所以我说我不后悔。就是说你现在有的你还要捐。但是我想说明的是为什么要放弃，放弃的理由是什么。

我在《道路与梦想》这本书上，关于放弃有详细的解释，就是我当时为什么放弃。应该说呢，放弃并没有高尚的理由。不是说我就是要做公益活动，当时放弃的理由基于这几点：第一点是野心和环境是相通的。有野心做一番事业，但突然发现自己很有名、有诱惑力的时候就挺危险，这就是中国传统。我们镇江是历史文化名城，我们知道中国的文化传统讲"不患寡，患不均"，就是大家都穷，大家都可以心安理得地过穷日子，但突然你很富了，很暴富了，这是件很麻烦的事，一定要弄你下来。

因为要文化改造，我们文化改造的目的在于，这个东西是我的，一定要弄清楚。比如有很多钱，一定要弄清楚这个钱是我的。从产权上，你是你的，我是我的。明确这是我的，我有选择权，当然我把它放弃了，这是要解释清楚的问题。这样再去扩股，再去扩大，摆脱国营企业那种非经济行为的一些行政干预，这是产权改革。但突然发现这个产权改革使你突然很有钱了，这会让你很担心，这种很有钱对你可能很糟糕。所以我就进行了选择，名和利上呢，我选择了名。当然不仅仅是这样的一个考虑。

第二点，本人要很有自信心。为什么现在我给自己积累财富呢？这家公司做大了，自己有能力了，那么急干什么呢？更主要的是对公司发展有利，这是第二个考虑。第三个考虑呢，我们是计划经济平均主义这样过来的，当时都是布票、粮票，买自行车、买手表都是凭票的，所以我们过惯了平均主义的生活。突然间有钱了，这钱是你的，你会不会处置它？很多人笑，给我我就会处置。那不一定。我就不知道怎么处置，为此还专门让我堂弟，我堂弟还在我家乡，祖籍是安徽金寨，我让他翻族谱，我很想知道祖上有没有地主，如果有，我不妨就把原来的土地拿下来，我们祖上有积聚财富使用财富的基因嘛。往上上溯了 30 多代，在湖北，再往上上溯 30 代，在江西，但是迁徙迁徙，到安徽，没有地主，全是农民，没有富裕农民。所以我就觉得，看来我这祖上没有积聚使用财富的基因。没有种种原因。我们知道农民，传统的农民勤劳啊，简朴啊。为什么呢？因为不勤劳没东西吃，不简朴一年四季过不去啊。到了春天就有点儿青黄不接了，是不是？但突然风调雨顺很有钱的时候，中国农民有钱了，有积余了，就三件事。第一修椅子坟。到了北方，椅子坟不知道什么东西。到咱们江苏就知道，太师椅式的。第二个，娶小老婆，现在叫包二奶，意思实际上是一样的。第三个，赌博。我不知道我会怎么样，当然形式可能会有不同，但会怎么样不大清楚。既然不大清楚，就最好远点。实际上当时就基于这样一个考虑，放弃了。所以我觉得这是我第二次选择，我选择了做一个职业经理人。所以到现在，我觉得我很坦然。比如说，我到镇江来，是用上海公司的车载我一个人过来的，不带秘书，也不带保镖。如果要是当时所有权没放弃，我看保镖得带两个吧。当然我说我自信，我不用带，女儿得顾吧，万一女儿被绑票呢。所以当时是这样一个选择。由于自信、有能力，当时选择放弃，那下面还继续放弃。因为企业做得很成功，是成功企业的董事长，你就是不想要钱，钱都哗哗地往你这儿送。

我想强调一点，我觉得我们改革开放，我们强调生活，强调 GDP，强调物质生活的改善，是不是我们这个目标错了？通过这个目标改善，你是不是很幸福，是不是觉得自己生活得很自在？比如说我今年 57 岁，从我的谈吐，你们感觉不感觉我很幸福？我觉得我很幸福，但是我们看，上财富榜的很多人，尽管说他们创造的企业、创造的产品、创造财富，可能比王石还大、还好、还多，但是他们不一定幸福。这也就非常清楚了，我到深圳创业去，我要做一番事业。第一个，目的是什么？事业不过是证明你的能力，当然这种能力给你一种愉悦感，但一定要非常清楚，是不是在谋求你所追求的幸福。所以显然，我觉得我在财富上看得比较清楚。我不是为了财富积累而创造财富，而是把创造财富看成成功的标志。所以中国的富豪榜上过去没有我的名字，现在没有我的名字，将来也不会有我的名字，但是我觉得我实现了我的价值，而且我觉得最主要的是我很自在地为我追求的生活方式在生活着。所以我在有时间的时候开始我的探险生活，选择探险生活实际上就选择了一种生活方式。

这种生活方式，很多人就问我，你登山，你登上珠峰是什么感觉？那我这里想说的就是，实际上在珠峰顶上是任何感觉都没有的。往往都是一览众山小吧？那么我告诉你，你从下面看这顶峰啊，一定是云雾缭绕，而且高山基本都是云雾缭绕。那你想想我在那个云雾缭绕中，我能看到什么？说一览什么都没有了，不是一览众山小了。当然也会有偶然没有云的时候，那就看你的机会了。但是，即使没有云，登上珠峰顶上你也没有感觉。实际上一般讲登上山顶的感觉，登小山、登 7 000 米以下的山峰基本上有这样的感觉。因为，登 7 000 米的山峰到山顶还有体力，还是有感觉抒发的，还是可以唱歌甚至打电话给家里人告诉他们你当时的感觉的。但 7 500 米以上是没有感觉的，精力不允许你这样。到了 8 000 米以上的山峰,你就不清楚是否能安全地回来,所以在那时候,你说哪来的豪迈情绪呢?哪来的激动呢?没有。我在珠峰顶上想,我一定要活着回去。下山不久,人开始就处在一种甜丝丝的感觉中。特别想坐下来,闭上眼。哎呀,如果能坐下来闭上眼那是太美妙了,就好像进入那种仙境的感觉。因为都经历了那种训练啊,我们知道这属于什么状况,属于临死前的状态。实际上登珠峰,人处于高度缺氧的情况下,过去是很快的事,所以往往高山登山遇难的人的面部表情是很慈祥的,就是进入天国了的那种感觉。因为我们经历了这种训练,知道这时候不能坐下来,不能很甜蜜地坐下来。所以这时候就要告诉自己,无论如何都要往前走,无论如何都不能坐下去,所以登珠峰没有那种豪迈感觉。从珠峰下来记者就问我了,你登上珠峰有什么感觉啊?有什么感受啊?当然这时候我不能说已经处于那种临死的状态了。当时我说:"我一定有感受,但是现在没有感受。"你想想,缺氧情况下哪来的感受呢?有感受一定是胡编的。我说我一定有,但是现在没有。

实际上这种感受过了一年才慢慢出来,因为它是没有思想的,一年后慢慢有了对比。有什么对比呢?第一种对比就是,慢慢发现自己比别人少受伤。我们 7 个队员上去 4 个,无论上去的没上去的,除了老王,其他人都有伤。其中有一对夫妇,截指、冻伤,差不多在北京的积水潭医院住了半年,截去几个小手指头。不是冻伤,就是灼伤。灼伤就是没有擦防晒油,那里紫外线非常强烈。只有我,毫发无损。所以第一个感受就是 50 岁是登顶珠峰最好的年纪。这是第一感觉。为什么,就是我刚才讲的。我被誉为中国最大年龄登顶珠峰的人。所以在登顶之前,中央电视台采访我的时候,我是年纪最大的,当然知道登珠峰不容易,但我说不出什么理由来。为什么他们都有伤,我没有?这是和登山经验没有关系的,而是要把握节奏,把握荣誉。把握节奏是什么呢?我曾经和我们一个队员,那个队员姓刘,比我小 10 岁,身体比我好,我们一块登了 4 年。他每次都是走在我前面,背的比我重。但这次登珠峰,第二天就要登顶了,他晚上放弃了。为什么呢?其中有个很主要的原因就是提前兴奋,那显然就是没把握好节奏。真要登顶的时候,兴奋过去了,人开始出现吃不下饭、拉肚子等情况。那你想啊，8 300 米的地方拉肚子，那只好放弃了，显然登珠峰不是登山技术也不是登山经验。问题是人生如何把握阅历？我非常清楚，我登珠峰，只要和登顶没有关系的，我统统把它排除掉。正因为我是队里年纪最大的，所以我知道不能比他们更多地消耗体力。这个过程中央电视台是在直播的，当然一般人来讲，都希望停下来，在全国几亿观众面前亮相，在自己的亲戚、朋友面前亮相。但是我非常清楚，我们和中央电视台是有一个契约关系的，我没签，只是口头的，就是不能拍我。为什么呢？你想想，登山很狼狈的，那是在一步一步消耗，熬这一步一步。想让中央电视台镜头对着你，你就得昂首挺胸啊，你能坚持多久？显然昂扬要付出代价。我的一些队员，镜头一过来都这样，就是不行也得行，就在那儿消耗。恰恰相反我在保养。7 900 米就是 4 号营地，到了之后，是下午的 5 点不到，我就脱了羊绒衣钻进睡袋，那时候根本就睡不着觉，就平躺着放松身体休息。不一会儿我的队友就在外面喊："队长，霞光好看，晚霞一片红。太好看了，老王你快出来拍照。"我就没吭气，不为所动。又过了 20 分钟，外面又说了，"哎呀，王总如果你不出来的话你会后悔一辈子的，太漂亮了"。你想啊，这个地方，7 000 米，我就回了一句，"老王说不出来就不出来"。结果呢，我登顶了，而喊着拍照的，在 8 300 的位置上就放弃了。所以说必须到一定年龄的积累、一定社会阅历的积累，在这种事处理上才能把握自己的节奏，把握应该做什么、不应该做什么。所以我就得出这么个结论，不仅仅说 50 岁是登珠峰最好的年纪，作为一个男性，因为女性我不好体验她们的心历经验，我觉得做一个男人、做一个成功的男人，辉煌的开路是辉煌的开始，因为有很多阅历、很多经验、很多懂得去把握，不容易。怎么去做，这是我一年之后的感觉。

第二个感觉，就是在登山之后呢，突然有很多人用不同的眼光来看我。比如一次在云南，在保山机场候机的时候突然有个中年人过来说，你是王石？他握了手后说，我是保山市市长秘书，整个登珠峰过程我看了，谢谢你给我的鼓励。我就说，我登珠峰给你什么鼓励？他说，不瞒你说，在你登珠峰期间正是我生活的低谷，我正被疾病折磨得很苦恼，还要让家里烦恼,工作上好像原来的激情也没有了,工作压力不知道该怎么处理了。你给我很大震撼,震撼太大了,万科董事长52岁在登珠峰,这样成功的人士还在挑战自己,我有什么理由就因为疾病和烦恼而放弃呢?你让我振作起来,我现在睡眠也好了,工作也不觉得处理不来了。

像这样的一个经历,效果可以持续两三个月,比如说在上海,杨浦大桥通车,请了两个嘉宾,我是上海市政府邀请的嘉宾之一。当然另一个也是重量级的人物,姚明,他是上海市政府的形象代言人。上海市委的副秘书长兼新闻办主任请我们吃饭,整个吃饭期间我就发现他对姚明很热。我想我没有姚明那么热,但我也是你请的嘉宾啊,太厚此薄彼了吧。当然我也没表现出来,就是一种感觉,感觉怪怪的。结果饭都吃一半了,他坐在那边一直和姚明说话。我和姚明说话,姚明就问,登山怎么样?姚明说,如果他登顶珠峰,他就是最高的。饭吃了半截,这个副秘书长转到我面前:“你就是万科董事长王石啊?”我心想,我前面有牌子啊,怎么你请我来当嘉宾,结果还问我是不是王石。他说,对不起对不起,我原来一直以为你是万科的形象代言人,以为万科请职业登山家当形象代言人。他突然发现,万科董事长和登上珠峰的是一个人的时候,他不能对在一起了。他就想万科请的形象代言人怎么能和我们上海请的形象代言人相比呢,你不就是一登山家吗,你看人家姚明,NBA,让整个中国人有志气,把这个NBA引到中国。他实在把这两个形象合不到一块儿。所以他敬酒说,我比你小两岁,我是农村孩子,考上华东师范大学就毕业留校当老师,当系办公室主任,到校办公室副主任,到高校局,到现在市委副秘书长。我已经按照我们家人的主张耀宗荣祖,我这一辈子很满意了。但是我后半生,我要重新改写,重新建立什么叫成功的概念。就是这样一个例子,本人原来也是很消极的,后来有一个修整。哎,我这个中年成功男子的形象还不错。所以感受到50岁才是成功男士的开始。刚才和镇江交投公司的李总谈话的时候,他说他也想登珠峰。我就问他你真想还是假想,今年多大了呢?52岁。我说你真想的话呢,2010年的时候我要第二次登珠峰,正好你有两年时间进行训练,我组队带上你。我那年59岁,真到峰顶的时候你先上。我说,你54岁,我是 52 岁登顶珠峰的中国人年纪最大的,你把我那记录破了,一分钟之后我再把你这 54 岁的记录给破了。

所以我这里想讲什么呢?就是放下,放下不是盲目地放下,一定要有非常明确的目标。这时候其他一切都放下,瞄着目标走下去。最后你会发现,你放下的越多,得到的越多;你越放不下,最后可能什么都没有。这是我要说的"放下"的两个概念。

第三,我刚才说的两个放下都和个人有关系,我现在说第三个放下。到了 1993 年,万科调整业务,开始非常明确,多元化的业务转向专业化的业务。从多元化的业务中选择房地产,又从写字楼、酒店、住宅、工业厂房、土地开发转向了专做住宅。这是第三次,公司的放下,多元化,一定要把这些放下去,专做什么呢?专做住宅。当时的计划我记得很清楚,我们原来计划用 5 年时间完成,即到 1998 年完成,但整个完成过程比我们想象的时间长得多。用了 9 年时间,到 2001 年才完成。尽管时间拖长了,但是万科转型成一个专业做房地产开发的公司。这次放下对万科的带动是什么呢?是 2007 年万科出售房子 48 000 套。按照国际统计数字衡量,万科 2007 年已经成为世界上最大的住宅开发公司。显然,这次放下和如何来放下,就不是我个人的行为那么简单了。公司是上市公司,那么多业务架构,那么多人,任何一次的调整,任何一次的做减法,都可能是资产负债表上的低效资产,都可能对盈利造成影响,更不要说中国的公司最难变动的是人际关系。刚才讲了,这个调整用了 9 年时间,你知道应该把它停掉、把它卖掉,但是不是说卖就能卖掉的。卖得太便宜了,影响上市公司股东的利益;想卖好价,还要看时机,所以暂时不卖它。当这些员工知道公司要被卖掉的时候,你就想想他们情绪会怎么样,他们会不会安心?所以处理整个第三次放下,是非常非常难的。

所以就像刚才说的,我们为什么放不下,有 100 个理由、1 000 个理由放不下,这就到了今天谈到的第二个主题,坚持。在放下的时候,能不能坚持?这个体会也更深刻,即使放下很难,但坚持下去会更难。就是在坚持当中,无意当中,哎,我成功了,这个倒是无意就到来了。你刻意,反而会变形。只要按目标坚持下去，反而成功是无意到来的。比如说2007年万科售出的48 000套，之前我们是没有预期的，因为我们知道，按照国际上的数字来讲，开发量最大的是54 000套到57 000套，不记得很清楚了，反正至少有54 000套。只能这样说，从数据我们知道，48 000套还没到50 000套呢，过了50 000套当然我们可以来较较劲了。整个美国次贷危机啊，这样一个数量的公司不但没有增加，反而有所锐减。减到40 000套不到，也就是这样的。我们的48 000套，就是不经意到来的。当然不经意到来呢，又是这样的脆弱，完全不能说明什么问题。要真正来讲实质性的第一，不能光讲最大，要有质量增长，那当然有漫长的路去走。就是我们真正要走这条路，也仅仅是开始，还要继续前进。如果在过程当中坚持不下去，就会功亏一篑。我们从2008年一季度的上市公司的季报上，会非常意外地发现很多原来非常优秀的专业化的经营公司，就因为抵挡不住2006年、2007年股市大牛市，非主营业务开始大幅上升，拿更多的钱投向股市，显然2006年业绩表现非常好。非主营业务甚至超过了主营业务收入，这是因为抵挡不住股市牛市这种诱惑啊，这个赚钱容易啊，上市公司又可以筹钱，那你把钱用到了非主营业务上，用到了股市上，你主营业务上资金自然就受到了限制。主营业务发展受到了影响，你非主营业务，当然股市如果一直是牛市也没有问题，那实际可能么？不可能啊，到了2007年的第四季度，股市就大幅调整，在3 000点到3 500点这样一个低谷里徘徊。投资股票的这些公司发现供应品股价大幅亏损，非常优秀的企业今年依旧是亏损，就是因为抵挡不住股市这样一个诱惑。我们的公司都是十几年二十几年优秀的公司，这种牛市最多两年三年，很可能十几年二十几年的努力结果功亏一篑。所以实际上来讲呢，放下不容易，坚持更难。所以就坚持的角度来讲，万科也仅仅是在开始。尽管是在开始，万科在非常专业化的住宅开发上还是比较好的。

住宅市场不可能一直发展得这么好，总有一天会是停顿的时候，像工业发达国家，市场也有饱和的时候。万科是不是也在市场发展的时候，未雨绸缪做些准备？我们不能一根筋，一根绳上吊死啊。我原来回答是这样,我现在是董事长,我当董事长期间,你们不要做其他的,我们只做住宅。这是三四年前我的话,到了现在,我多少有点调整,调整成什么呢?我说我当董事长,最多这么几年,我也不可能待多长时间,我不单是要离开万科,还要离开这个世界。中国城市一定会有一天不需要万科,一定会有一天,从哲学角度来讲、从历史角度来讲。像历史上讲,古罗马帝国不都成了废墟了嘛,总有一天会不需要住宅了。但是我能说的是,最后一座住宅是万科盖的。我说我离开这个世界之后,万科的哪代领导人要是把这个原则给改变了,我说我要从棺材里伸出一只手,我要跟着你。什么意思呢,就是要坚持。不要想东想西,要把这个东西做好。要坚持做什么呢?中国是目前世界上最大的住宅市场,我们不能因为是世界最大的开发公司而沾沾自喜。我们一定要努力,一定要集国际上最优秀的住宅的开发人才在万科,使万科不仅仅在规模上排在前面,更重要的是在质量上,在改善人类的居住生活上排在前列。我们不仅仅是中国房地产开发商,我们应该把目标定位于人类住宅的开发商,我们应该在这样的定位上。为什么呢,因为我们确实有我们的一些优越的条件。中国是世界最大的住宅市场,这是第一。第二,中国人多地少。我们过去叫地大物博,有一天却突然发现我们地大物不博。搞城市化的过程才发现,我们物不博,地也不大。为什么呢,我们很多地大的地方从目前的标准来看是不适合居住的。比如说西藏,比如新疆的内蒙的这些沙漠,不太适合人类居住。而再一个,适合人居住的从成本空间和效率空间来看,更多的是在向中国5%的国土面积上汇集。这个5%的国土面积呢,就是珠三角、长三角和渤海湾。面积只有5%,但是大量的人口在往那儿聚集。结果呢,实际上我们地是非常少的。再一个,中国人多,中国的粮食安全政策是18亿亩死保。我们这里在座的张洪水部长,以前是主管农业的副市长。我们知道这个非常明确的18亿亩是死保的,不能蚕食农地来发展城市,来城市化。那怎么办呢?很简单,往高了盖。就是我们现在看到的香港,看到的上海,看到的广州、深圳。在其他城市,中心城市,也一定是这样的,往高了盖。这个就叫集合住宅,就是高层住宅啊。高层住宅最适合用什么来盖呢?就是钢筋混凝土。

我们专业上简称PC，PC技术在日本实际上已经很成熟了。虽然我们说日本，国土面积狭小，单位面积居住的人口非常稠密，但我告诉各位，深圳单位面积居住的人口已经超过了东京。预计其他一些城市陆陆续续也很快超过东京。那怎么办呢？往高了盖，再往高了盖。从建筑材料来讲，从成本角度来考虑，PC钢筋混凝土最适合。日本的技术很成熟，但是他们更多的人喜欢住独立住宅。像这种独立住宅，木结构、轻钢结构、混合材料结构，而钢筋混凝土结构呢，优势发挥不出来。集合住宅日本也有但是数量不多，而恰好在中国，像雨后春笋一样，一栋一栋的PC。也就是说PC技术在中国运用是最优秀的。所以中国市场最大，PC技术运用最优秀，最适合做PC。那你中国最大的住宅开发商，在PC方面不一定只在中国引领市场，在国际上也可以扮演一定的角色。比如现在的"金砖四国"，俄罗斯、巴西、印度、中国，其他三国人口很多，经济现在发展很快。这个过程当中，显然PC技术是非常需要的。那中国，我们这么大的市场，经过中国市场的消化，我们有PC技术的开发，我们有人工成本的优势，我们有熟练的技术，那我们在不久的将来，不仅在中国应用PC技术，也会在"金砖四国"、"金砖十一国"应用。所以我们不仅仅要引导中国的住宅潮流，也应该引导国际上的住宅潮流。而这种引导，我们要强调节能、环保、绿色。这种引导对人类是有贡献的。这就是万科的一种使命和目标。

　　时间关系，关于寻藏之路我就不多讲了，都写在这本书上了。所以借着今天这个机会，就提了两个关键词，第一个"放下"，第二个"坚持"。

（2008年5月6日）

讲述奥运火炬登顶
珠峰背后的故事

王勇峰

王勇峰
Wang yongfeng

　　中国著名登山家、国际登山健将，中国登山协会对外交流部主任，兼中国登山队队长。1984 年毕业于北京地质学院，在 20 世纪 80 年代到 90 年代的 11 年中，他完成了中国人首次登上世界七大洲所有最高峰的壮举，达到了一个登山者所能达到的最高水平。

各位来宾,大家好!

我从珠峰下来以后,离开北京到的第一个地方就是镇江,我是第一次来镇江,感到这个地方非常美丽。我也是第一次在这里给大家讲奥运火炬上珠峰的故事,感到非常的光荣。下面我就给大家介绍一下我们整个奥运圣火上珠峰的背景和故事。

2001年国家体育总局在申请举办奥运会的时候,就在考虑圣火该使用何种方式进行传递。我们中国登山队当时就提了一个奥运圣火上珠峰的方案,当时奥申委就这个火炬上珠峰的方案详细询问了我们一些相关情况。那个时候,我们中国登山队就向奥申委坚决表态说,不管什么情况下,也不管什么气候,我们肯定会将奥运圣火带到珠峰顶上。后来,奥申委接受了我们的方案。在申办的时候,当把这个方案向全世界宣布的时候,全世界各国人民、各级组织,非常震惊,对我们的这个活动也表示赞许。因为奥运火炬能上到世界最高峰,这是以前大家不敢相信的事情。我们中国提出来这个事情,就一定要让它变为事实。

实际上从2001年开始,我们就着手在各个方面为奥运圣火上珠峰活动做准备。在奥运圣火上珠峰活动的筹备期间,我们最后归结了几大问题:第一个大问题,奥运火炬要由登山队员携带到珠峰顶上,那么我们登山队员要克服攀登世界最高峰的气候,要克服珠峰上面的悬崖峭壁,还要克服珠峰在缺氧环境下的高山反应,登山队员要克服上面这些困难。第二个大问题是很现实的问题,就是我们登山队员把火炬带到珠峰顶上,火炬在珠峰顶上能不能点燃呢?珠峰顶上平均的氧气含量是我们现在平地的28%左右,气温平均在零下40度左右,风速常年不低于每秒25米,差不多就是8~9级风的样子,环境比较恶劣。在这样的一个环境下,要求火炬点燃,也是一个非常大的难题。当时承担火炬研制任务的是我们的航天集团,也就是研制我们的火箭和神六、神七的这些科学家牵头,他们负责解决火炬在顶峰点燃的问题。第三大问题就是,我们要实现奥运火炬上珠峰,要实现中国人民、中国政府对全世界的承诺,要让全国人民、全世界人民看到奥运圣火上珠峰的胜景,看到我们中国登山队员举着火炬在珠峰点燃的一个过程,那么就需要进行电视实况转播。实际上我们一直就各自的任务在不断地训练，主要就是要解决这三大问题。

2006年秋天，我们专门成立了奥运会珠峰火炬领导小组，由几家单位组成，国家体育总局牵头，航天集团研制火炬，中央电视台、奥组委，还有西藏自治区政府给我们提供保障。我们登山队的首要工作就是挑选队员、训练队员，让队员有更好的技能，保证在任何条件下都可以登顶珠峰。首先从2006年下半年开始，在全国各地挑选了第一批50名队员，都是最优秀的。其中，从西藏选了35名藏族队员，从各个高校和优秀俱乐部选了15名汉族队员，之后开始训练。在训练完了以后，在去年（2007年）的时候，我们在大本营、在珠峰进行了试攀，进行了火炬点燃的实验。当时我们队员是50名，科学家研制的火炬一共带了三种型号，因为不知道哪种火炬在珠峰顶可以比较顺利地点燃。这三种火炬分别是液体燃料的、固体燃料的和固体液体混合燃料的。在2007年的火炬点燃实验结束以后，火炬型号就基本确定了，就是大家在电视上看到的，我们最后使用的这个固体燃料火炬。在这以后，我们经过2007年的多次试攀，最后留下了31名选手，作为今年的正式火炬手去承担奥林匹克火炬上珠峰的艰巨而光荣的任务。我们训练的过程，先是在北京训练了三个月，然后去昆明训练了两个月，又在拉萨训练了一个月，在拉萨的时候就赶上了"314事件"，就是藏独分子事件。训练一下子就整个紧张起来了，因为训练开始时我们收集的各方面资料都显示，藏独分子要对奥运圣火上珠峰进行破坏，但那个时候我们还不知道他们要进行什么样的破坏，破坏活动怎么做。"314事件"给我们提了一个很大的醒，由国家的安全部门去调查，最后查来查去，证实了确实有藏独分子在尼泊尔南侧准备对我们奥运圣火上珠峰的活动进行破坏。他们也在2007年就准备了几十个登山队员，接受印度军方的训练，购买炸药，整个计划安排得很周详。所以这次在珠峰攀登过程中，我们不仅要面对各种各样的困难，还要防止藏独分子的破坏。我们的整个训练，压力也非常大。

我们今年的大本营，总共有400多人，各个部门都在那儿聚集着。

因为珠穆朗玛峰很高，我们的这个大本营设在5 200米，我们的车把物资送到5 200米后，然后用当地的高山牦牛从5 200米把物资运到6 500米，6 500米那个地方是珠峰雪和岩石交界的地方，从那里往上面再走就全是冰雪世界了。从6 500米开始，我们所有的物资就要靠队员去背，这也是我们登山队员攀登珠峰实际上要克服的一个困难。

整个珠穆朗玛的攀登有三大难点：第一，我们要从6 500米上到7 028米。7 000米的北凹，整段路程有500多米，坡度平均有50多度，相当陡峭，稍微不小心，队员就容易发生乏坠，还容易赶上雪崩。第二个难点，我们要克服从7 000米到7 800米的一个大风口，这个风口一般的风速平均每天都在10级以上，我们队员要往上攀登必须从这个地方经过，要把我们的物资运上去，要把我们的装备运上去，要把我们的路线修好，在这个过程中，稍有不慎，队员在这个阶段就很容易发生冻伤，也很容易被风吹下悬崖峭壁，这个也都是我们登山队员要面对的困难和艰险。我们面临的第三个困难就是，在登临8 600米高度时的氧气非常稀少，而且在8 600米那地方有一个将近7~8米的岩壁，那个地方相当陡峭，在那里我们会经过"中国梯"。什么是"中国梯"呢，这得说起1975年我们中国登山队成功登上珠穆朗玛峰，将两件东西永久地留在了珠峰上，一件是用来测量珠峰高度的红色觇标，一件就是架设在一处陡峭坡壁上的梯子，这个梯子就是我们现在所说的"中国梯"，我们要从那个地方经过。我们队员攀登珠峰就要经过这三个很危险的难关。

其次，我们要有很好的天气预报，气象预报要非常准确，否则在坏天气攀登就很容易出危险。大家知道我们的大本营在5 200米，我们攀登珠峰从6 500米开始，往上到7 000米要建一个营地，7 800米要建一个营地，8 300米还要建一个营地，整个在这个地方要建三个营地。那这三个营地怎么建呢，首先我们要派修路组，大家知道这个路线上都是很陡峭的，我们要派修路组去把这个路线修通。怎么打通这个路线呢，就是前面的人要上去把绳子固定好。遇到岩石用岩石锥，遇到冰雪用冰锥，在各个冰雪岩石上打上钉子，然后把绳子固定在上面，这样路线才算通了。我们派修路组把路线修通以后，就要派运输组，把我们在上面

讲述奥运火炬登顶珠峰背后的故事　王勇峰

所需的全部物资运送上去,全部都要靠我们的队员自己背上去。比如说,我们要上7 028米,要把所有东西背到7 028米,要把7 028米的帐篷打好,要把到7 800米、8 300米所需顶峰的物资、修路的东西,所有的东西全部运上去,这都要靠我们的队员自己背上去,别人是帮不了忙的。从6 500米开始,氧气含量就已经是将近40%了,在这样的情况下,队员平均每个人要背20公斤的东西,从6 500米背到7 028米。这样一个过程,我们队员平均要跑5~6趟,才能把7 000米以上的营地所需的物资备足。我们每个营地,都需要帐篷和食品。一顶帐篷,差不多有6公斤左右,还有其他必需的东西就是氧气。每瓶氧气差不多有4公斤重,要运到8 300米以上的氧气有100瓶,运到7 800米的氧气有60瓶,我们要把160瓶氧气背到7 800米以上,才可以保证我们最后攻顶的成功。

这次天气总体来说也不是很好。我们3月27号到大本营,在4月1号的时候,我们前面修路队的队员就已经把8 300米的路打通了,但是4月11号以后,我们就再也没赶上好天气,我们一直等,4月23号和4月24号有两天好天气,我们所有的队员顶着非常大的大风,把8 300米的东西,100瓶氧气运上去。我们第一步计划实际上就是想在4月底把奥运火炬送上顶峰。我们整个行动都是在保密情况下进行的,因为我们怕南侧的敌对势力知道我们的计划会进行破坏,所以当时就期望4月底就可以把奥运火炬运上顶峰,因为我们国家和尼泊尔政府有一个协议,今年珠峰北侧没有让外国登山队来,南侧也是要求尼泊尔政府在5月10号之前外国队不让上。南侧一共有40多个登山队,经过我们国家安全部门的调查,有4支登山队实际上就是针对我们这次活动来的,所以我们就计划在4月底之前把火炬送到顶峰。实际上到了4月底根本没有好天气,我们都很着急,后来我们就定在5月5号登顶,结果5月3号是一场大雪,5月4号接连下大雪,所以从5月1号出发到5月5号登顶的可能性也不是很大。经过最后的讨论,我们一致决定在5月8号登顶,因为如果5月8号不登顶,那么5月10号尼泊尔政府开放南侧登山以后,我们很可能在南侧,在顶峰上,遇到来自于藏独分子对奥运圣火的破坏。选择了5月8号这一天以后,我们就没有别的选择了,5月8号必须登顶。当时我们8 300米到顶峰的路线还没打通,这就要求我们修路组的11名队员在5月7号不管付出什么代价都要把路修筑到顶峰。5月8号我们登山队不管付出任何代价,都要把火炬送上顶峰。

摆在我们面前的是很危险的一个事情,我们需要在5月5号从6 500米出发上到7 028米,5月3号和5月4号下了两场大雪,大雪之后三天内,登山极容易碰到雪崩,非常危险,但是如果在5月3号和5月4号大雪之后再等三天的话,也就是5月7号或者5月8号出发,那登顶的时间就遥遥无期了。冒着这样的危险,经过讨论决定,我们5月5号还是按时出发,5月5号到7 000米,5月6号到7 800米,5月7号到8 300米,5月8号到顶峰。经过各方面的准备,我们从31个队员里面选了19位火炬手,最后护送火炬的登顶。为什么要选19位呢,因为除了有队员保障火炬上顶峰外,我们还要有接力组,队员登顶珠穆朗玛以后,会很疲劳,在往下撤的过程中要有人接应,要有人在各个营地烧水啊、接应啊、休息啊,各个地方都要有接应组,最后的下山还要有撤引组,所以我们最后只能选19位队员。那么这19位队员,我们在选的时候是从各个方面进行挑选的。31名队员大家表现其实都很优秀,实力也都很强,基本上都具备登顶的实力,最后选出的这19位队员有藏族、汉族,有男队员、女队员,还有老队员。最后确定了在顶峰上点火的5名火炬手,第一棒是吉吉,第二棒是我,第三棒是西藏登山学校尼玛次仁校长,也是登山队副队长,第四棒是中国农业大学的黄春贵,第五棒是次仁旺姆。这最后的5人名单是我提的建议,因为我觉得这5个人里面,首先藏汉民族参与比较均匀。同时我考虑珠穆朗玛在当地一直被尊称为第三女神,我们既然有女队员上去了,我觉得应该把女队员放在很重要的位置,所以第一棒和最后一棒均由女队员来承担,我来做这个第二棒,因为我们整个登山队,那么多登山队员,包括我们前线的31名火炬手,还有我们的后勤队员,我觉得自己可以代表我们整个登山队,来实现在顶峰举火炬的任务。我们西藏登山学校的尼玛次仁校长是西藏整个登山事业的主要代表,选他也具有很重要的意义。最后选到黄春贵,大家有一些争议,但是我觉得他作为中国大学生的代表,作为中国年轻人的

讲述奥运火炬登顶珠峰背后的故事

王勇峰

代表,作为中国未来登山希望的代表,还是坚持把他选上了。这 5 棒火炬手得到大本营总指挥部的同意之后,就确定了!

火炬传递过程开始了。当时大家的心情也确实比较急迫,我们当时估计从 8 300 米到顶峰差不多要走 7~10 个小时,中央电视台要求我们在 9 点钟左右开始登顶,我们计划夜里三点钟出发。实际上我们那天凌晨一点钟起来以后,心情都比较激动,因为马上就要把奥运圣火送上顶峰了,从一点半开始第一个队员走,到两点半所有队员都走了。那天天气预报风速低于每秒 20 米,气温是零下 37 度,这是一个非常好的天气,就相当于我们的七级风,对整个珠峰来说,对登顶珠峰来说都是一个非常好的天气。出发以后,没想到我们队员走的速度非常快,正常从 8 300 米到 8 700 米需要 4 个多小时,从 8 700 米到顶峰需要 3 个多小时,实际上我们整个队伍用了不到 3 个多小时就翻上了第二台阶,在 6 点半的时候,我们就到了 8 700 米。这个时候整个大本营就着急起来了,他们一计算,我们会在 7 点多钟登顶珠峰,7 点多钟登顶珠峰意味着什么呢——凌晨。珠峰天亮的时候是 7 点半左右,所以我们 7 点多钟登顶珠峰的话,在珠峰点火时可能天是黑的,中央电视台就没办法转播,所以他们非常着急,一直在跟我们不停地通话。实际上我这边带的这 19 名队员在登顶的过程中,包括负责央视直播的我们的登山队员,一直在想,如果我们速度比较快的话,可以在顶峰下面休息,等到 9 点钟左右再登顶。后来大本营非常着急,一直在不停地和我们通话,山上气温又比较低,报话机的电池一冷就不工作了,在我的记忆中,我沿途用了 4 个报话机,不停地换报话机,不停地和他们说。最终我们还是在 8 700 米上放慢了速度,休息了三次,因为非常冷,等十几分钟不行了,就继续走,走走又继续等,一直等,差不多在 9 点钟的时候就基本到了顶峰了。大家可以看到我们登上顶峰的录像,还有过那个第三台阶的和一些极其危险的画面。

到了顶峰,最后准备好了以后,我临时做了一个在当时算是比较困难的决定,我们火炬传递的队员摘不摘氧气面罩,因为在 8 848 米只有 28% 的氧气含量,摘面罩是一件非常危险的事情。最后我想,为了让全国人民能很清楚地看到火炬点燃,应该把氧气面罩摘了,所以最后我们5个火炬手决定在传递火炬的时候都把氧气面罩摘了。但把氧气面罩摘了以后,突然发现一个问题,就是对我来说困难最大,因为我们5个火炬手里面,三位是藏族队员,他们不管是男是女,在高海拔的缺氧情况下行动能力还可以,而黄春贵是一个20多岁的大学生,体力也可以坚持,但我都45岁了,在那么一个高度下摘掉氧气面罩,当时我一摘氧气面罩就后悔了,一摘下来马上就吸不上气来、喘不过来气了。但是我一想,为了我们国家的荣誉,我一定要坚持这么做,最后的镜头,5个火炬手中我是走得比较艰辛的。当时有个非常有意思的事情,就是在底下的时候,我和尼玛校长,我们两个商量,就是在我们俩对接火炬的时候,我们俩一人说一句话,我要说"点燃激情,传递梦想",英文就是"light the passion,share the dream",我要说这句话,然后尼玛校长说"one world one dream"。那么实际上到最后,如果看过现场直播的观众都知道,到最后我走不动了,尼玛校长说我下来接两步,我说下来接两步吧,最后都是直播的,接完了以后,尼玛校长等我说话,一看我实在说不出来了,这时候就听见尼玛校长在上面说了这两句话。

总体上我们这次登顶是非常非常成功的,整个火炬登顶实际上是在中央的直接指挥下进行着最后所有的行动。当我站在顶峰的时候,点燃火炬的那一刻,我的心里确实非常的感动。第一,我觉得那么多人,经过了那么多的努力,那么多人的期盼,终于让奥运圣火在珠峰上点燃,我觉得那个时候需要感谢的人非常多。第二,当时在顶峰的感想就是我觉得作为一个登山队的队长,我带着我的登山队员完成了我们这么多年的一个承诺和任务,在顶峰点燃了圣火就觉得中国人实现了对全世界的承诺。

当然了,登到顶峰以后,还要撤回来才算安全,我在那个时候就觉得自己已经可以很顺利地完成任务了,下撤的过程中有什么问题,觉得就不是很重要了,当然我们最后还是很圆满很成功的。我们下来以后,受到了各方面的表扬和热烈欢迎,称赞我们代表中国人实现了承诺。我们实现了登山队的一种精神,一种不畏艰险、顽强拼搏、团结协作、勇攀高峰的精神。整个过程,实际上对我个人来讲是一个非常大的挑战,一方面,我作为登山队的队长,要在山上做很多指挥的事、协调的事,各方面的事情,要花很多精力;另一方面,我这个年龄,一个汉族人在40多岁时还要登顶珠峰,这也是一个非常大的挑战。我的位置也完全可以在6 500米的地方或者在7 000米的地方进行指挥和协调,也没必要去登顶珠峰。在这次出发去珠峰之前,我所有的亲朋好友都不让我上,都说勇峰你别上了,你上还是挺危险的。但是我觉得人生能有这样一个机会,能这么贴近地为奥运作贡献,我就觉得一定要坚持,一定要上去,正是在这样的一个精神鼓舞下,最后我登顶了珠峰。

我在6 500米呆了一个多月,6 500米呆一个月是什么样的感觉?首先,晚上睡不着觉,这是一个很难受的事情,因为你一天只能睡一个小时到两个小时,缺氧睡不着觉。第二就是白天经常头疼和恶心,因为缺氧。大家都有这个感觉,就是说,可能上午感觉很好,下午突然感觉不好了,下午就会头疼,会恶心。第三,不看见饭没事,一看见饭马上就反胃,特别想吐的那么一种感觉。所以,在那个情况下,非常的难受。我登山这么多年,左膝关节整个严重地损伤,走路如果时间长了不太方便,对我来说也是个影响。我当时很担心,担心什么呢?因为经常有人在平地走路的时候当膝关节不发力时很容易摔跤,我想我在珠峰上,万一哪天这个左腿不灵了,万一要是摔跤了,在山上就很危险,就容易摔下来。在这样的一个情况下,我觉得我还是要坚持上,实际上最后我在登顶回来撤到7 800米的时候,左腿膝关节就完全失去了功能,左腿一点儿都不能用力了。大家都很担心我,但是我最后还是坚持走下来了,因为我觉得人不管做什么事,尤其做极限的事情,一定要去坚持,一定要有信念。我也挺为自己在这样一个年龄,完成国家给予的这么大的任务感到非常的自豪。

这次奥运圣火登顶珠峰的活动,我觉得我们登山队完成得很圆满,这与我们这么多年精心的准备,与国家给我们这么大的保障、强有力的保障是密不可分的。国家这次从经费上、训练上给了我们非常大的一个保障,能够保障我们安心地去完成任务。在我的概念中,我们登山除了 1988 年中、日、意三国横跨珠穆朗玛的时候整整训练了一年多，以后登山队的训练都是集训，一般都是训练半年左右，这次为了上珠峰，我们就训练了两年多。

在我们登顶的时候，据说最担心的是航天集团的那些在前线的老总们，他们在火炬点燃的时候非常担心点不燃。我们一共带了 10 支火炬上去，点燃了 6 支，他们非常害怕在直播的时候火炬点不燃，但是火炬最终点火非常成功，所以我们这次整个活动是非常圆满的。

关于反对势力，在最后我们登顶的时候，我们也注意到他们。他们派了两个人，到珠峰附近活动，观察我们的行动，但是因为我们整个沿途都有边防武警战士护卫保卫，这两个人也没做什么动作，只是在珠峰附近打了一些电话，向外传了一些情报，汇报一些我们的情况等，也没什么行动。我们沿途一直非常顺利。

在攀登的过程中，我们的 31 名队员都没有受什么大的伤。一般登山容易发生冻伤，我们这次任务完成得比较圆满，只有 6 个队员雪盲。雪盲在登山的过程中不算一个太大的危险，因为雪盲之后基本上 3～4 天就可以恢复过来。有一个队员轻度冻伤，但还没有到截肢的程度。我们这次队员的整体保障情况良好，队员状态也都比较好。我们以前登山，经常会发生冻伤和各种各样的伤亡事故，包括我在 1993 年攀登珠峰的时候，我右脚的三个脚指头就冻掉了，经常会发生这样的事情。这次我们的登峰非常圆满！

我们在顶峰的时候，当时正好飘过来一片云彩，云彩罩着我们，虽然说对转播不是很好，但是底下的人都说，这是奥运火炬的祥云，和我们点燃的火炬的祥云是融合一体的。祝福我们 2008 年的奥运能获得圆满成功。

（2008 年 5 月 23 日）

我读先秦诸子：孔子

易中天

易中天
Yi zhongtian

　　厦门大学人文学院教授、博士生导师，长期从事文学、美学、历史学等多学科和跨学科研究。2005年起开始在CCTV—10《百家讲坛》节目里讲解历史，品评汉代风云人物，成为央视《百家讲坛》"开坛论道"的学者，其主讲的"汉代风云人物"、"易中天品三国"系列首播即获热评。2008年，与《百家讲坛》再度携手合作，录制播出《先秦诸子·百家争鸣》节目。主要著作有：《品三国》、《品三国前传之汉代风云人物》、《帝国的终结》、《先秦诸子百家争鸣》、《我山之石》、《书生傻气》等。

孔子是历史上对我们中华文化影响最为深远的一位思想家，也是国际上公认的世界十大思想家之一。孔子的学说也是博大精深，内容非常丰富，我想他最核心的思想就是仁，仁爱的仁。因为孔子对中国文化的贡献主要就在仁。那么孔子的仁的范畴、概念是怎么提出来的呢？他为什么会提出来？是因为孔子生活的时代在春秋晚期，春秋晚期社会开始动乱，到了战国，天下大乱。孔子作为我们民族历史上最伟大的思想家之一，它面临着这样一个现实问题，他就要回答这个问题，解决这个问题。天下大乱，礼坏乐崩，我们怎么办？孔子提出了他的救世方案，这就是仁爱。

孔子为什么要提出这样一个救世方案呢？这里面就要讲清楚两点。

第一点，在孔子之前，当时我们民族对国家和社会进行管理和治理的理念是什么呢？是以德治国。以德治国是谁提出来的呢？周公。周公为什么要提出以德治国呢？他要解决两个问题：第一个问题就是政权的合法性问题。我们知道周人的天下是周武王通过武装革命从商纣王那里夺来的，建立了一个新的政权，这个政权合法吗？合理吗？这要有一个交代。我们要知道，直到战国，直到孟子的时代，一直到汉宣帝的时候，还有人说周武王从商纣王那把政权夺过来是不对的。周公必须解决这个问题，那么怎么解释呢？当时周公的解释是这样的，说我们现在的这样一个世界，叫做天下。为什么叫天下呢？天底下。天底下就是全世界，人类居住的地方。当时中国人还不知道地球是圆的，也不知道有以后的英吉利、法兰西、美利坚。当时人们认为地是平的，而且是一个四方的，据说周公丈量过，地是方的，天是圆的，圆的天实际上是个半球形，圆的天就扣在这个方的地上面。那马上就有个问题，一个方框框上面扣一个圆，怎么扣啊？多出四个地方来了，我们古人说那是四个海，东西南北四个海，所以也叫四海之内，四海之内就这个意思，简称海内，海内也就是普天之下，简称天下。天下是谁的呢？是天的，天拥有天下的产权、主权、治权。但是天不能够直接地治理天下，怎么办呢？天就得授权一个人去治理天下，这个人就叫天子。天子是什么意思呢？天的儿子，天子的授权，就叫做天命，所以后世皇帝诏书的开头第一句都叫"奉天承运,皇帝诏曰"。什么意思?就是说:"我,作为天的儿子,接受天的授权,统治你们。"就这个意思,这个叫天命。但是,有一条,天不是固定地、永远地授权给一个政权,还要看你合格不合格,不合格就要收回这个授权,收回这个授权就叫做革命。比方说:天下,原来天是授权给夏王朝的,但是夏桀不好,天收回这个授权,就叫做殷革夏命,这个授权就给了殷商王朝,现在殷商王朝表现又不好,天又改变授权,把这个授权交给周,叫周革殷命。这就解释了周武王推翻殷纣王的合理性。

问题是怎么个不好呢?无德、缺德、没有道德、失德。而周人呢,有德、有道德、讲道德。实际上情况可能是,殷商王朝能够建立起来(当然这是史学界的一种观点,不能作为定论来讲),能取得天下的政权,是因为垄断了青铜器的冶炼技术,而周人代表着当时先进的生产力,周人是靠农业生产起家的,可能掌握了一种先进的农业生产技术,代表当时先进的生产力,但是周人的祖先不垄断这个技术,而是把这个技术传给其他的部落和部落国家,因此当时的天下有三分之二的部落和部落国家喜欢周,不喜欢商。这就是孔子说的周人"三分天下,有其二"。这三分天下在什么地方呢?农村。而殷商王朝掌握王权在什么地方呢?城市。因为殷商王朝有工商业的政权,工商业肯定在城市,于是周人就用农村包围城市的办法夺取了全国政权,然后周的解释就是:周人有德,所以得天下。既然有道德者得天下,那么治天下也要有道德,这就是周公提出以德治国的原因。但是以德治国有一个问题,就是太麻烦,因为道德有很多很多的规定,做起来很麻烦。孔子为周公的以德治国解决了个什么问题呢?简单化。简单化到什么程度?一个字:忍。这是孔子对中国文化的一个贡献,从孔子以后,我们所有的道德都可以用一个字概括:忍。这是很高明的,因为道德建设就是要简单,简单大家才记得住,搞复杂了谁记得住呢?所以我对很多城市有过不客气的批评,市民公约,十几二十条,谁记得住?不要搞复杂了,一定要简单,这是孔子留给我们的一个思想方法。

那么孔子的"忍"是从哪里得出来的呢?是从"礼坏乐崩"这个现象中想出来的。怎么叫礼呢?简单地解释,两个字:秩序。如果再复杂一点,就是等级、规则。这样讲可能不好理解,举个大家都非常熟悉的例子,就是五服。五服这个概念中国人都知道,出了五服就不是亲戚,那么五服是个什么东西呢?是丧服,就是死了人以后穿什么衣服的规定,叫五服,五个等级,其中最高的一个等级叫斩衰,就是用生的粗麻布做丧服。古人的服装主要是两种面料:一个是麻,一个是丝绸,蚕丝做出来的面料是高级面料,麻做出来的是低级面料。低级面料中最低级的是生麻布,生麻布做的衣服是最差的衣服,用这个最差的面料去做丧服,做的时候不能用剪刀剪,必须用刀砍,叫斩衰,斩就是这个意思。刀砍的特点是什么,就是乱七八糟,也不缝边,露出很多絮絮,这个叫披麻。服丧期间不能吃细粮,不能吃鱼肉,不能喝酒,不能听音乐,只能粗茶淡饭,守在父亲的墓前,守三年,实际上是 25 个月,因为 24 个月两年,25 个月三年。所以古人的数字,不能看他表面上的文字,这个就叫三年之丧,三年之丧是给谁的呢?给父亲的,当然还包括给君主的,国君死了也是这个规格,就是最高规格。第二等叫齐衰,齐衰的特点是用熟麻布,用剪刀剪,缝边,这个是给母亲的,母亲死了以后服齐衰。多长时间呢?父亲在世穿一年,父亲不在世穿三年(也就是 25 个月),然后依次降等,就是面料越变越好,到了最好的一等叫缌麻,就是细麻布,给外甥、外孙、女婿这一类。所以五服就是一个等级制度。

到了孔子的时代都乱套了,礼坏了,就不那么严格地讲等级,不那么严格地讲规格,包括孔子的学生都来跟孔子讨论这个问题了。哪个学生呢?宰予。宰予这个学生在孔子的学院里面属于言语科。孔子办学有 4 个专业,其中一个叫言语科,言语科就是学说话的,所以这个宰予是很会说话的,其他的学生问孔子问题都是恭恭敬敬的,宰予不是这样子,宰予经常刁难他的老师。例如宰予有一次去问老师孔子:比方说有一个好人掉到水井里面去了,作为一个君子是不是应该跳进去?宰予这个问题,怎么回答都是错误的。孔子怎么回答呢?孔子说不能这么问,没有这样问的,怎么能说比方说一个好人掉井里去了呢?你必须搞清楚这个好人是不是掉水里去了。孔子很清楚这个里面有圈套,再说一个人掉到井里去,作为君子也不一定要跳到井里去。又有一次,宰予又来找孔子,说三年之丧时间太长了,三年的时间不能够行礼,因为细粮、酒肉都不能碰,这些都是敬神的,三年不为礼、礼必坏,三年不闻乐、乐必崩,要一个君子守丧三年,结果就是礼坏乐崩。孔子问宰予说,你说应该多长时间?宰予说一年即可,春夏秋冬一个轮回。这次孔子为难了,他必须维护三年之丧,又要说清楚这个问题,孔子说:"宰予,我问问你,为什么要规定三年之丧,是因为父亲、母亲去世,作为一个君子,他的内心是很悲痛的,是很难过的。这个时候你把细粮、鱼肉拿来给他吃,他吃不下去,你让他穿好衣服,他穿在身上难受,你现在让他去听音乐,他听了想哭,这才要三年之丧,那我问问你,你的父亲去世了,不到三年,你就吃细粮、鱼肉,听音乐,你心里好过吗?"宰予说:"好过。"孔子说:"汝安则为之。"宰予出去以后,孔子叹道:宰予不仁,没有爱心啊,三年之丧,天下之通丧也,这是普天下的共识,因为三年难免于父母之怀,一个小孩子要长到三岁(25个月)的时候,父母亲才不抱他,他才可以独立行走,宰予你难道没有从父母那得到三年之爱吗,为何不回报三年?从这个例子我们可以清楚地看出来,在孔子那里,礼是爱和爱的回报,父母亲抱了我们三年,父母亲去世,我们就应该守丧三年以回报父母,虽然这个回报父母是看不到的,但是作为一个君子,必须做到,为了什么?为良心。所以孔子说:人而不仁如礼何?人而不仁如乐何?救世的方案就是"仁爱"二字。

儒家的仁包括三个蕴意:第一个叫亲亲之爱,第二个叫恻隐之心,第三个叫忠恕之道。其中,亲亲之爱和忠恕之道是孔子的,恻隐之心是孟子的。

亲亲之爱第一个"亲"是亲爱的意思,第二个"亲"是亲人的意思,亲爱自己亲人的爱叫亲亲之爱。孔子认为亲亲之爱是人的天性,但凡是个人,都会爱自己的亲人,爱父母子女兄弟,这是不用论证的,如果一个人连自己的父母子女兄弟姐妹都不爱,那不是人。这个爱如果细分一下,可以分成纵横两种,纵向的爱叫孝,孝是爱双亲,也就是父母。儒家的仁爱有一条叫由此及彼,它不限于这个地方,它要往前推。父母要爱,父母的父母要不要爱?要,爱祖父母。祖父母的父母要不要爱?要,爱曾祖父母。曾父母的父母要不要爱？要，爱高祖父母。往上爱过去了。孔子说父母爱子女那也是天性，这也是不用论证的，我觉得大家都会同意。在座做过父母的都爱子女。父母爱子女叫做慈。合起来叫父慈子孝。子女孝父母，父母慈子女，父母爱子女，子女的子女要不要爱？要，爱孙子女。孙子女的子女要不要爱？要，爱曾孙子女，往下爱下去了。这是纵向的。那么横向的爱叫什么呢？叫悌。悌是兄弟姐妹的爱。哥哥爱弟弟，弟弟爱哥哥。那好，亲兄弟该爱，堂兄弟该不该爱？表兄弟该不该爱？族兄弟该不该爱？相当于兄弟的乡亲该不该爱？相当于兄弟的同学该不该爱？相当于兄弟的同事该不该爱？相当于兄弟的国人该不该爱？横向又一路爱过去了。结果是什么呢？世界充满爱。以我为中心，上爱父母，旁爱兄弟，普天之下充满爱。所以《论语》里面说四海之内皆兄弟，这就是孔子的理想。

这个理想我们看起来不错，但是有人反对，谁？墨子。墨子说你们这个爱不好，因为你们这个爱很自私。你最爱的是自己人，从自己的父母、亲兄弟爱起，按照五服规定，第一等爱给爸爸，第二等爱给妈妈，第三等爱、第四等爱、第五等爱……越来越差。从家庭的亲情出发，一路爱下去，最爱的是自己家里人，其次是自己的族人，再次是自己的国人，那么最后只剩下一点点爱了，给了少数民族和洋鬼子，这个爱不平等，很自私。那么墨子主张什么呢？兼爱。这是儒墨两家分歧所在，儒家主张仁爱，墨家主张兼爱。兼爱就是平等的爱，一样的爱，没有差别的爱，没有等级的爱。爱自己家里人和爱少数民族、爱洋鬼子一模一样，相当于西方人说的博爱。那么墨子的这个观点有没有道理呢？有道理，爱是无私的，爱只是奉献，不是索取。在座的很多人都会同意这个观点，但凡做过父母的爱自己的孩子，会和他讲价钱吗？尤其中国的隔代爱更不得了。我接触了很多人，不管是多高的官员、多大的企业家、多大的腕儿，差不多都是"孝子贤孙"，孝儿子，贤孙子。家里有个小孩，就围着团团转，都是奉献，恨不得把自己的心肝都掏出给孩子，一点私心都没有。爱是无私的，既然是无私的就是平等的，那就应该对所有人都平等的爱，否则就没有爱。所以墨子说的是有道理的。

但是墨子提出兼爱以后，孟子拍案而起，说你是畜生。孟子的原文："是禽兽也。"为什么孟子会这样说呢？孟子说人的爱怎么可能没有差别呢？难道你不是爱自己的孩子超过爱哥哥的孩子吗？爱哥哥的孩子超过爱邻居的孩子吗？你可能爱邻居的孩子和爱自己的孩子一样吗？你能够做到爱别人的孩子和爱自己的孩子一样吗？那是不可能的。每个人都是爱自己孩子多一点嘛，爱别人的少一点嘛，这很正常嘛。那么墨家就有人来和孟子辩论，墨子有一个学生去找孟子，说："不对，你们儒家讲爱民如子，爱民如赤子，赤子就是婴儿。婴儿有区别吗？婴儿刚生下来你怎么分等级？"孟子说："我知道你的意思是什么，比方说现在有一个婴儿，赤子，在地上爬，眼看就要掉到水井里去了，我们救还是不救？肯定救，谁都会去拉一把，这时候不会有人说，这是谁家孩子？弄清楚我再拉啊，不可能。墨家就会说这就是兼爱嘛，无差别的爱。这其实不是兼爱，这是恻隐之心。"恻隐之心就是不忍看到别人无故的受到伤害，不忍看到一个无辜的生命消失。而且还可以举一个例子来证明，孟子说："按照我们礼的规定，男女授受不亲。"就是我递东西过去，我不能直接交给女人，我得搁这，让她来拿。"但是你嫂子掉水里面去了，你拉不拉一把？"大家说拉不拉？拉吧。孟子说："不拉就是畜生。嫂溺而不援之以手，禽兽也，豺狼也。"你嫂子掉水里面，你还说男女授受不亲，说我打个110，你先在那浮着。那不行的，你肯定要去拉一把。但是你能因为这个时候拉了嫂子一把就说我爱嫂子就像爱老婆吗？那不能吧。所以孟子只会说老吾老以及人之老，幼吾幼以及人之幼，他绝不能说妻吾妻以及人之妻，这是不可以的。为什么呢？就是因为人与人之间是有区别的，是要讲礼的，不讲礼就是禽兽。

这就是历史上儒墨之间的一个争论，由此我们可以看出孟子补充的内容，也就是恻隐之心。不讲恻隐之心解决不了前面孔子的问题。恻隐之心也叫不忍之心。孟子曾经和齐宣王有一个对话，孟子说："请问大王，我听说有这么一件事，有一天一个人牵了头牛从你跟前走过，你让那个人把牛放了，是吗？"齐宣王说："是的，事情是这样的，有一天一个人牵了头牛，牛浑身哆嗦，流着眼泪，我就问他，这头牛你要牵去干什么呢？牵牛的人说准备把它杀了来衅钟。"就是古代的时候要铸钟，用青铜铸的钟，钟铸好了以后，上面有很多的缝隙，这时候就要杀一头牛，用牛的血涂在上面，把这个缝隙涂满，这口钟才能使用，才能进行各种仪式。齐宣王说："你把它放了。"牵牛的说："没有血衅钟怎么办？"齐宣王说："换只羊。"孟子问："你为什么要放走那头牛？"齐宣王说："我实在受不了那头牛哆哆嗦嗦的样子。那牛又没犯什么错，为什么要把它杀了？不是乱杀无辜嘛。我不忍心。"孟子说："好啊，那头牛是没什么错，那只羊犯错误了吗？"齐宣王说："是啊，那只羊好像也没犯错误啊？"孟子说："是啊，那是不是你们齐国的老百姓，都说你小气呀？"齐宣王说："可不是嘛，其实寡人真不是小气，现在浑身是嘴说不清了，没法向老百姓交代了。"孟子说："别着急，大王，我来给你解释是怎么回事。是你没亲眼看到那只羊，如果那个人又牵一只羊过来，这只羊在你面前又是浑身哆嗦，又是流眼泪，你肯定又把羊换了，换只狗了。那只狗要是在你面前又是浑身哆嗦，又是流眼泪，你会换只鸡。你是没有看见它，你这个就是一个很好的心，叫不忍之心。你有了不忍之心就可以实行仁政，你的老百姓就会拥护你啊！所以大王啊，当一个国君，你要爱民啊，你要想想老百姓啊，你要把你这份不忍之心用到老百姓身上去，你连一头无辜的牛都不忍心杀，你还忍心杀无辜的老百姓吗？你不会的，那你就是一个好国君。"齐宣王说："是啊，你说得很有道理，先生讲得真是好。"孟子说："那你就按照我的政治主张来治国吧。"齐宣王说："不行啊，有问题。"孟子说："有什么问题？"齐宣王说："唉，寡人有疾，寡人好货。"意思是寡人有病，寡人喜欢钱，太喜欢钱了，不能实行仁政，舍不得钱。孟子说："喜欢钱没有错啊，谁不喜欢钱啊，钱是个好东西啊。问题是你喜欢钱，老百姓也喜欢啊。你和老百姓一起喜欢，让老百姓也有钱不行吗？"齐宣王说："还是不行，我还是有问题。"孟子说："你又有什么问题？"齐宣王说："寡人有疾，寡人好色。"意思是寡人有病，寡人喜欢漂亮女人。孟子说："喜欢漂亮女人没有错啊，是个男人都喜欢漂亮女人。问题是你喜欢漂亮女人，老百姓也喜欢啊。你和老百姓一起喜欢，不行吗？你身边有漂亮女人，你让老百姓身边也有漂亮女人，让他们安居乐业，不就天下太平了嘛，这为什么不行呢？"齐宣王说："反正还是不行。"孟子说："好好好，我这样和你讲，听说大王喜欢音乐。"齐宣王刷的脸色变了，说："这个事情不好意思，寡人不喜欢古典音乐，寡人喜欢流行歌曲，不好意思。"因为在那个时代，一个贵族喜欢流行歌曲是丢人的，要听交响乐。孟子说："没有关系，流行音乐也是音乐，你喜欢古典音乐，喜欢流行音乐都一样。那么你在听流行音乐的时候，喜欢一个人听还是和别人一起听？"齐宣王说："我倒是喜欢和别人一起听。"孟子又问："你听这个流行音乐，是喜欢和少数人听，还是跑到体育场，几万人，手上都拿个小棒棒，同一首歌啊？"齐宣王说："我可喜欢同一首歌了。"孟子说："对了嘛，这就叫与民同乐，一个好的领导一定要与民同乐，这就是仁啊，这就是仁政啊，这就是王道啊。"那结果怎么样呢？结果是孟子不说白不说，说了也白说。没有人听啊，因为在当时的那个社会条件下爱真的是不顶用的，所以孟子后来讲义，这就是孟子和孔子不同的地方，孔子是讲仁，孟子重点是讲义。仁是什么，仁就是爱，仁者爱人；义是什么呢，义是杀人。义这个字的本意就有杀的意思，所以你去看和义连在一起的词都差不多与死亡有关系或者与危险有关系：见义勇为、义无反顾、舍生取义、大义灭亲。大义灭亲是不能换成大仁灭亲的，仁不灭亲啊，仁是爱嘛，亲亲之爱，所以孟子的义就补充了孔子的仁，而孟子的恻隐之心就为孔子的亲亲之爱解决了一个仁爱的底线问题，就是我们怎样做到仁。

我们怎样做一个仁爱的人呢，底线就是恻隐之心，不忍之心，不要无缘无故地去伤害那些无辜的人，包括伤害无辜的小动物。但是孟子也很清楚一点，就是人类为了自己的生存也难免做些不忍之事。我在讲这些孔子孟子观点的时候，很多人来质疑我、挑战我、批判我，说有种你不吃肉，吃肉你就要杀生，这个实际上孟子已经想到了，人类为了自己的生存也难免做些不忍之事，比方说我们要屠宰动物、食用动物。现在我们生活好了，差不多每餐都要吃一些动物的尸体嘛，而且恩格斯说过，肉食是人类从猿到人进化的必须的一环。就是猿类基本上是不食肉的，只吃一些小昆虫，主要是吃水果、干果、坚果，在进化的过程中，就是因为人类食肉，所以大脑发达了，我们现在禁止肉食做不到，这是第一个。第二个是实验动物，实验动物现在还不能够说没用，因为我们的新的药物发明、新的医疗技术的发明，要做实验，做实验的时候不能拿人来做，只有那日本鬼子才拿人来做实验。我们不能，那我们用什么？用动物，但是我们在做的时候，要有不忍之心，比方说你不要虐杀。所以中国有的传统的饮食方式我认为是要废除的，比如说活吃猴脑，这个是太坏了！不要虐杀，而且对于那些实验动物要有感恩之心，人类不能狂妄自大，不能认为地球就是人类的，地球是地球的，是属于包括各种动物在内的所有生命体的。我有次看中央电视台的一个节目特别感动，是讲大连医科大学一位教授的，里面有一个镜头就是医学院的学生们有的牵着狗、有的拎着笼子里面的兔子到实验室去做实验，随身还带着担架。这个节目的解说词说：担架是为狗准备的，狗做了实验后，会把它缝起来用担架抬回去，兔子没有担架，有的兔子一去不复返。后来我打电话问了这位医学教授，他告诉我说，其实狗的命运更惨，它会反复地被拿去做实验。最后他们怎么做，他们在自己学院的山头上竖了一个纪念碑——"实验动物纪念碑"，医学院的老师和学生会到这个纪念碑前为这些实验动物献花圈。这是我们人类为了自己的生存和发展不得已做出来的事情，不能做得心安理得，要做得有不忍之心，这就是仁爱，这就是仁爱的第二个内容，即恻隐之心。

仁爱的第三个内容就是忠恕之道。什么叫忠呢，忠就是己欲立而立人，己欲达而达人，就是我自己站立，我也让别人站立，我自己希望成功，我也让别人成功，这就叫做忠，这是积极地推行人道。恕是什么呢，己所不欲勿施于人，就是自己不愿意就不强加给别人，这是消极地实行人道。那么这个积极地实行人道的忠和消极地实行人道的恕哪个更重要呢？消极的更重要。我们要转变一个观念，不要以为消极不好，在很多情况下，消极比积极好。为什么消极的恕"己所不欲勿施于人"比积极的忠"己欲立而立人，己欲达而达人"重要呢？第一，己欲立而立人，己欲达而达人，是要有条件的，这个条件就是你自己立、自己达，你自己都不立、自己都不达，你怎么立人、达人呢，我自己都走投无路了，我怎么帮别人一帆风顺呢，做不到，这是第一点。第二点，己欲立而立人，己欲达而达人，人家愿意吗？也可能这个人说我不想成功啊，我干吗要成功。你以为成功就好啊，现在我们很多人喜欢什么成功学，那害死人了。有些人说我就不求上进，我就喜欢过过普通的生活，有个温饱，小富即安有什么不可以啊。而己所不欲勿施于人是任何人都做得到，任何人都能接受，我不愿意的事情我不强加给别人，做不到吗？谁都做得到。你不愿意的事也不强加于我，我不愿意吗？我肯定愿意。就连孔子自己也认为这是他最重要的东西。孔子有个学生叫子贡，子贡是中国历史上第一个儒商，孔子的学生当中最有钱的，很会做生意，孔子说他每次去投资啊，没有失败的，做一票赚一票，最后孔子周游列国，他掏钱赞助。所以这个生意人他的思维方式不一样，他就跑去问孔子，他说老师啊，您老人家教导我们，也听了很多了，能不能给我一句话可以用一辈子的。你看，做生意的人思维方式就是不一样，这成本最低嘛，这一句话终身受用，性价比非常之好，产出投入比非常之好。孔子说：其疏忽，我给你一个字"恕"。然后展开来解释了一下"己所不欲，勿施于人"，说你只要做到这一条，保证终身受用，保证你的人际关系永远是好的。这是孔子非常高明的地方，而且我可以告诉大家，"己所不欲，勿施于人"这8个字已经镌刻在联合国大厦上了，成为全世界的共识，而且世界宗教领袖大会曾经达成人与人、国与国、宗教与宗教、文化与文化和平共处的两条黄金准则，第一条就是要把人当人，第二条是己所不欲勿施于人，全世界的共识。所以说孔子非常了不起。

我还想再往前推一步，推到庄子，孔子的思想是什么，己所不欲勿施于人；庄子的思想没有明说，我可以套这个话，不是庄子的原文，就是我套用孔子的话来概括庄子的思想是什么呢：己所盛誉也勿施于人。这个就更了不得了。庄子讲过一个故事，他说有一天一个管祭祀的官员到猪圈去看猪，这猪是干什么的呢，把它养肥了以后，准备在祭天地、祭祖宗的时候杀了供在那个庙堂上的，叫牺牲，这个猪呢，如果是祭给天地、神灵、祖宗的，必须非常健康，身体健康，心理也要健康，才能够敬祖宗，所以这个猪死之前必须保证它心情舒畅。当时这个官员就发现这个猪很郁闷，于是这个官员就穿着礼服去给猪做思想工作，找猪谈话，官员跟猪怎么说呢："猪啊，你何必怕死呢，你要知道，你会死得很光荣、很体面，死得其所啊。我告诉你吧，在你死之前，我会精心喂养你3个月，给你吃最好的食物，晚上睡觉的时候给你盖上绸缎的被子，在祭纪10天前，我就会香汤沐浴，换上礼服为你祈祷。你死了以后你的那个前尖啊后腿啊我会隆重地放到一个盘子里面，这个盘子外面会雕上花，将来博物馆要收藏的，你看怎么样？"这个意思庄子没说，但是我们可以听出来，是个猪就会说，我宁可你别杀我，还让我睡脏猪圈，吃糟糠好啦。庄子还说，他说鲁国有一天飞来一只海鸟，鲁国的国君觉得这么一只稀罕的鸟，一定要给它最高规格的接待，于是就用黄金打造了一个笼子把它养起来，在它的面前摆上了酒宴，然后请乐队来奏乐，享受国君待遇、国宾待遇，最高规格。结果怎么样呢？那鸟吓死了。所以庄子说，你要真心对一个人好，你就让他按照自己的心愿去选择自己的生活，你不要把你自己认为好的东西强加给他，你把你自己认为好的东西强加给他，实际上你不是爱，你是害。所以庄子比孔子还进了一步——己所盛誉也勿施于人。那么这里面体现出来的是什么呢？是对每个个人、每一种生命形态的尊重，这种尊重其实是更重要的东西。

实际上孔子呢，是我们历史上一位伟大的思想家，他的思想远不止今天讲的这一些，还有很丰富的内容没有时间讲，但是我觉得可以抓住最关键、最要害的东西，我认为就是一颗爱心。有了这一颗爱心，实际上我们什么事情都能办好，包括我们这个镇江市的"文化嘉年华"，我们的这个"文心讲堂"，还有我们的其他的种种活动，我认为孔子思想的核心也就是一颗爱心，所以我准备套用王昌龄在镇江写的两句诗来结束这个主题的部分，就是"镇江读者如相问，一片冰心在玉壶"。

（2009 年 4 月 14 日）

今天，为什么我们还要读《三字经》

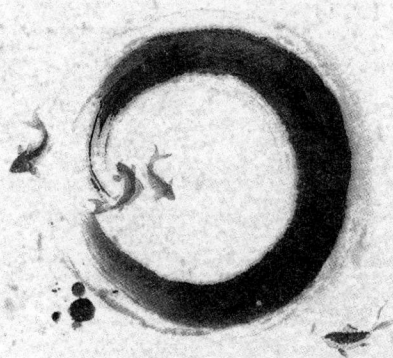

钱文忠

钱文忠
Qian wenzhong

　　复旦大学历史学系教授、中国文化书院导师、华东师范大学东方文化研究中心研究员、北京电影学院客座教授、季羡林研究所副所长、北京大学《儒藏》精华编纂委员会委员。师从季羡林先生和金克木先生,20世纪80年代中期,留学德国汉堡大学印度与西藏历史文化学系,师从著名印度学家 A. Wezler 教授、著名佛教学家 L. Schmithausen 教授、著名伊朗学家 R.E. Emmerick 教授,主修印度学,副修藏学和伊朗学。主要著作有:《季门立雪》、《天竺与佛陀》、《国故新知》、《人文桃花源》、《玄奘西游记》、《钱文忠解读〈三字经〉》、《钱文忠解读〈弟子规〉》等。

尊敬的李秘书长、张局长、余局长，还有镇江的朋友们：

　　上个星期我也来到过镇江，有一个机会跟大家请教，今天又来到这里。刚才张局长讲我是镇江的老朋友了，实际上老朋友不敢当，因为我在小时候就来过镇江很多次了，我可能比年轻的镇江人更熟悉镇江。镇江几乎所有著名的寺庙、著名的文化遗址我都来瞻仰过，所以对镇江充满着一种很特殊的感情。

　　上个星期在镇江我也跟大家作了一次请教，请教的一个主题实际上也是跟《三字经》有关。上个星期讲的是，中国内地在改革开放30年里，在短短的30年中，在人口净增5亿的情况下，在经济上、物质上、社会上都取得了长足的发展，这样的发展可能在人类的历史上是没有第二例的，但是在经济发展30年以后，今年我们到了历史的一个重要关头——中华人民共和国成立60周年。在这样的一个时候，我发现，突然整个学术界出现了一种非常有意义的反思。中国在经济上已经强大了，我们现在是一个大国，但是我们究竟是不是一个强国？这个问题现在大家开始问得越来越多，因为现在我们开始逐渐认识到我们国家如果是强国的话，实际上除了有相当的经济力量，除了有非常牢固的社会力量，除了有非常坚强的军事力量以外，还在于两个非常重要的事情：一个是这个民族还有没有精神力量，第二个是这个民族有没有形成自己的软实力。我们有没有我们的文化软实力，我们这个民族有没有形成我们的核心文化价值，我们的文化价值有没有被全世界、全人类所共同地认可。现在，全世界有好多观念我们都认可，比如自由、民主、平等、公正、法制等，没有任何人会讲民主不好，没有任何人会讲自由不好，没有任何人会讲法制不好，但是请别忘了，所有的这些观念都不是我们中国的传统观念，所有这些全人类接受的核心文化价值都来自于西方。那么我们这个民族在强大到这个程度的时候，也需要一种我们自己的核心文化价值，比如"仁义礼智信"，比如"温良恭俭让"，比如"忠恕"，比如"中庸之道"。但我们突然发现，这样一些观念实际上离我们很远，非常非常远，更不要说被全世界、全人类所普遍地认同和接受了。也就是在这样的背景下，现在的"国学热"、"传统文化热"，实际上不是没有来由，不是没有道理的突然出现的东西。当我们反思自己的时候，我们突然发现，很少有人能从自己的身上能找到一件属于中国传统的东西。除了我们的皮肤、我们的头发、我们的眼睛、我们的基因、我们的语言，除此之外，我们身上有哪样东西是中国的？没有一样东西是中国的，绝对找不到。衬衣、外套、袜子、眼镜、手表等，没有一样是中国的。同样，在我们的精神深处，在我们的内心深处，还有多少我们中国传统的东西？我们也不断地在问这个问题。

很多朋友都知道，我在中央电视台讲《三字经》，应该是引起了大家比较强烈的关注。大家都很关注，为什么我在《百家讲坛》上会去讲《三字经》？为什么在中央电视台这样一个影响力强大的平台上会有一位在大学里工作的人去讲一部在中国是童蒙读物、一部小儿科的书呢？这是很多朋友的一个问题。实际上我可以换一个问题，我来向大家提一个问题。在座诸位有没有人知道在《百家讲坛》上讲过课的教授有多少位？我想诸位没一个人知道。而诸位能够记得起的在《百家讲坛》上主讲教授名字的有几个？我想没有任何一个人能记住超得过 10 个。我告诉大家，登上过《百家讲坛》讲课的教授有 400 多位，但是大家能记住名字的无非六七个人。为什么？早期登上《百家讲坛》的很多人，里边有杨振宁教授、丁肇中教授，诺贝尔奖的获得者这样大师级的学者，但他们在讲的时候，我们的这种文化意识还没有像最近两三年如此强烈，所以大家当时不关注。当易中天先生、于丹、王立群、我，我们这些人讲的时候，我们祖国大地上 13 亿多的人内心深处已经发生了一种普遍的躁动不安。我们现在其实非常地躁动不安，我们知道我们的生活比过去好很多，我们知道现在家里拥有一部轿车，拥有冰箱、电视，都不是一个什么奇怪的事情，尤其在镇江，在我们长三角一带，根本不是什么奇怪的事情。我们知道过去的中国人根本没有护照，中国颁发身份证是 1984 年，到现在我们随时可以出境旅游，出去旅游非常非常方便，我们发现我们改变得太多。照道理讲我们内心应该很平静，我们生活好了，我们没有衣食之忧，但是突然我们发现内心并不平静，好像生活好了并没有带给我们一切。这个时候我们突然想到了一句儒家的老古话:"仓廪足而后知礼节。"温饱满足了以后人会追求一种精神层面的东西。实际上《百家讲坛》也是在这样一种背景下得到了大家的关注。为什么我会去讲《三字经》?实际上也是基于这样一种普遍的文化心态。我们知道于丹讲了《论语》,讲了《庄子》,但是我们如果仔细去读了《论语》就会发现,现在恐怕没有一个中国人有百分之百的把握敢说:"我能读懂《论语》。"现在把《论语》拿来作一个比较我们就会发现,最起码有30多处大家的解释都不相同,各有各的说法而且彼此矛盾。我们突然发现,作为"四书"中的一部最基本的经典,都这么难以理解。所以,我们就会有一种慢慢再往回走的行动。走到哪里呢?毫无疑问,如果连《论语》我们读起来都困难的话,那么没有选择了,只能回过头去读《三字经》,读到我们所有的中国人去认字、去读书的一个起点。

任何一个人都不可能承认自己不知道《三字经》,然而,真实的情况却是非常可怕的。我去《百家讲坛》讲《三字经》的时候,很多朋友就觉得很奇怪,意思说:"你疯了,《三字经》应该是幼儿园里读的。"对这样一种情况,我作了一个非常随机的调查。我的朋友,我接触的人,基本上都是中国乃至世界一流大学毕业的,基本上都拥有博士学位,基本上都在全国一流的大学里担任教授,基本上都是人文学科毕业的,基本都是我这个年龄,我说:"你们认为我去讲《三字经》小儿科了?诸位,我们大家也都是教授,你们认为这个《三字经》怎么样?""《三字经》熟啊,我怎么不知道?"我说:"好,来背背看。"结果背到"人之初,性本善",到这儿出现了第一个停顿,我说:"别急,接着往下走走。"那么还剩下一半的人:"性相近,习相远。"出现了一个更巨大的停顿,再往下面走,只剩下不到5个人。在我问过的二十几个大学教授里面,没有一个人能够熟练地背诵到20句以后。但是我们知道,《三字经》最通行的版本,是1 122个字,300多句。换句话说,我认识的这二十几位中国人文学界的顶级精英,都是在北大、复旦这样一流的学校里任教的,没有一个人记得住当年中国5岁左右的小孩子就能背的《三字经》的百分之一。当时大家都很震惊,不光是我觉得震惊,那些背的人都觉得很震惊。同时,第二个奇怪的情况是,现在有好多家庭,好多爸爸妈妈知道我讲《三字经》,然后就带着自己的孩子来找我说:"钱老师,你看我们家孩子能背全部《三字经》。"我还碰到过一个能倒背的,我就问了问孩子的父母:"请问,你们能背吗?"得到的答案跟前面二十几位教授一样。换句话说是什么?一方面,我们已经意识到传统文化的重要性了,我们已经让我们的孩子在补课,我们在走一条踏实和专门的路,从《三字经》开始,所以我们有很多的孩子,现在还不到 10 岁的都能背,这是第一方面,我们很庆幸。第二方面,我们应该非常非常担忧,起码有两到三代的中国人实际上连《三字经》也不怎么了解。换句话说,传统文化出现了一个巨大的空白,没有任何一个民族能够想象,自己的传统文化居然能断掉两三代人。

当然这个我们丝毫不奇怪,因为 1919 年的"五四"运动、1916 年的"新文化运动",当时很多的中国人,包括鲁迅先生,就开始倡导什么呢?"不要读古书,把线装书扔到茅厕里去。"我们江苏无锡的吴稚晖先生曾经讲过:"打倒孔家店。"我们现代的"导弹三钱"——钱学森、钱三强、钱伟长,钱三强先生的父亲,钱玄同,当年北京大学国文系的教授,就曾经讲过:"人啊,中国人啊,活过 40 岁,就可以拖出去枪毙。"他讲的时候自己也是过了 40 岁的。所以当时中国有一股浪潮,认为中国要现代化,必须首先抛弃自己的传统,认为我们的传统封建、落后、腐朽、糜烂,是中国、中华民族走向现代化的绊脚石。中国的现代化是人类历史上最奇怪的一种现象,中国的现代化历程,人类历史上没有出现过,是以牺牲自己的传统文化、割裂自己的传统文化、贬低自己的传统文化、践踏自己的传统文化、破坏自己的传统文化为前提和代价的。中国的现代史上出现了一个地球上从来没有出现过的情况:以一种全民的狂热,去破坏自己的文化。全人类哪有一个民族曾经全民动员、老少上阵,唯恐不及地砸烂自己的文化?镇江在江南一带,运气非常非常好。镇江还留下了老祖宗留给我们的东西。大家可以到无锡去看看,离这里很近,到常州去看看,留下了多少?到南京去看看,实际上并不多。我们不能去看旅游手册的,旅游手册上讲:"这个寺庙,建于魏晋南北朝。"对,是建于魏晋南北朝,但现在这个寺庙什么时候建的?大家一看,都是在党和政府的关心下，拨巨款于 1985 年重建的。那还能算是魏晋南北朝的吗？我们江南还有多少地方随时还可以看到六朝遗迹？实际上是没有了。因为我们这一带在"文化大革命"以前，还经历过太平天国。太平天国有一定宗教性，有拜上帝会作为信仰，因而砸毁了很多古迹。"文化大革命"中，对传统文化的态度是同政治挂钩的，赞同传统文化基本上等于是反革命，去破"四旧"是革命，所以当时全民动员。我生于 1966 年，"文化大革命"开始那一年，我是很晚才知道孔子是应该叫孔夫子的，我们小时候都是叫孔老二，天天喊"打倒孔老二"、"孔老二坏东西"。所以我们这个民族是这么走过来的，换句话说，对于《三字经》实际上是没有什么了解的，我们对于这部当年四五岁的孩子就开始熟读的书，当年中国人都知道的书，实际上今天有两到三代中国人毫无知识。难道，这还不足以表明，今天，我们应该好好重新读一读《三字经》吗？

我们知道，我们国家对于教材是很重视的，全世界的教育没有像中国这样对教材的规定这么强的。因为中国的教材是国家统一的，中国的个人是不能编撰教材的。换句话，钱文忠写了很多书，但绝对不能编一本中国历史教科书，这个是不允许的，中国的教材特别是中小学教材是中国政府有关部门规定使用的。但是在前一段出版的名为"新世纪高等学校教材"的一本讲教育的专著里边居然连《三字经》都引用错了，这是一部中国顶级教授主编的丛书中的一本，作为大学教学的关于教育的官方教科书，居然连《三字经》都引用错了。这就让我们很清楚地看到一个事实，我们对《三字经》实际上是既熟悉又陌生，或者可以说表面上熟悉实际上极其陌生。过去中国人对于《三字经》的确熟悉，因为《三字经》是儒家思想占据主流地位的传统中国社会所有的儿童必须读的书，是童蒙读物里最著名、最普及、最流行的一部书。我们讲中国过去的童蒙读物《三》、《百》、《千》——《三字经》、《百家姓》、《千字文》，但是只有《三字经》是称"经"的，我们从来没有听说过《百家姓经》，也没有听到过《千字文经》。宋朝以后的中国读书人基本上都是由《三字经》开始启蒙，从而踏上了或者得意或者失意的科举之路的。读书人对于它，当然是不能忘记的。因为现在的科学研究表明，人的大脑、人的智力,27 岁以后开始衰竭;人的记忆力,13 岁以后开始衰竭。实际上,人一辈子能够时常记起来的东西,都是 13 岁以前记忆的。13 岁以后记的东西,老实说是记不住的。所以只要是读书的孩子,在七八岁以前,《三字经》是百分之百都已经背完的。一般来说,到七八岁,《大学》、《中庸》、《论语》、《孟子》都背完了,"四书"背完了。

过去中国即使很多目不识丁的老百姓,对《三字经》也是熟悉的。他们不一定能背全,也不一定知道这个字怎么写,但他们是熟悉的。我们可以举一个例子,大家都很熟悉,我们都看过一个电影,歌剧《刘三姐》。刘三姐怎么会识字呢?刘三姐肯定是不识字的。刘三姐跟一个地主老财斗歌,地主老财斗不过她,斗不过她以后地主老财就请了一些秀才、举人拿着这个线装书来跟刘三姐斗歌。这个之乎者也,诗云子曰,把刘三姐给惹恼了,那刘三姐说:"看你们这帮人还来跟我斗歌,再这么闹下去,饿死你个'人之初'。"这是刘三姐的话。"饿死你个'人之初'","人之初"代表什么?代表这些酸腐的读书人。大家知不知道刘三姐是哪个民族的人?白族,刘三姐是白族!换句话说,一个传统中国的不识字的妇女,一个非汉族人,这么一位少数民族的女士都对《三字经》有着一个起码的概念,所以她脱口而出,会用"人之初"这句话来对歌。

那么如果说陌生,情况就相当复杂了,我们要分几个方面来讲。首先,正是由于《三字经》是童蒙读物,《三字经》才会有如此普遍的知名度,才会有如此广泛的影响力;然而却也正是因为《三字经》是童蒙读物,所以它也从来没有抖落过难登大雅之堂、小儿科这样一种尘埃。中国传统当中有一个非常奇怪的情况:一方面,人们对孩子的启蒙教育高度重视,特别是今天,独生子女政策已经奉行了 30 年,现在独生子女的独生子女都已经出来了。一个孩子,最起码要有 6 个亲人——爷爷、奶奶、外公、外婆、爸爸、妈妈来宠,这在人类历史上也是从来没有过的,这是中国教育面临的最大的问题。现在延伸到大学,也是这个问题。我们一方面非常重视儿童的教育,但是另一方面我们现在没有办法像传统那样教育他们。我曾经跟我父亲半开玩笑,我有一个儿子,我父亲 70 多岁了,当然非常宠爱这个孙子。我父亲很宠爱他的时候我就跟我父亲说:"爸,我说句话你别生气,你别那么得意。"我爸说:"怎么了?"我说:"你别老感觉自己是爷爷。有了孙子以后,爷爷是孙子,孙子是爷爷。这个您得有心理准备。"我爸说:"不会,我对我孙子一定要严格教育。你现在不成材,我现在重新培养一个试试。"我说:"走着瞧。"我儿子现在读初中,我后来去看我父亲,我说:"爸爸,我发现有一个事情很奇怪。""什么奇怪啊?""怎么我小时候不能做的事情,你孙子都能做?而且我小时候做这些事的话,轻者被你骂一顿,重者被你暴揍一顿。你孙子现在要做你就夸,又是可爱、聪明,还要出去给他买奖品呢?"这就是中国教育的现状,我们现在处于一个矛盾当中,我们处在一个一方面对于教育高度重视、一方面对于孩子实际上又没有办法严格要求的矛盾中。我把话题稍微岔开一点,我在复旦大学教书,我们现在根本不敢批评孩子,敢批评吗?批评就死给你看!现在大家可以看到,前一段《扬子晚报》也登过,有一个中国高校的自杀率的统计,数字是惊人的,现在的孩子哪怕是就读复旦、北大,老师说他两句,就自杀了!你怎么敢批评他?我们小时候脸皮都比较厚的,老师说两句就说,站在黑板旁边就站了,第二天也没什么,照样来上课。现在这些孩子,你批评他两句,第一不上课,第二离家出走,第三就自杀了。

同时还有一个很矛盾的事情。一方面,我们重视胎教。现在好多女孩子,肚子里的孩子刚怀上,就开始防辐射。我有个秘书是个女孩子,怀孕了,我要跟她联系,怎么样电话都打不通。然后我就打有线电话,她一接就接到了,我问:"怎么不接手机啊?"她说:"我没不接啊。"我说:"你开机,怎么打不通?"原来她把手机放在口袋里,外面有个防护服啊,信号都没了。另外孩子刚在肚子里,原来这个妈妈绝对不听音乐的,现在这个妈妈耳机戴着;原来这个妈妈听 Rap,听周杰伦的,现在开始听非常优雅的古典音乐。其实她听得很难受,但她是为了孩子。等她肚子稍微大起来一点儿,耳机摁在肚子上让孩子听。然后不光要让孩子听音乐,现在孩子还在肚子里五六个月,我不知道镇江怎么样,上海的很多妈妈已经把英语磁带摁在这里了。我对她们说:"你的孩子生下来第一句话就是 Hello?"这是非常病态的重视。但是另外一方面你们发现没有？我们对儿童读物却极端地不重视！我们讲起儿童读物，就想到童话！《格林童话》、《安徒生童话》！请问诸位，谁看过中国的童话？很少！所以到外国人的家庭可以看到，一个人一生，都会有非常喜欢的童话书永远放在那里，到老都放在那里。现在回去看看我们的家里，我们有没有自己小时候看的值得保存的童话书？没有。我们没有用于对孩子进行启蒙的游戏，现在中国孩子玩的游戏基本上都不是中国生产的，现在中国孩子对日本的历史比对中国的熟悉。我观察过我儿子，他们打的游戏《三国》、《西游记》都是日本人设计的，日本版的游戏《西游记》里孙悟空是有女朋友的。有人就觉得很奇怪了，我们这不很重视对孩子的教育吗？你重视什么了？现在我们的孩子哪有属于他们自己的儿歌？没有啊。全世界销量最大的读物《哈利·波特》，在中国也是销量最大的。前一段对小学生和中学生做调查，阅读量最大的书是《哈利·波特》。阅读量最大的前 10 本书里面，没有中国书。

所以，一方面《三字经》很普及，大家都用，但是，大家对它并不尊重。不尊重到了一个什么地步？《三字经》在过去的传统中就是让孩子背，没有人去作解释。中国传统的教书法，背诵占了很大的比例。我们现在也有很大的问题。大家可能不太知道，一些非常著名的名字，我随便举几个，比如朱光潜、张岱年、冯友兰，这些名字听起来都吓死人吧？可是在座诸位恐怕都没有见过他们，我是见过他们的。我可以告诉大家，这几位北京大学的顶级教授，没有一个人能上课。为什么？全部是结巴。现在外边写文章，张岱年教授讲课"意气飞扬"，我说："这作者是骗子。"他一定没见过张岱年讲课。为什么结巴大家知道吗？从小打的。包括刚才我讲过的钱三强先生的父亲，也是我们家族的长辈，钱玄同先生，也是结巴。我们知道非常著名的《古史辨》的开创者，顾颉刚先生，也是结巴。为什么？从小背！过去的老式家庭就让孩子背《三字经》，5 岁就开始背，再宠再宠，教育上不宠，背不出就打。所以小孩子要背不出后面"啪"就一下，一打一打就成结巴了。但这也说明中国古代传统当中，对于孩子的教育，《三字经》主要是给大家背的，没有人去解释它。我作为一个教师，而且作为一个曾经在复旦负责过直接招生、直接负责从优秀高中生中免试招生的教师，我相信在座的父母也有很多希望自己的孩子将来考到复旦、北大，我可要告诉大家，我现在发现一点，我们的孩子，记忆力严重衰退！现在的小孩子基本没有记忆力可言，什么东西都背不了，这是个很麻烦的问题。为什么？因为我们现在过度地理解了或者说错误地理解了"快乐学习"这个概念。学习应该是快乐的，但这是一个目标，学习肯定有不快乐的成分。谁说学习都快乐的？咱们试试看，没有一个人小时候会觉得学习是永远快乐的，这不可能，不现实。小时候都会觉得学习是痛苦的，不愿意背书，天天考试，书包那么重。但学习是一种责任。《中华人民共和国宪法》规定："公民有接受九年制义务教育的权利和义务。"接受教育是公民的义务，教育有一部分就不那么快乐，如果现在快乐了，老了就不快乐。现在我们对孩子太宠，这样的话孩子会慢慢地废掉，现在这些孩子的记忆力远远不如我们这代人的记忆力。背一样东西，我们花的时间比他们少得多。

现在我们很多教育界的朋友在讲到《三字经》、讲到教育的时候，比如，我们讲"素质教育"和"应试教育"，我们讨论，这个分类有什么道理？我告诉大家，我既不赞成"素质教育"，也不赞成"应试教育"。为什么？应试教育，怎么能跟素质教育分开呢？应试教育是素质教育的一部分。一个人说："我素质很高，是全世界最高素质的人。"你连考试都考不好你还有素质？没有一个社会是绝对公平的。但是大家别忘了，高考是相对公平的制度，如果没有高考，我可告诉大家，工人和农民的孩子，别想读一流大学。如果没有高考，穷人的孩子，别想读一流大学。为什么？现在北大也好，复旦也好，清华也好，交大也好，我敢说，中国很多农民家庭是负担不起这个孩子的。现在就是因为有高考制度，这条线是突不破的，作弊要判刑的，所以这个平衡还在，所以我们中国还能保持中华儿女能够在一个公平的情况下进入大学。如果这条线没有了，到时候，哭的是我们。我绝对反对现在外面这种很不负责任的说法，什么"不要叫孩子看重分数"，"不要让孩子过分看重考试成绩"，这个话是哗众取宠的。现在考复旦，差1分的有多少人？往往人一辈子就决定于1分。

这是事实啊,全世界一样的。哈佛大学、牛津大学、剑桥大学,也是看分数的。哪个学校不看分数?所以我讲应试教育是素质教育的一个组成部分。一个所谓素质好的人,如果连大家都公平的考试都应付不了,还能说是高素质的人才吗?所以我觉得很多东西,包括我们现在教育的观念都是非常混乱的。

现在很多人说中小学的教育很苦,孩子的书包很重。我儿子的书包我都背不动,我儿子在读初中预备班。但是,这是为什么呢?所有的中小学老师都吃饱撑的,非要让孩子多做点功课,多考点试?他们可以不管你,但是大家可别忘了,这就是我们这个民族要付出的代价!我们这个民族,多长时间以来都否认知识,“知识越多越反动”、“知识无用”论、“不用读书”,这是我们民族在人类历史上喊出来的。这些口号,牺牲了几代人,于是我们这个国家落后了,落后要付出什么代价?谁来付出代价?老三届付出代价了,最近的电影《高考1977》大家都看了吧,我看了这电影我哭的啊。老三届,30多岁开始读大学,他们付出代价了。难道他们付出的这些代价,共和国走的弯路,中华民族一代人就付清了?我可以告诉大家,恐怕几代人都付不清。这些孩子就是在为他们的长辈所做的荒唐事在付代价。他们可以很快乐,可以像美国孩子、英国孩子一样快乐地学习。中华民族就是靠这个来弥补自己的过错,所以这些孩子,我们要爱他们,因为他们是在为他们的长辈、当年的荒唐事来付代价。如果中国没有“文化大革命”,中国的文化没有那么荒唐,中国如果持续发展到今天,60年,大家看这30年中国发展成什么样子了?如果中国要发展60年呢?当然中国的孩子就可以像美国孩子一样、英国孩子一样,很轻松了。但在现在行吗?不行。所以现在关于孩子的启蒙教育有好多似是而非的观点,有的时候完全是为了揣摩领导爱不爱听,为了揣摩我这样的话是不是能够得到喝彩。难道我们传统的东西都是错的?我们传统的考试制度是错的?我们江苏之所以那么厉害,我们长三角之所以那么厉害,我可以告诉大家,是因为什么?是因为我们有30所左右在全中国乃至全世界教育质量一流的中学。这个我们要认识清楚,像苏州中学、无锡一中、无锡一女中、江阴岚清中学,咱们镇江的几个中学，放到全世界都是一流的。如果没有这30所中学，我可以告诉大家，就没有江苏的今天。所以我想，对于教育，有很多似是而非的东西。马上又到了一批孩子高考的时候，我有的时候会很难过，因为我过去在复旦参加高考阅卷，我看的太多了，就是这个孩子肯定是好孩子，从卷子，我看得出。差一分两分，终生的命运就改变了，谁对他负责？我到复旦，对我最刺激的事情是每年9月份新生报到的时候，我到复旦去看这些新生，会看到完全不一样的考进了复旦的孩子，满脸的神情和色彩是不一样的。但是，没有考进的呢？来送这些同学的呢？谁为他们负责？所以我觉得在他们小的时候，在启蒙教育的时候，必须全面地理解"快乐教育"的"快乐"。这个"快乐教育"的"快乐"两个字不是说在读书的时候快乐，而是说通过教育让你终身快乐。所以我想，由于中国传统这种非常奇怪的教育观念，因而导致了对《三字经》的不重视，而我们让孩子背《三字经》，我们也不去重视它，不去解释它，从而导致今天连《三字经》的作者是谁，都是有问题的。《三字经》的作者是谁，是没人知道的。

那么像《三字经》这样的一本书，我们今天重新去读，或者今天我们为什么还要去读，首要的原因就在于，我们对它实际并不熟悉，而导致我们实际上对《三字经》读不懂。这个话不是危言耸听的。《百家讲坛》本来没有让我讲《三字经》，因为讲完了《玄奘西游记》我休息了一段时间。《百家讲坛》在全国各地的主讲人是怎么挑的呢？网络上有很多很多传说，我可以告诉大家怎么挑。《百家讲坛》在全国有一支专门的队伍在寻找主讲人，他们到各个高校，不亮明自己身份，随机地在校园里找学生："你们学校，有哪些老师讲的课你们比较爱听？"搜集了一批名单，然后派人到课堂听课，然后再挑他到镜头前试镜，这样一步步挑出来。《百家讲坛》在我之前，挑了几个学者讲《三字经》，但是后来都没能够成功。为什么没有能够成功？因为都觉得《三字经》简单，都没有经过好好的准备就上去试讲。到中央电视台试讲过以后基本上不行就不行了，不会给你第二次机会的。而我，因为我是知道自己是没有把握能够读懂《三字经》的，我虽然能背，但是我没有把握读懂，所以后来他们叫我赶快去补一补,因为节目要录了,把我拖去补的时候,他们大概觉得"你这种还可以",我也就没有太掉以轻心。我们去看《三字经》,就像刚才我们提到的,像"人之初,性本善。性相近,习相远",这4句,大概是我们最熟悉的《三字经》,但是我可以告诉大家,就这4句,恐怕大家都读不懂。道理在哪里?第一个问题我先问大家,"人之初,性本善"这6个字谁说的?我告诉大家,没有任何人说过。中国儒家没有任何一个学者,说过"人之初,性本善"这样的话。孔子没讲过,孔子对人性,对这种抽象的概念都是存而不论的。孟子也没讲过,孟子讲的是人心有向善的可能性,因为人有恻隐之心,有不忍之心,等等等等。荀子讲的是"人之初,性本恶"。没有人讲过"人之初,性本善"。那为什么《三字经》教育孩子的时候居然劈头盖脑就是"人之初,性本善"呢?既然"人之初,性本善"了,那怎么还会"性相近,习相远"呢?应该是"性相同"啊。大家天性都是善良的喽!那怎么有"天性相近"呢?所以大家发现没有,《三字经》的前4句就有很奇怪的内在的逻辑矛盾和一个出典不清楚的问题。

"人之初,性本善。"这句话大家不要小看啊,我们经常挂在嘴边,这样的话伟大领袖毛主席也用过。"六亿人民皆尧舜",所有人民都像尧舜一样,都是圣人。大家不要小看这6个字,我们整个民族好像认为"人之初,性本善"是天经地义的,谁会质疑"人之初,性本善"?我们认为我们的文化传统就是认定"人之初,性本善"。但是大家想过没有,人性到底是善还是恶?恐怕恶的成分大吧?小时候,孩子生下来,要吃奶吧?妈妈有没有奶他不管,他要吃奶,吃不到就哭;妈妈生病了,他也要吃奶;妈妈上夜班回来,他也要吃奶;如果有几个小孩,在那抢着吃,谁劲大谁先吃到,他管你累不累啊。所以在西方有个概念特别好,西方说生日是母难节。但是很奇怪,在那么讲孝道的中国没这概念。中国讲孝道,而且中国的孝主要是孝妈妈,但没有母难节的概念,欧洲很多国家,生日便是母难节。所以经验当中告诉我们人性好像不那么善,但是《三字经》讲"人之初,性本善"。

好,"性本善"这样三个字对我们影响多大,大家知道吗?跟西方作一个比较,西方的文化传统基本上是性恶论。为什么呢? 西方有基督宗教,基督宗教的一个基本原理,除了上帝,上帝是没毛病的,上帝什么错都没有,无所不在,无所不知,无所不能,上帝的妈妈圣母玛丽亚是童贞女,除此之外所有的人都是有毛病的,都是有罪的,有原罪的。为什么? 都是亚当和夏娃的后代,都是因为犯了法,做了错事,偷吃了苹果,受了蛇的诱惑,才干出蠢事的。所以西方的观念很简单,所有的人都是恶的,谁也别牛。那么换一句话说,既然人性都是恶的,我凭什么相信你? 我凭什么把权力都交给你,我为什么不把权力分散? 我为什么不监督你的权利? 这就是西方分权和法制的根本基础,叫幽暗意识,就是西方人的心比较幽暗,不像我们中国人傻呵呵的很光明,人之初,性本善,也不知道怎么回事。西方人就很清楚:人之初,性本恶。除了上帝,上帝至高无上,人间所有的法律和正当性来自于上帝,所以法律至高无上。这西方法律至高无上,因为法律是来自于上帝的,所以谁都别争。在美国,一个大法官,随时跟你总统开练,这叫分权。东方不是,中国人,人之初,性本善,大家都是好人。那么既然人之初,性本善,大家都是好人,我何必要给你弄些制度管你,你会自觉的吧,我只要教育好你,相信你会自觉的。何必要弄些制度规定你呢? 我告诉你不要随地吐痰,我跟你讲解,一口痰里面有几亿个细菌,你不要吐,你就不会吐了? 我告诉你不要横穿马路,因为横穿马路车会把你撞死的,人撞不过汽车的,我把道理告诉你你就不横穿马路了? 行吗? 现在中国经济发展了,吐痰的人数没减少,该吐的还在吐,反而吃的好了,痰可以浓一点了。在人群当中选定一个人,我就可以把我的一切交付给他,我一切服从他,一切听命于他,我自己不独立思考,我没有批判意识,我按照革命导师指引的方向走。这样的权利要有什么监督? 没有必要有监督,大家都是好人,这样,这种思想就导致了中西方政治制度、社会制度的绝对分裂,中西方走上两条社会形态的道路。今天,我们这边的道路,我们国家还在努力地进行法制建设,大家知道,中国的法律放在全世界,实际上是很完备的,我们的法律很多,问题是:第一,大家不守法。第二,执法的人往往也不守法。那怎么办?

所以这样的一种观念就导致我们非常非常乱。

"人之初,性本善",实际上它的本意我想,翻译成普通话,大概应该是这样的:人,在刚来到人世的时候,天性,本来应该是善的。只不过表达一种期望,表达一种向往,但不是事实。因为中国没有人讲过这话,没有任何人讲过"人之初,性本善"。我在写这个讲稿的时候,这6个字,写了18 000字,因为它直接牵扯到人性论,牵扯到非常深刻的东西。好理解吗?不好理解。

接下来:"性相近,习相远,苟不教,性乃迁,教之道,贵以专。"这个没问题。"昔孟母,择邻处,子不学,断机杼。"读到这里,大家也觉得没问题,但是大家想过没有,这里面有问题。我们不是说中华民族是父权社会吗?中国很滑稽的,有好多事情想不通。我们现在回去拿户口本,一般家里的户主还都是男的吧?孩子出生,一般还是跟爸爸姓吧?当然,现在妈妈也不干了,妈妈也要把这个姓加上去一个。我就招到两个学生,有一个叫张杨集成,我说:"有这个复姓的啊?"他说:"不是,后面那个是我妈妈姓,爸爸是独生子女,妈妈也是独生子女,凭什么儿子跟爸姓啊?现在中国男女平等,所以妈妈把姓也加了过去。"后来,我还说了他一下,我说:"那么你见了你外公,是不是叫杨张集成啊?"所以中国这社会,你看,这父权社会,孩子跟父亲姓,而且我们这宗法制度就是这样。不过,这个也很难说,中国这个社会真的很难理解。大家知道,全世界,结婚以后,女性不跟夫姓的只有两个地方:中华人民共和国,朝鲜半岛,没有了。除此之外,一个女性嫁给丈夫,一定是跟夫家姓。你感到很奇怪吧,人家在西方,妇女很独立,妇女地位很高,可是她跟夫姓啊。我们中国讲传统父权社会,大男子主义,女性却有自己的姓,这个很奇怪,但老辈没有。

1949年以后,中国妇女解放了,其实这个妇女解放,我也要说两句,把话扯远点,因为讲到孟母,妇女解放,我奉劝我们妇女同志千万别上当,为什么说这个话呢?前一段,华中科技大学校长说了一段话,在网络上被板砖拍得像猪头一样,实际上主要是女孩子在拍他,为什么,你知道吗?这校长讲:现在金融危机,国家的就业岗位不够,我提议有些女同学应该选择回归家庭。这句话一说，把中国妇女同志给惹恼了。其实妇女解放不是那么简单的，中国的妇女是最惨的。我就当你们的面这么说，解放什么了？你们解放什么了？除了脚解放了，别的没解放。要不要上班，要挣钱吧？一不留神，太太的钱挣得比老公还多，职位比老公还高，但是公婆要不要伺候？不伺候可是不守妇道；老公要不要照顾？不照顾可不是贤妻；孩子的学习要不要管？不管可不是良母。所以中国的妇女解放的是脚，背上的是更多的枷锁，像过去中国传统的妇女，不工作的，像我奶奶、外婆一辈子没有工作过，谁说她们在我们家没地位，我们家最狠的，我爸家就是我奶奶，我妈家就是我外婆，我外公和我爷爷都是留洋的，见到两位太太毕恭毕敬，谁说中国过去家庭妇女没地位？谁说的？哪条历史事实说的？当然有很多妇女很苦，但是更多的很厉害。大家看看，中国古代有很多规定，大家别忘了，皇帝见了妈也是跪的，大家可别忘了，皇帝一般不会有爸的，皇帝怎么会有爸呢？都是先皇去世以后他才能当皇帝的。中国皇帝见了妈都要跪的，慈禧怎么对光绪的？光绪为什么不敢反慈禧？中国过去哪个皇帝敢对妈不好的？谁说中国妇女地位低的？中国过去有规矩，比如儿子当了官，老太太如果到衙门里看儿子，要开正门，鼓乐迎接，儿子要在大门口跪着，不管你是多大的官，跪着，接老太太进官衙，跪迎老太太。大家知道，如果老太爷来了会怎么样？不能走正门，走边门，为什么呢？你怎么被儿子超过了？母以子贵，妻以夫荣，谁说过父以子贵的。

　　过去传统社会老子不如儿子不是一件好事，但是在老太太面前谁也别牛，你再牛也是我生的。当初，就在咱们镇江有这样一个场景。李鸿章，大家都知道吧，李鸿章的老太太要出来逛逛，当时是最轰动的，很多外国人看到吓死了：老太太轿子里坐着，李鸿章和他的兄弟李瀚章两个总督，大家知道什么样的吧？扶着桥杠子，哈着腰。因为老太太在轿子里坐着，李鸿章的妈妈是大脚，老太太一不小心，就把这个大脚露在轿子帘子外头了，李鸿章觉得不大好看，就自己进去说："老太太，您收收脚。"老太太一脚差点把李鸿章踢死。谁说中国妇女地位低？所以我们对中国历史好多观念的认识啊是似是而非的，你看中国所有的伟大人物,从毛泽东主席开始,周恩来总理、朱德总司令、学术界的所有人,哪个以自己妈妈的过错为耻啊?一个都没有。蒋介石对他妈妈孝不孝?毛泽东对他妈妈孝不孝?什么时候说中国妇女地位低?如果说因为有几个妇女被迫害死的,就说中国妇女地位低,那中国男的被迫害死的多啦,这个都没什么道理的。"昔孟母,择邻处,子不学,断机杼"就是例子,为什么?中国传统父权社会,对孩子的教育高度重视,为什么先说妈妈,不说爸爸?我们读《三字经》的时候想过没有这里边的内涵?孟母,谁说孟母识字的?谁说孟母上过学的?历史上没有任何记载讲孟母上过学识过字的。当然,这里有一个比较绝的细节,因为孟子的爸爸很早就去世了,所以孟子是被他妈妈带大的,这里面就告诉我们什么?中国传统教育,第一,最重视母教和家教,中国传统教育极其重母教和家教。第二,中国传统教育更看重道德教育和人格教育,而不是技能教育和技术教育。

我们现在母教和家教关系到什么?关系到的是教养。学校里提供的什么?是教育。我们现在的问题是什么?是教育程度普遍高了,教养普遍差了。前一段时间,我看到一则新闻,女大学生跟一个孕妇在公交车上抢座位,一脚踢了孕妇的大肚子,这是女大学生干的。这就是什么?有教育,无教养。而中国传统的精华是人的教养比教育更重要。换句话说,比如今天我们和朋友一块儿出去聚聚,有一个复旦大学博士、一个高中毕业生,复旦大学的博士随地吐痰,乱擤鼻涕,吃饭咂吧嘴,另外一个高中毕业的,干干净净,素素雅雅,很守礼貌,那请问你会喜欢谁?你会愿意和谁交往?你会尊重谁?毫无疑问,你会尊重一个更有教养的人。但是教养主要是谁负责的呢?母亲。在中国传统社会,母教、家教很重要,现在我们的孩子很大的问题是没有家教,很大问题在这里。我们现在的孩子读的都是很好的小学、很好的中学,能够考到复旦的这些孩子,按照过去的规矩,都得给他竖个旗杆的。我们现在的孩子技能都很高,很多孩子弹钢琴、拉小提琴、下象棋,我都见过。我现在只有一个东西没见孩子学过,举重。我见过的孩子学什么的都有,拳击、跆拳道都有,就是没见过学举重的。现在的孩子受到的教育很好,文武双全,中国传统上没有出现过这样一代人。复旦大学很多孩子，记忆力好得不得了，钢琴九级、小提琴九级，出来一打网球，非常绅士，从小就打的。但是没教养，走在路上，不知道让老师先走，电梯来了，不知道站在旁边等一等让老师先上。所以中国传统教育就极度重视教养，而教养的重任主要交付给母亲，交付给家庭，这是其一。

第二，中国传统教育重的是道德和人格教育，技能教育在其次。但是现在的中国教育呢？我们小时候德智体全面发展，那个政治思想课不能开玩笑的，我们这一代人好多人的文笔都是写检讨练出来的，我后来看到的真正有出息的人，没有几个小时候是乖孩子，中国现在一些著名的学者，差不多我都认识，没有一个小时候是乖的，都是调皮捣蛋的。我后来问他们，小时候什么东西最练笔头？写检讨。后来有一个朋友告诉我，中央电视台非常有名的一个主持人，他小时候，五年级写出 3 000 字的检讨，检讨到老师佩服，老师后来跟他说，这个错误不是你的吧？所以现在对于孩子的道德教育，对于孩子的这种思想教育，我们没有手段去进行教育。换句话，现在在学校里，只要你读书好，老师才不管你呢。是不是自私？是不是和同学友爱？是不是有社会责任心？是不是有慈悲心？老师不管的，只要读书成绩好，将来能考到北大清华，只要不触犯刑法，什么都行。但是中国传统教育不是这样的，中国传统教育首先要把一个人培养成人，像人的样子，知识只有掌握在好人手上才能造福人；知识如果掌握在坏人手上，那要危祸人的，中国传统很清楚这套东西。所以对于孩子来讲，孟子的妈妈能不能教他数学？能不能教他英语？能不能教他奥数？能不能教他奥林匹克化学竞赛？都不重要，重要的是孟母教会了孩子做人，这个是最重要的，所以《三字经》所有的话都是有道理的。

我再举几个例子，比如《三字经》里面讲到"三纲者，君臣义，父子亲，夫妇顺"，这是"三纲"，君臣之间要讲道义，父子之间要亲爱，夫妇之间要和顺，这个"三纲"错在哪里？难道上下级之间不要讲道义？父子之间不要亲爱？夫妻之间天天吵架？但是五四运动的时候，我们讲的"三纲"是什么？君为臣纲，父为子纲，夫为妻纲。五四运动是反"三纲"

的，但是五四运动不反"五常"，五四运动没有人批判过仁、义、礼、智、信。五四运动批判的"三纲"就是君为臣纲，父为子纲，夫为妻纲，真正批到仁、批到仁义道德是1949年以后，1949年以后连仁义道德都批的，那时候讲仁的都是反革命。问题是，为什么我们现在人脑子里一般讲到的"三纲"怎么都是君为臣纲，父为子纲，夫为妻纲呢？这又是谁说的？谁说过这话？回去一看，跟《三字经》不一样嘛，《三字经》说错了？回去看孔子的《论语》，孔子《论语》里讲的什么？"君君臣臣父父子子"啊，孔子没有讲过谁为谁的纲，孔子没有这说法，"君君臣臣父父子子"，做国君要像国君的样子，做臣子要像臣子的样子，做父亲要有父亲的样子，做儿子要有儿子的样子，这个东西有什么错？孟子讲的更绝，孟子讲的是"民为贵，社稷次之，君为轻"。那我们原来讲的什么什么纲，这个"三纲"是从哪里来的？要仔细去研究就会知道，这是汉朝的董仲舒讲的，根本和孔孟没有关系，孔孟的"三纲"就是《三字经》讲的"君臣义，父子亲，夫妇顺"，请问：这样的"三纲"你还要批判？今天我们建设和谐社会，我们不是在强调上下级之间应该有个正当的关系，父子之间要亲爱，夫妇之间要和顺嘛？原来当年批错了哦，当年要打倒孔家店，为什么要打倒孔家店？因为孔家店里面卖的一个药叫"三纲"，所以当时中国人说，鲁迅先生也讲，"三纲"太坏啦，君为臣纲，君要臣死，臣不得不死；父为子纲，父要子亡，子不得不亡；夫为妻纲，天字出头夫做主，这太坏啦，要打倒。可是孔家店里没有这个东西，换句话说，今天你到联华超市买了一个东西，但发现是假货，然后你跑到百莲公司去退货，你说这个货的钱你退给我，货是假的，你不退给我我把你砸了，有这个道理吗？这是我们对传统错误的理解，不知道怎么会错误理解的，如果我们读读《三字经》的话，不会这样理解"三纲"，《三字经》的"三纲"非常非常清楚，这就是我举的一些非常非常简单的例子，简单到不能再简单的例子。

我们对传统文化，对当年儿童都知道的传统文化，大家看看，我们有把握完全理解吗？我看没有把握。我们离传统文化的距离到底有多远？我们和传统文化之间的隔阂到底有多深？我们通过《三字经》

就可以看出来。如果今天我们去读《周易》，如果我们今天去读《尚书》，如果我们今天去读《春秋》，我觉得难懂，不好读，这倒还罢了。如果我们去读当年四五岁孩子读的《三字经》都读得那么累，难道还不说明我们的传统文化已经到了岌岌可危的地步了吗？难道还不说明我们现在要用百倍的热情、更大的付出、更扎实的态度，花费一代人、两代人、三代人、四代人甚至更多代人的努力，才能把传统文化恢复起来吗？我们的传统文化经过几代人的践踏，而且这几代人大家别忘了，是全体的。"文化大革命"说，来来来，大家集合，去砸"四旧"，谁敢不去？全民动员，这样的几代人在闹破坏。今天我们恢复传统文化，弘扬传统文化，今天哪个领导敢说，来来，大家别上班了，都去弘扬传统文化吧，还有这种"文化大革命"时期的全民动员？不可能有！所以现在我们要投入，要花费的时间、精力、代价，比我们当初毁掉它的时候所花费的要大十倍、百倍都不止。

所以我们千万不要把现在传统文化的国学热看得太重，因为我认为现在的传统热和国学热基本上还只是虚热，我们还需要扎扎实实地工作，我们千万不要把弘扬传统文化、恢复传统文化的事情看得如此简单，看得好像埋头苦干几年就能完成。这项工作怎么做？我不知道。需要多大的投入？我也不知道。但是，我所能有的就只是一个建议，让我们这个久经苦难的民族，让我们这个离开自己传统文化实际上已经非常遥远的民族低下我们的头来，安下我们的心来，从我们的祖先四五岁的时候都已经读懂了的《三字经》开始，这样也许还有希望。我想，这就是"今天我们为什么要读《三字经》"的最好答案。

谢谢大家！

（2009 年 4 月 25 日）

我为什么读老子

王蒙

王蒙
Wang meng

　　中国当代作家、学者。曾任中国文化部部长、中共中央第十二届中央候补委员、中共第十二届和第十三届中央委员、第八届和第九届全国政协常委、全国政协文史和学习委员会主任、中国艺术研究院院长、中国作家协会第三届理事会理事、《人民文学》主编等。现任第十届全国政协常委、中国作协副主席、国际笔会中心中国分会副会长、中国国际交流协会副会长；2002 年 4 月至今任中国海洋大学顾问、教授，文新学院院长等职。主要著作有：《青春万岁》、《活动变人形》、《老子的帮助》、《老子十八讲》、《庄子的享受》、《老王系列》等。

大家好！时隔18年，我第二次来到我国的历史文化名城——镇江，已经吃到了越做越好的肴肉，喝了四五碗香醋，参观了我们的博物馆和赛珍珠纪念馆，好像觉得镇江与自己仍然是那么亲近，18年过去了，中间并没有一个空白，虽然由于工作、生活的局限性，我不可能常来镇江，但是，镇江仍然与我在一起。

说一下老子，我本来是写小说的，因为最近我有一本书，就是《老子的帮助》，在镇江也有很多朋友看到了，我在北京电视台有一个18讲的讲座，现在已经放到第10讲还是11讲吧，反正还有两个多月，每个星期天放，所以就这个话题跟大家交流一下。

我先说一下，在五四时期，我们中国的传统文化受到了严厉的批判，可以说是经受了一次新文化的冲击和洗礼，这实际上是很正常的，但是在历史上又是罕见的，当时，晚清以来，我们国家的那种处境使国人对于我们的传统文化非常的失望，从传统文化当中找不到通向现代化的契机，找不到富国强兵之道。用我们国歌里面的一句话，就是"中华民族到了最危险的时刻"，我们当时提出来的，晚清民国初期提出来的，叫做"亡国灭种"，就是这么大一个国家要亡了，每战皆败。唉，国亡了以后会灭了这个种，面临的是亡国灭种的危险，叫做"人为刀俎，我为鱼肉"，整个中国就像一条鱼一样放在案板上让人拿刀随便切、随便剁，想想这是一种什么样的心情。所以五四时期，几乎所有的先知先觉的文化人都对中国的传统文化表现了失望，表示了批评，恨不得再造一个新的文化传统。打倒孔家店，鲁迅在给青年人写的信里面第一条：不要读中国书。但是这个历史、文化史本身，它就有这么一个辩证的发展过程，用老子的话来说，文化史本身它就符合这个"道"的观点。

老子曾经说过，"道"是什么？说"道"是很难讲的，但是一定要讲：一曰大，"道"很大，无所不包；二曰远，第二它是很长久的、永恒的；三曰逝，"逝"就逝世的"逝"，它是不断变化的；四曰返，它要返回来的。老子在另外的地方又讲，"复命曰常"。"复"就是恢复的复，就是一个事情绕了一大圈以后它会回过头来，又回到自身这儿。所以中国的文化可以说也经过了这样一个过程。但是这里头，我要强调的是，我们今天谈中国的传统文化，我是非常不赞成现在反过来又用传统文化来批评五四，来否定五四运动的。而我恰恰认为正是由于五四新思想的冲击，民主的和科学的思想的冲击，才使中国的传统文化能够取其精华、去其糟粕，能够把许多封建的、落后的、腐朽的东西慢慢地摆脱而获得一种新的力量，获得一种新的和世界的先进文化，也和现代化的这样一种前景相链接的这样一种可能。所以我们今天讲传统文化，丝毫没有，至少我个人丝毫没有说回到传统文化就意味着冷落了五四，否定了五四这样一种意思。在文化中尤其不可以搞这种零和模式，因为文化这东西是要兼收并蓄的。从来不存在一个问题，说你讲孔孟之道，还是讲现代化，凡是讲孔孟之道的人就搞不了现代化，没有这个问题，这个问题是人为的。那么这一段，这最近的三五年，尤其讲传统文化讲得多一些，这是完全可以理解的。我觉得这是一个历史的平衡，因为我们批评了很多了嘛，这是一个我们建设全面小康社会精神资源的开掘，从我们的传统文化当中能找到越来越多的精神资源来丰富我们的精神，增加我们的活力，增强我们的凝聚力。

下面我就想讲讲，为什么挑出一个老子来讲，老子有什么特别的地方。我觉得第一点，老子体现的是一个中国式的终极关怀。全世界的人，包括我们的国人，都注意到了一个特点，就是作为一个悠久的、有自己独特文化传统的这样一个巨大的中华民族，并没有一个很统一的宗教信仰。世界上这样的民族很少，比如欧洲很多国家是基督教或者天主教，或者是稍微新一点的耶稣教，基本上是基督教的传统。那么在中东、中亚、北非，在阿拉伯世界，在波斯语地区和突厥语地区，是伊斯兰教。东南亚也有相当统一的一个佛教的信仰。但是在中国没有，相反的，中国的民间怎么对待宗教？是很实用主义的这样一种态度。所以鲁迅早就说过，说中国的人头脑最灵活，敬神如神在，也不说这神有没有，既然敬了我就觉着它有就行了，这中国人太精明了。或者我敬神的目的是为了让神给我服务。孩子出天花了，我就要敬花娘娘，妻子老不怀孕就要敬送子观音，到大年三十晚上了要拜财神，尤其是到腊月二十三要吃糖瓜，要封住灶王爷之口，让他上天言好事，不要汇报我这儿有什么不良情况。民间可以这么说，但是如果中国的学者，尤其是先秦的大家，他们没有终极的关怀——人类的来源、人类的归宿、宇宙的起源、宇宙的本质，如果要这样说，那是并不公平的。尤其是老子，老子始终在探讨，探讨什么东西，就是要把这整个的世界归纳为"一"。在老子的著作里面"一"是一个非常重要的概念，是一个据有神性的概念。"一"是什么？它归结起来就是"道"，老子一上来就说："道可道，非常道，名可名，非常名。无名，天地之始。有名，万物之母。""道"是什么，就是把全世界的一切的一切的本质，把它综合起来，既是本质，也是规律，也是能量，也是起源，也是归宿。"道"，有些地方就把它当规律讲。英文有的地方就把它翻译成 law——规律，这儿不当成法律讲；也可以把它翻译成 way——道路，但也可译成一种过程，或是一种方式。而更多外国的翻译就直接把它翻译成 Tao，不是翻译成 Dao，是按原来的翻译方法，不是 Dao，而是 Tao——道，这样一个概括，这样一个总结，到底是什么意思？就是我们要不要承认世界有一个根本，要不要承认世界有一个本源，世界有一个总的规律，万物万象是不断变化的，一个人生下来是一个小孩，很小的一个孩子，才 5 斤半重，然后慢慢长成一个五尺高的汉子了，或者一个很成熟的妇女了，然后要衰老，要死亡，这是个体的生命，世界上一切的东西都有自己的一个发展过程。

佛家的说法"生、住、患、坏、灭"，从出生到消亡的过程，一方面是不断地消亡，一方面是不断地出生。中国的说法叫做生生不已，叫做"阴阳之大德曰生"，事物对立的两个方面，它们最大的德行就是能产生出新的东西，不断地产生又不断地失去。那么这里面有没有一个根本？还是完全破碎的一片？整个的世界？如果说是破碎的一片的话，那么，为什么所有的东西都有从发生到灭亡的过程呢？所以老子在有些地方说"道常无名"，道是没有名字的，"强字之曰大"，我强给它写个字，叫大。我有个看法，古代所有的前贤，解释"道"的人没有过，因为中国啊，名和字是两个概念。名是正名，比如说，毛泽东这是名，字是润之，毛泽东字润之。70 多岁的或者 80 岁的会有这个记忆，在抗日战争中、解放战争中，国民党元老给毛泽东写信或者要求和共产党谈判的时候，都是写润之先生。而蒋介石，他的名字是蒋中正，字介石，我们一般说蒋介石，很少有人说蒋中正，但是他实际那名字是蒋中正。所以老子是怎么说的，他说道常无名，它没有名，后人说得就都玄乎，凡是能说得出来的就不是"道"，你只要能给"道"解释清楚了就不是"道"，因为"道"什么都在里面，所以它不是"道"。可是我可以给它起个字，起个第二名称，名称叫做"道"。这么说又越说越玄了，但是我们可以想一想，如果我们否认"道"的存在，世界就是一片杂乱，那么对不起，这一片杂乱不就已经成为您阁下心目中的那个"道"了吗？世界是什么？一片杂乱，谁跟谁都没有关系，哪个跟哪个都没有关系，无头无尾，唉哟，你对"道"的体会还不算太浅哪。如果你认为，任何事情最后都要灭亡，因此世界的根本就是"无"，都是空无，那么对不起，空无已经成为您老心目中的"道"，来自于空无，又回到了空无，就像《红楼梦》里面说的一样"归彼大荒"。大荒就是空无，什么都没有。本来我就是什么都没有。说在下王蒙，生于1934年10月15日，那1934年10月14日的时候，那时候还可以说有，在我母亲的肚子里。那1933年10月15日以前呢？我不知道在哪，从大荒中来，回到大荒中去，这么想想也挺痛快啊，来自大荒，跟贾宝玉一样，大荒山无稽崖青埂峰，所以无法回避这样的东西。

我把这"道"的出现用一个词概括，这是思维的胜利，这是语言的胜利，这是命名的胜利。人的经验有许多东西是没有的，比如说无限，谁的经验里头有无限，你看到的一切都是有限，你甭管多伟大，中华人民共和国伟大，也是有限的，960万平方公里啊，不能给自己再随便加200万平方公里啊。地球伟大，地球也是有限的，像咱们那个宇航员翟志刚说，他从飞船里出来看地球，一个蓝色的星球，在许多星球之中，很好看，很美，但是它也是有限的。一切都是有限的，一千年仍然是有限的，一亿年仍然是有限的，一亿亿亿亿亿亿亿亿年仍然是有限的，对于无限来说，一亿亿亿亿亿亿年和一年没有区别，都是很有限的一个存在。但是思维告诉我们——我喜欢用一个词叫做构建反义词的能力——告诉我们，既然有有限就还有无限，既然有暂时就还有永久，既然有肤浅就还有深邃，既然有脆弱就还有坚强，既然有衰亡就还有不朽。这样一种人的思维的能力，使我们渺小的个体啊，找到了根本的、绝对的、永恒的这样一个依托，这个依托在老子这里就叫做"道"。

这点呢和宗教既一样又不一样，一样就是它是一个终极概念，宗教的终极概念也是抽象的。譬如说释迦牟尼是具体的，那是印度的一个王子，怎么在菩提树下修行打坐，多少天，多长时间，最后悟了佛，但是佛究竟是什么？佛法究竟是什么？佛理究竟是什么？这仍然是抽象的。圣母玛丽亚和耶稣是具体的，但是，耶稣是上帝的儿子，那按照基督教的教义来说，我们在教堂里看到过圣母的像，看到过耶稣的像，但是谁看见过上帝的像？上帝什么样？上帝是一个概念，不能有像，上帝是画不出来的。我顺便说一下，人常常是按照自己的理解来创造上帝的，我在摩洛哥，摩洛哥现在是阿拉伯国家，但是我在摩洛哥看到过摩洛哥当年信仰基督教的人画的圣母像和耶稣像，他们画的圣母像和耶稣像都是黑人，都是黑颜色的，就像中国的佛和印度的佛画得并不完全一样，这都是按照自己民族的特点画的。基督教的最高概念是上帝，上帝只有概念没有形象，伊斯兰教起码在这一点上是先进的，它排斥一切形象的崇拜、偶像的崇拜，伊斯兰教讲真主，真主不是在天上，而是在每个人的心里，讲真主无所不在、无处不在，因此没有形象。所以在这个意义上来说，"道"的概念和一切宗教的终极概念是一致的，但又有不一样的地方，就是其他的宗教啊，都有一个天使，有一个具有特殊使命和特殊功能的这样一个人，是人和终极和上帝之间的一个桥梁，譬如说圣母和耶稣，譬如说释迦牟尼还有他的那些大弟子，譬如说穆罕默德。可是，老子的"道"没有，老子也没有说他自己是这个桥梁，是后来的道教的一个问题。

中国式的这种概念崇拜，对我们中国人来说我觉得意义重大，它创造了我们的许多思想方法，也留下了许多可能性。反正咱们范围也有限，我觉着它甚至是中国式的概念崇拜，帮助我们中国能够在改革开放时期取得成功。这什么意思呢？中国改革开放以后，再后来戈尔巴乔夫也改革开放，东欧也搞改革开放，一个是英国的政治家——撒切尔夫人，一个是美国的前国家安全顾问叫布热津斯基，他们都写过文章，说前苏联和东欧的改革开放很可能失败,很可能把它们的国家搞垮,但是中国的改革开放很可能成功,因为中国有特殊的文化。他们没有解释什么是中国的特殊文化,但是我愿意不揣冒昧地有一个解释,所谓中国的特殊的文化就包含了中国式的概念崇拜。可以对这个概念进行新的定义,可以使这个概念与时俱进,可以保留这个概念的一切的积极的凝聚人心的力量。

老子对"道"的解释里面还有一个特点,他认为"道"的最大的特点,是它超越了有和无的概念,他说万物生于有,有生于无,就是说"无"它是能够生出"有"来的,"有"又是能够生出"无"来的,所以中国过去的传统文化里面就有这个说法,说"无非无",特别像绕口令,说"无非无",无并不是什么都没有,为什么,它是有完了以后它才无,另外无完了以后它还有,"无非无,无非有,无非非无,无非非有"。有那么一段话,要是看到的话,就跟念绕口令一样,但是它的意思是说,我们所说的"无"并不是说一片荒凉永远"无"啊,可以想一想,如果没有"有",哪来的"无"的概念呢。譬如说我爷爷,无了,去世了,祖父无了,是因为他有过才有无啊,你无法讨论一个并没有存在过的个体,他的爸爸妈妈是有还是无,讨论这个有什么意义啊,压根他就没存在过,所以无并不是单纯的无,而是有过的无。再者,"无"并不是永远的"无","无"底下它还会"有","有"也不是永远的"有",它还有"无",它超越了"无"和"有",它使人的这精神境界都超过去了。概念的巅峰啊当做一个意志化的东西来衡量,老子说"道法自然","道"是什么意思,道就是自然而然,自然呢,不是我们今天所说的那个大自然,那个时候老子还没有这个概念,说什么是自然的,什么是文化的,什么是人为的,老子所说的自然更多地是指一种状态,如果用英语来表示的话,老子所说的自然并不是nature,而是naturally,也就是它自己很自然地在发展,所以老子甚至于有这种惊世骇俗的说法,"天地不仁,以万物为刍狗,圣人不仁,以百姓为刍狗"。这话很刺激啊,天地不仁哪,就是说天和地并没有一个意志要做什么,既没有那种仁爱的心,也没有残酷的心,也没有害你的心,它按它自己的规律来运转。虽然任何话语的表达上都会有它的缺陷,都会有它的不满足，但是这话是一个非常难得的一个清醒的话，可以帮助我们去掉许许多多的温情脉脉，白领小资，等候馅饼，等候抚摸。没有那么多的人抚摸你，没事，什么事都拍你的额头，哎呀，我多么爱你啊！哪有那么多人爱去？那么多人爱你受得了吗？而且更让我们去注意世界是按自己的规律而发展变化的，这是很了不起的思想。

第二我要说一下，老子的特点是他常常有一种逆向思维使其思路陌生化，就是老子会提出一些东西来啊，让你一愣，甚至让你一听吓一跳。他和大多数人的说法不一样，甚至他有点故意说反话的那种感觉，我想这个当然和那个春秋战国时期诸子百家啊有关，你要说一句话就给别人留下点印象，也是很不容易的，唉，所以他说的许多话和别人都不一样。他在《老子》第二章里就说"天下皆知美之为美，斯恶已"，说都知道什么叫美啊，可就是坏喽，"皆知善之为善，斯不善也"，都知道善是善，这也就不善了，善不了了。所以我谈老子啊，我不是老子的专家，我是业余，我谈老子是用人生的经验跟老子的理论作一个对照。我可以说一句玩笑的话，只有，凡是当过三年以上科长的，都知道"天下皆知美之为美，斯恶已"，为什么？就是因为，譬如在你们那个单位评一个先进人物，你那科人不多，12个人，现在评一个一等奖、一个二等奖，这个科长就开始受罪了，评了这个就评不上那个，评了那个就评不上这个，唉，然后就开始有人活动了，还有人以不活动为活动的，弄不好还有某领导打招呼了，"啊，这次评选先进工作者，听说小李很好嘛！小李爸爸也很好嘛！小李的爷爷是更好嘛！是吧？"你说你怎么办？

第一，"皆知美之为美"，就从理论上打破了对人和人平等、统一、无差别的这样一个幻想。我们理论上当然没有问题，人和人生来平等啊，生来平等是权益平等，公民权平等。能都平等吗？我这个个头和姚明平等吗？如果一个姚明式的大汉在我旁边，我能不躲着他点吗？我敢冲撞他吗？那天我听电视台里头讲的一个故事也很有意思，说有一个很执著的人，他买了一个魔方，他用了6年也许7年半的时间把这个魔方啊弄成一面各一色，就是6面6个颜色。可是现在世界的玩魔方竞赛的记录，最快的六七分钟。但是这一位执著的精神很好嘛，他很努力，用了六

095

我为什么读老子

王蒙

七年的时间终于弄好了。你说这人和人之间差别有多大，但是看到这个差别是很痛苦的呀，怎么她是西施，我是东施的？我是西施多好啊！怎么他是姚明，我是李明呢？这就是其一，产生了差别。

第二，它产生了作伪的可能，"皆知美之为美"啊。在那《官场现形记》里就有一个故事，说是有一个府台吧，相当于一个地级领导，到一个县里面视察，清朝的腐败的官场一听说上级来视察了，就先打听说这个上级有什么特点，说这个上级的特点就是喜欢艰苦朴素，希望官员身上穿带补丁的旧衣服，说要穿上一身珠光宝气的衣服来，第二天他就免你的职，弄不好就开始立案，查你的家底。哎呦，立刻这一个县哪，从股级、副股级以上的官员，全部都去买旧衣服，买旧官服。但是清朝的官服是有定制的，不能随便穿，必须是官服，又必须是旧官服，必须是破了的官服，一时间县里面的旧官服啊，物价飞涨，譬如说买一身新官服，1 000元，唉，买一身旧官服，12 000元。你们听听多么可笑，这也是"皆知美之为美"啊！然后"皆知美之为美"还有忌妒，还有贿选，然后还有什么呢？就是"皆知美之为美"，美变成时尚了，它还真美嘛？大家都认为裹小脚最美，这美嘛？都认为高跟鞋，那个鞋后跟有个一尺半高，鞋跟跟钉子一样，那最美。

"皆知美之为美"是可能产生恶的，别人看不出来，老子早就看出来了，所以老子的眼很毒啊，唉，你看不到的东西，他看到了。当然我们说这个话的意思，不是按老子说的这个意思，今后工资一率不评，人人一样，要涨都涨，要减都减，更不要选美了，选完美这不是麻烦了吗？不是这个意思。但是老子他起码看到了这一点，他头脑很奇怪，他还说："不尚贤，使民不争；不贵难得之货，使民不为盗；不见可欲，使民心不乱。"这是一个很有意思的东西，老子的这些理论哪，实际上是站不住的。我不崇尚这贤人、好人，谁是好人我不说，因为一说大家就争嘛；"不贵难得之货"，也不说哪个货物好、哪个东西值钱，根本就没有这个概念，那还抢什么呀，别抢了。老子的这些想法实际是做不到了，怎么会做得到？但是他的这个想法又是很有趣的，尤其是我们中国正处在一个急剧发展的时期，现在竞争很厉害，大家都追求自己的利益，有的地方相当浮躁，在这个时候我们看看老子的这些言论，想一想世界上还有这种思路。

　　老子的这些话啊，使我联想到我个人的一个经历，我在三个不同的国家都碰到了一个完全相同的故事。这个故事最早碰到是我读当时西德的一个著名作家海因里希·伯尔的作品，他也是诺贝尔文学奖得主，他的一个很短的故事，这个故事的题目像经济学论文，这个故事叫什么呢？叫做《关于一个劳动生产率降低的故事》。写一个渔人在河里打鱼，有一天他打到了大量的鱼，丰收，他忙不过来，河边上有一棵树，下面有一个青年人在那儿睡觉，他就叫："小伙子，小伙子，帮我收鱼，帮我打鱼。"那小伙子就说："我正睡着觉，你叫我干什么呀？""这么好的天你睡什么觉，人得干活嘛，你干完活我给你钱嘛。"这小伙子问："你给我钱干什么呀？"渔人说："我给你钱你可以享受幸福的生活呀！"小伙子说："大哥，你没看到我在这树底下呼呼地睡着觉，小凉风吹着，我就正在过着最幸福的生活嘛，你破坏了我这幸福的生活啊！"我给你干活，干一天，累个臭死，你给我钱才幸福啊，我现在就幸福，这是德国人写的。后来我到印度，印度所有的人都跟我说这个，说我们印度人有一个很有名的故事，跟刚才这个完全一样。印度和中国是两个完全不同的国家，当然，印度人干活很少像中国人那么起劲，印度有很多这种观点。又过了好多年，我到非洲的喀麦隆，这喀麦隆的朋友又跟我讲，我们这有一个故事，这个故事呢就是一个渔人在打鱼……完全一样，三个国家都有这样的故事。那么我们中国的文化呀，比较强调让人干活，因为我们说"天行健，君子以自强不息"，我们说"苟日新，日日新，又日新"。在庄子的时候叫"与时俱化"，到后来叫"与时俱进"，我们"三个代表"的重要思想，都是和中华传统文化有关系的，我们中国文化是进取的，但是在进取当中我们听到一种比较奇怪的声音，就类似那个"不尚贤，使民不争；不贵难得之货，使民不为盗；不见可欲，使民心不乱"，稍微给我们自己泼一点冷水。就是在这种竞争当中，在这种辛劳当中，在这种苦干当中，我们有时候也还可以降一降调，还可以降一降节奏，使我们自己的心态得到一种平衡，得到一种补充。有时候你是飞速向前进的，有时候不能飞速向前进，你得稍微地绷一绷，稍微停一停，所以老子的这些逆向思维，这些很令人陌生化的思路,对人也很有好处。

他最刺激人的话,我觉着甚至像咒语一样,是《老子》第十八章里头:"大道废,有仁义;慧智出、有大伪;六亲不和,有孝慈;国家昏乱,有忠臣。"他说大道废,实际上是一种怀旧的思想,甚至可以说是因为孔子的那个时期也是这样,他老是怀念周公时期,说周公治理的时期老百姓思想都很纯朴,都很简单,当时也没有这么多的讲究。但是这个大道,大家不是自然而然地生活了,而在那里开始酸文假醋地生活了,这时候就出现仁义了,这是老子为了批评儒家的道,因为儒家讲了一大套仁义道德,而老子的看法,最值得珍贵的是自然而然,"慧智出、有大伪",你不都有了智谋了嘛,你都聪明了嘛,你开始会做假了。"六亲不和,有孝慈",又是讲孝啊又是讲慈爱啊,说明六亲不和了。这个呢,他还沾点理,他不是绝对的,我们现在讲老子,我无意把老子说得完美无缺,绝对不是,他沾点理。你平常自自然然地在家里面,见到小孩放学回来,外面下着雨,他身上都淋湿了,你会很心疼他,你会马上帮他擦头发啊,换衣服呀,给他洗澡啊,给他加点衣服啊,不要冻着啊,哎呀宝贝,你冷不冷啊,哎呀你手怎么这么凉啊,快喝一碗姜汤吧,起码喝杯热水吧。这是非常自然而然的事。相反的,如果一些父母一边做这些事的时候一边说,我是对你多么的慈爱,孩子你可记住我对你的恩惠,将来你长大了以后你对我可得好一点。我们觉得这个人有点毛病,多半不是亲儿子,弄不好后妈才这么说话呢,亲妈哪有这么说话的? 同样孩子也是一样,父母年老了,像我这种年龄了,如果我孩子来了,给我买了二斤水果,然后告诉我,我刚从镇江回来,给你带了两瓶恒顺香醋,说我这可是为了尽孝才来的,我要不为尽孝我根本不上你这来。谁能受得了啊? 你愿意来就来,你不愿意来你就走啊,弄不好还要到法庭上去控告的,有父母控告子女虐待老人,那是太不得已了,或者有父母虐待子女、体罚子女,把孩子打死了的,这样的人这样的事情也有啊,这都是最不正常的,最正常的应该是保持自然而然的符合天性的这样一种关系。"国家昏乱,有忠臣"哪,这个话呀也很难听,但是老百姓中有另外一种说法,叫"家贫出孝子,国乱显忠臣"。

老子的这些说法虽然偏于绝对化,虽然也有片面化的地方,但是老子的这些说法里头暗含着一种什么理论呢? 就是所谓的后现代主义,就是他对文化的批评。文化当然很好,文化给我们提供了新的科学技术、新的生活质量、新的礼貌、新的和谐的人际关系,但是文化除了把这些东西搞好以后,文化也令人付出代价,使人的生活越来越复杂,使人的头脑越来越复杂,使生活的节奏越来越匆忙,所以我也举过这样的例子,你看毛泽东主席在年轻的时候,他信奉一个口号,叫做"文明其头脑,野蛮其体魄",就是头脑要向文明人看齐,身体要向野蛮人看齐。现在由于文化的发展使人的体魄越来越弱,夏天有空调,现在咱们耐热力已经都减弱了,你们信不信? 过去哪有空调啊? 耐寒力更是大大地减弱了! 我一直在北方,过过不知多少这样的冬天哪,那个时候房间里头也没有什么卫生设备,什么上下水管道,都没有,晚上洗了一把脸,甚至洗完脚,懒了,一盆水就搁在房间里头,然后钻到被子里头就睡着了,第二天早晨,那盆水已经冻成了冰疙瘩了,多少次都是那样,现在谁受得了啊? 另外,文化加快了人的生活节奏,英国人甚至提出了一个骇人听闻的意见,一个理论,说根据英国的统计,由于城市生活的发达,城市男人精液里面精子的数量正在以 10 倍 20 倍的速度下降,根据这个下降速度,再过个五六十年,人类就绝种了。你可以不信这个话,但是这个话绝对不是杜撰出来的,是有一部分根据的,虽然有点危言耸听,但是有一部分根据。现在其他的问题更多,比如克隆技术,会给人带来什么危险? 譬如说现在世界上不断发生的这些新的前所未有的新型病毒,SARS 病毒、禽流感病毒,然后 H1N1 病毒,原来说是猪流感病毒,但是后来查出来,是这种流感人得了以后会传染给猪,并没有病例是猪得了病以后会传染给人。猪是不会说话,猪要是会说话的话,一定严厉批判人流感病毒,如果猪要是有一个卫生组织的话,就会严禁人接近猪,人过来后就咬死他,这个是存在的。所以有人说中国的文明啊,华夏文明是一个早熟的文明,三千年前,两千五百年前,老子已经想到那边去了,所以他这点也挺有意思。

第三我想说一下,老子他有一种远见性和智慧性。比如下棋,我和我的弟子们下棋，我只看一步，我下象棋水平极低，我是看见一个马就赶紧把它吃掉，吃完了他正好吃我的车，吃完了我的车我本来是毫无办法，已经很想悔棋了，这时候我突然发现一步，我再动一个象我就把他将死了，我们经常就是这种水平在下棋。但是高明的棋手就多看几步，能看3步，能看5步，能看10步，这就不一样了。所以老子他能把很多事情看到相反相成的这一面，他有一段最有名的话，他说："将欲歙之，必故张之。"你为了要关上它，你就要提前打开，这个我觉着最好办，我很容易找着例子，就是坐汽车的话，这汽车门老关不紧，就必须得开开，开大一点，然后，啪，使劲一拉，得有一点距离以后才有加速度，有加速度，这门才能关紧，"将欲弱之，必故强之"。你要想削弱它，你就让它先往强了发展，这个有点阴谋的意思，所以朱熹他就抓住这一句，说"老子之心最毒"啊。但是我个人并不这么认为，我认为这是世界之大道造成的，老子认识到了这一点。"将欲废之，必故兴之。"你想废除他必须先帮助他建立起来，对不对。民国时期有一个大军阀，这个大军阀很有名，我也不便于提他的名字，据说他整人有一招，他烦谁就把谁封成司务长，就是管财政，管总务，封你干上两三年以后然后再查你的财，查出问题来再枪毙，这就是"将欲废之，必故兴之"，是吧？"将欲取之，必故与之。"你要想从他那得到一点什么呢，你先得帮助他，这个话是对的呀，毛泽东主席在他写的《关心群众生活，注意工作方法》里面就提出一个原则，我们共产党人要用90%的力量给群众好处，然后用10%的力量向群众要东西，比如说要让他参军，要叫他纳粮，要叫他服劳役。我想我们每个人都应该是这样，你老想着从别人身上得到帮助那是不可能的，任何事都要礼尚往来，只有成为一个勇于助人的人，才能得到别人的帮助，"是谓微明"，这是一种最微妙的聪明。像这些地方老子就走到了别人的前面，他看的很多东西都跟别人不一样，甚至于他反着来，所以他有这种话，其实这些话都非常的好，对人，对今天的人帮助也非常的大。

"夫唯不争，故天下莫能与之争。"就是什么事，你自己不要争，你自己不争的话，别人就没法和你争。我觉得这讲得太好了，因为我们看到过,这种斤斤计较的人,这种对个人的利害没完没了地争夺的人,他最后能获得的东西非常少。我讲一个最简单的一个原因,就是每个人的时间都是有限的,如果你把你的时间都放在为个人争取利益、争取名望、争取职位上,你哪还有时间去干正经事,你哪还有时间去做学问,你哪还有时间去为人民服务啊?一味去争,什么都争不到,越争形象越差,这些地方呢,可以说老子也是古往今来啊,你找不着的这样一个人。还有,老子常说的话,也是毛主席最喜欢引用的话,就是"祸兮福之所倚,福兮祸之所伏",出了一件祸事了,出了一件坏事,但是这件坏事引起了警惕,提高了觉悟,你总结了经验教训,从此转危为安;本来是一件好事,但是这件好事呢,你因此而兴奋若狂,莫之所以,变成了坏事了。在"文化大革命"当中啊,毛主席有一个语录,到处在念:"捣乱,失败,再捣乱,再失败,直至灭亡——这就是帝国主义和世界上一切反动派对待人民事业的逻辑,他们绝不会违背这个逻辑的。""斗争,失败,再斗争,再失败,再斗争,直至胜利!这是人民的逻辑,他们也是决不会违背这个逻辑的。"我那时候啊比较年青,三四十岁,我每念到这儿,我就老想给毛主席改一下,为什么,我觉着它不对称,不对偶,中国是讲骈体文的,你捣乱失败,我斗争失败,捣乱对斗争行,失败对失败不行啊,你也失败我也失败,但过两天你灭亡了我胜利了,这说不清楚啊这事,所以我老想给毛主席改成什么"捣乱,失败,再捣乱,再失败,直至彻底灭亡"。"斗争,胜利,再斗争,再胜利,再斗争,直至完全胜利。"这多棒啊,这跟对联一样的,但是,你只要很简单地看一下党史就知道了,什么时候斗争胜利,再斗争再胜利啊,那俄文叫从胜利走向胜利,谁能从胜利走向胜利啊。今天在座的起码有 500 多人吧,你们哪位是从胜利走向胜利的,请举手,我准备发给他一千元的奖金,瞧,我这一千块钱还保住了,没人举这个手,根本就不可能从胜利走向胜利。

最近出版了一本书,我还给它写过推荐,就是李立三的夫人,俄罗斯人,叫丽萨,写的《我的中国缘分》,我看到她写李立三的那些故事,说李立三犯这个"立三路线"的时候,才二十八九岁,完全是一个毛头小伙子,在现在,想当主任科员都不容易,那时候他已经是中国共产党的总书记，而且还犯了一个"立三路线"的错误，受王明的排挤，被轰到苏联去了，到了苏联不久就被逮捕了，因为当时共产国际的人检举李立三是日本特务。您说那时候多乱呢？他能不失败嘛，他不是"斗争，失败，再斗争，再失败"？要是一斗争就胜利，那中国革命还用得着伟大的毛主席啊，随便一个人拨弄两下就胜利了就完了，所以从胜利到胜利，是不可能的，从失败到胜利是可能的，你再看中国、中外的历史都是这样的。虽然从理论上，从对偶上来说不对偶，但是从历史来说，完全如此，楚汉之争，打败仗的一直是刘邦啊，刘邦什么时候打过胜仗，但是最后一仗定乾坤，垓下之战，把项羽给灭了。我们看第三帝国，希特勒，二次世界大战，一开始胜利的是谁啊，也是希特勒呀，把巴黎都占领了，马其诺防线完全废掉了，反轴心国家这儿节节败退，把捷克占领了，把奥地利合并了，把瑞典占领了，把荷兰占领了，而且在开始的苏联卫国战争的阶段，苏联是一副溃败的景象，一直打到了莫斯科城下呀，苏联完全是靠人拼才防守住了，才扭转了一开始那种溃败的境况。所以老子说事物相反相成啊，他把什么事都多看两步，你不要看着现在失败，现在受挫折，说不定是通向胜利的一个桥梁；也不要看他现在是节节胜利，也可能正在自取灭亡。老子太厉害了，我并不认为老子毒，而认为老子高明！

　　第四部分，我再讲一下，《老子》本身又提供给我们一个非常好的文章，它非常富有文学性，非常精炼，总共 5 000 多字，太短了，现在只能算短篇小说，按现在的稿费标准，他这 5 000 字能不能得到 500 块钱我都怀疑，买醋都不一定够用。非常精炼，字字千钧，一个字一个坑，就像我刚才说的，"大道废，有仁义"，"六亲不和，有孝慈"，"国家昏乱，有忠臣"，这些话说出去，一个字砸一个坑啊，字字千钧哪，而且它是把具象和抽象结合起来的，可以说讲得最抽象的是《老子》，讲得最具体的也是《老子》，为什么老子是中国古代的哲人里头最受西方世界重视的呢？在国外光《老子》的译本就有 1 000 多种，现在还在不断地翻译，谁对谁的翻译都不满意，再没有一本书能够像《老子》这样不停地被翻译介绍出去的中国的经典。黑格尔就非常高度地评价《老子》，因为《老子》有一句话,这句话的文学性很强,形象地形容叫做"知白守黑",黑格尔用德文翻译,黑格尔并不懂中文,他是怎么解释呢,说:"我注视着光明,但是把自己沉静在无边的黑暗里。"这也有点厉害,譬如说,现在有好多灯都照着我,旁边有一个黑黑的角落,那儿有一位朋友他"知白守黑",守在那个黑暗里两眼盯着我,我也有点儿瘆得慌。但是他思路非常的怪,而且非常文学,"知白守黑"到底是什么意思,有人说"知白守黑"是国画,因为国画,尤其是水墨画,要留白,留很多的白,但是要有几道黑;有人说"知白守黑"是围棋,围棋有白子有黑子;有人说"知白守黑"是什么意思呢,就是我和弱势群体在一起,我守着我这个黑的,就是愚昧的、无知的,表面上愚昧无知的弱势的生活,来观察那些自以为了不起的人。

最近有一个电影,我不知道在镇江放映过没有,就是得奥斯卡奖的那个《贫民窟的百万富翁》,那个就有点儿"知白守黑"的劲儿啊,男主角本身地位特别的低贱,反过来说,他如果不是地位那么低贱,就根本不可能有那些八卦知识,如果他是一个中产阶级,他如果是一个富豪的子女,上高级贵族学校,而且是一个好学生,老师让念什么书就念什么书,他根本不可能有那些知识,只有他在贫民当中,也没有学校可上,又不专心,人家这样说一耳朵他也听着,人家那样说一句话他也听着,他各种杂七杂八的知识才多。所以为什么毛泽东主席说,卑贱者最聪明,高贵者最愚蠢,你看那个贫民窟中的百万富翁,那就是卑贱者最聪明。我最佩服的尤其是他那一条,就是那个节目主持人要害他,成心在厕所里头给他透露题目答案,要选择 B,但是他不信,为什么,他是贫民窟里面长大的,他知道天地不仁,圣人不仁,没有人爱我,别以为别人会爱我,哪儿爱我了,噢,那个主持人会给我行善心,那个主持人会愿意把两千万卢比输给我?根本不可能,所以告诉我是 B,我就知道绝对不是 B,这就是卑贱者的逻辑,这就是他的智慧,所以这个很厉害啊,他本身"知白守黑"。

作进一步的像数学式的精确的解释,是不可能的,但是把老子的话作为一个联想的、一个带有半神秘色彩的语言,是非常美好的,有时候

我为什么读老子
王蒙

他还有一些非常拗口的话,这些拗口的话更增加了他的神秘感。比如说,"知不知上,不知知病",这四个字儿四个字儿一句,非常的拗口,说你知道你自己不知道这是上,这是上等的,你不知道而认为自己知道,这是一种病。这个要用我刚才的普通话来说,就没有吸引力,要用老子式的这种简古的语言,说是"知不知上,不知知病"。这个语言本身就有一种力量,这种力量里边儿包含着不知多少智慧。咱们张局长还背诵"水利万物而不争","上善若水","治大国如烹小鲜",这都绝了,弄得懂很好,弄不懂你更服,说治大国都如烹小鲜了,也不知怎么烹这小鲜法儿。你不是更服气了么,中国讲"立言、立德、立功"。立言,我们看看一个老子立了多少言,我们今天说的话,有多少是从老子那儿来的,"上善若水"是从老子那儿来的,"无中生有"是从老子那儿来的,虽然歪曲了老子的意思,但是这个话是从老子那儿来的,"无为而治"是从老子那儿来的,"治大国如烹小鲜"是从老子那儿来的,"知白守黑"是从老子那儿来的,"以德报怨",老子的原话是"报怨以德","以德报怨"这个话也是从老子那儿来的,"善者不辩,辩者不善",这也是从老子那儿来的,"祸兮福所倚,福兮祸所伏"也是老子那儿来的,如果没有老子的话,我们少说很多话。想想我们现在有多少话,当然,不光从老子那儿来,也从孔子那儿来,也从庄子那儿来,有的是从荀子那儿来,我们今天说的这些话啊,如果没有老子的话,我们很多语言都没了,很多短句都没了,很多成语都没了,而且老子的这些话里头常常是合辙押韵的,所以有人说老子的《道德经》是哲理诗,像四言诗一样,老子的文章能够吸引你不断地去咀嚼它,能够吸引你在那个似懂非懂之中得到一种享受,把它说的太白了,所以包括我最近写这书啊,谈老子,不一定都是好事儿。有时候我说得太明白了,所以中国的老子专家,任继愈老师,他就给我写了一个条儿啊,但是他是善意的,他说你讲这个老子,泄露了老子的天机啊,你不害怕折寿吗?

　　语言对人来说,是一个工具,同时也是一种享受,思维对人来说,是一项活动,甚至是一项劳动,但同时也是一种享受。老子本身有些非常高明的说法,刚才忘了说,他一个最高明的说法叫"宠辱无惊",就是说,不管是受宠受表扬,还是受侮辱受误解,我保持一种很平和很平稳的心态。这没有几个人能做到,但是有这个话就比没这个话好一万倍,尤其是受辱的时候,受挫折的时候,受误解的时候,你想想老子有四个字儿,四个大字儿写在那儿,叫"宠辱无惊",有了这四个字儿,就好像有个柱子可以靠一靠,虽然自己没有完全做到,自己做到也成了一根大柱子了,没做到,但有他这个话,这本身就非常美好啊。所以我开玩笑说,当心情不稳定的时候,你念三遍"宠辱无惊,人之大患,在吾有身,及吾无身,何患之有?"在不顺利的情况下,你还牛上了,一下子就把自个儿从熊市就给挽救到牛市上来了,这就是老子对你的一个帮助。

最后我要说明,我们读《老子》的目的是和我们的人生进行互证互正,一个是互相证明的"证",一个是互相纠正的"正"、矫正的"正"。任何人的书,包括老子的书,都是活人写的,都是些活事儿,只有我们自己读书,读得走火入魔了,才变成了死的教条、死的文字。《老子》实际上充满了老子当时的那些鲜活的思想、他的切肤之痛、他的得意洋洋,当他写到"无为而无不为",他有一种得意洋洋的心情,当他写到"上善若水",他有一种非常美好的心情,当他写到"治大国如烹小鲜",我想他应该背着手,自己在自己房间里面来回走三遍,"治大国如烹小鲜",多帅啊,多能干啊,他治大国都成了烹小鱼儿了,当他说到"众人昭昭,而我独昏昏",实际上是发点儿牢骚,是古圣人被褐而怀玉,说穿着粗布衣服,但粗布衣服里有一块玉,我每念到这儿的时候,就觉得老子也不能免俗啊,你被褐怀玉,既然怀玉了,你被褐怕什么? 真正被褐怀玉的是印度的圣雄甘地,甘地所有的照片儿,身上就披一片儿麻袋片儿,从来连件整衣服都没穿过,但是他是印度也是反殖民的民族主义英雄。所以,只有我们把老子当做一个活人,把他说的事儿当做一些活事儿,我们也以一个活人的心态来和他对话,来和他讨论,我们才会佩服中国人真了不起,两千几百年以前就有这么深刻的思想,有这么与众不同的见解,有这么美妙的带几分神秘的而又非常动人的说法,而且最后就这么几千个字儿,什么都有了。但这并不完全是实用的,不是说我们学完了。我在电视台人家问我,学习《老子》对克服当前金融危机有什么作用?

我说我也不知道,这个忒具体点儿了。他还没问我说学完了能不能帮助中国国家足球队多进俩儿球这个事儿呢。但是起码,我们可以享受一下我们的传统文化,领教一下我们的先人、我们的祖宗的智慧,开阔一下我们的心胸,提高一下我们的精神境界,上哪儿找这种好事儿去啊,进球不进球咱们慢慢使劲吧,早晚有进球的时候。

（2009 年 5 月 19 日）

文化的力量

张继钢

张继钢
Zhang jigang

中国人民解放军总政治部舞团团长，中国当代著名编导，中国文联第六、第七届全国委员会委员，中国特殊艺术委员会副主席，北京市舞蹈家协会副主席，国家政府特殊津贴获得者，国家一级导演；担任 2008 年北京奥运会开闭幕式副总导演、2008 年北京残奥会开闭幕式执行总导演、2009 年中华人民共和国成立 60 周年大型音乐舞蹈史诗《复兴之路》总导演。

我觉得今天我们可以稍微地松弛一点，如果大家有什么问题的话，直接提问我都没有关系。因为时间比较短，他们给我演讲的时间是9:10到11:00，所以我就想这次讲话怎么能够压缩，能够给大家谈更多的你们愿意听的事情。

"文化的力量"，什么是文化？什么又是力量？

为什么要讲"文化的力量"？

文化，就是以文化人，以人化文。以文化人这个意思，大家都明白。2 500年以前的孔子创立了儒家文化，当时他带着3 000弟子形成了我们中华民族的一种道德观，形成了一个比较系统的儒家文化。儒家文化不仅仅对于中华民族，可以说对整个亚洲乃至世界都产生了巨大的影响。我们看一下周边的国家：日本、韩国、马来西亚、印度尼西亚，这些国家说他们不受到我们儒家文化的影响那是不可能的，甚至在他们的生活中也能够看到我们儒家文化对于他们的影响。这就是以文化人。我们还可以看到我们中国的道教，也可以看到我们中国的佛教文化，佛教文化原本不是中国的，是从印度传来的，但是为什么能够在我们中国这样深深地扎根？从而形成了儒家、道家、佛家共有的这样一个中华民族的文化瑰宝。以人化文道理也是这样。这是对于文化的一种解释方式。还有一种解释的方式。昨天，文化局张兵局长领着我在镇江走了一走，看了一看，给我讲了很多的传说、故事，张兵局长满腹经纶，每谈到一个人物他可以讲出很多的事件。我坦率地说，镇江我来过好几次，每次都是匆匆忙忙地来，匆匆忙忙地走，镇江在我的脑海里面还没有形成一个形态，但是，昨天，在我的脑海里面形成了形态。这个形态不是因为镇江的楼房，也不是因为镇江的马路，而是因为镇江文化在我脑海里面清醒地勾勒出什么叫镇江。可见，文化也是一种精神家园。

为什么海外的很多华侨侨胞，当他们听到中国的音乐的时候会热泪盈眶？看到中国的小说、中国的电影、中国的绘画的时候激情澎湃？因为他们看到了我们精神的象征，看到了自己的家园。这就是文化。

力量，什么是力量？要力量干什么？远的就不再去多说了，就说当下，只要谈到美国，就不会不想到美国的政治、军事、经济、文化所产生的

文化的力量
张继钢

力量,所以它是超级大国,它的军事有力量,它是全世界驻军最多的一个国家,无论是海洋、陆地、天空,美国的军事力量很强大,同时还有它的经济力量。现在大家所感受到的金融危机首先是从美国纽约开始的,它给全世界的经济带来了很大的麻烦。这也说明它是一种力量,它的力量产生了它的影响。再看美国的政治,美国在世界上不断地、不厌其烦地推销他们的价值观,甚至不惜推翻一个国家的政权来传播他们的价值观。这也是政治上的力量。文化,看一下80后的孩子、90后的孩子,他们经常唱的歌曲是不是有很多的美国歌曲? 他们津津乐道的一些电影是不是美国的一些大片? 他们经常穿的一些服饰是不是也受到了西方的影响? 答案是肯定的。

这就是力量。力量的重要性。如果讲到俄罗斯,今天的俄罗斯主要力量来自于它的军事的强大和它的石油等自然资源形成的俄罗斯的力量。中国的力量,1978年改革开放,小平同志提出要坚持一个中心、两个基本点,一个中心大家都知道是以经济建设为中心,改革开放30年,取得了举世瞩目的成绩,形成了中国的经济的力量。目前,在当前世界上,在经济领域,不在乎中国的声音是不可能的。不论你是谁,都要注意中国的发言! 这就是中国经济的力量所产生的作用。然而,中国的军事、中国的文化,形成它的力量了吗? 我觉得还远远不够。在好多年前,我随中国文联一个出访团去了南美,去了巴西、墨西哥,到了那个地方以后,住在五星级饭店里面,在大堂里,我们总会在货架上看一些东西,我们可以发现日本的文字,也能够看到印度的绘画,但是,看不到中国的只言片语。我们住过好几个五星级饭店,没有一个五星级饭店里可以看到中国的文字和中国的绘画,也就是说,看不到中国的文化。在那样遥远的地方,南美洲,他们为何没有认识亚洲的文化、亚洲的中国呢? 因为我们没有传播,没有形成文化的力量,他们可以看到中国的玩具、中国的帽子、中国的鞋、中国的摩托车,但是,看不到中国的文化。在这个世界上,到底有多少人了解中国? 如果他们真的是那样地了解中国的话,曾经的一些邪教组织,比如说"法轮功"、比如说藏独分子对于中国圣火传递的捣乱,会那样的猖獗吗? 他们对于中国了解不够。这方面是有原因的。

这就是我长期以来思考"文化的力量"的一个重要的方面。什么叫文化？什么叫力量？为什么会形成力量？

任何一个国家，任何一个民族，都有它的象征和标志。再说美国，如果人们说到美国，美国是什么？他会告诉你，美国有200多年的历史，经历过独立战争和南北战争，独立战争主要是独立于英国，原本是英国和法国的殖民地，但主要是英国，首先占领了北美那块曾经是印第安人居住的土地。什么叫美国？他会给你讲，自由女神、好莱坞、麦当劳……形成了美国象征。如果是讲俄罗斯，会讲到红场，讲到克里姆林宫，还有另外一种象征，托尔斯泰、普希金、天鹅湖，可见这些文化名人和他们的艺术作品也同样形成俄罗斯的特征和象征，显示出了俄罗斯文化的力量。如果要是说英国，除了要说到白金汉宫，也一定不会忘记莎士比亚。如果讲到巴黎，除了讲到塞纳河，也一定会讲到埃菲尔设计的埃菲尔铁塔。由此，联想到我们中国的文化人，中国的艺术家肩头的责任，我们有责任来塑造伟大的祖国，我们有责任来宣传伟大的祖国，我们有责任来塑造当代中华文明的文化艺术特征，那就是建设我们的文化中国。这就是我们的责任。

在北京奥运会之前，世界上了解中国的并不占大多数，非洲、南美、北美，即便包括欧洲，也只是精英人士基本上是上层领域和一些做生意经商的人对中国大概知道。北京奥运会和我们合作的人当中有很多外国人，他们也和我们一起创作奥运会，这里面包括我们的舞美总设计来自于英国的马克，服装设计来自于日本的石冈英子。在这个团队中有很多外国人，有一些外国人第一次见面的时候给我们非常生动地描绘首都机场如何如何的漂亮，首都机场是他见过的世界上最好的机场，虽然，这些人来自于西方最发达的国家。可见他们来中国之前，脑海里准备见到的北京首都机场将是多么的简陋，他们不能想象中国今天的机场远远超过法国的戴高乐机场。有人也会跟我们讲，说来到中国到了北京以后才知道中国的男人现在不梳辫子、女人不裹小脚了，我们听起来真的很荒唐。为什么他们会提出这样的问题？可见对于中国的了解没有形成普遍共识。他们也在西方看电视，也看到像我们这样头发装束的男人，为什么还会想到都不梳辫子呢？他们怎么不知道中国男人的辫子是随着辛亥革命而剪掉呢？大家知道那个时候男人剪辫子是冒生命危险的，剪掉辫子是要杀头的，是辛亥革命通过一次革命把男人的辫子减掉的，这个历史外国人是不会了解的，这正是胡总书记所描绘的中国的三次革命的第一次革命，辛亥革命。这三次革命指的是：辛亥革命、1921 年中国共产党诞生以后领导中国人民浴血奋战建立新中国的革命，还有一次革命就是 1978 年的改革开放。我们的创作团队，一些来自外国的艺术家这样的言谈，印证了我曾经在南美访问时的感受。他们一说起中国就感觉到是一个神秘的国度，这种神秘就是陌生。他们不了解，不了解！这种不了解，我们认为有必要改变，所以，奥运会开幕式闭幕式、残奥会开幕式闭幕式究竟应该怎样去创造，怎样去塑造我们的新中国？这个责任很清楚，我们的任务是一定要通过这 41 天的发言权，我们赢得的发言权，很好地塑造中国，让世界上其他国家感受到中华文明的和谐、中华文明的博大，这是一个原因。还有一个原因是让华夏儿女感觉到自豪和光荣。这两条都很难办到，可能第二条更难。

北京奥运会开幕式，我们在研究其他奥运会开幕式的时候，巴塞罗那奥运会、悉尼奥运会，我们都看了，我比较在乎的有三场开幕式：一个是东京的奥运会，一个是汉城的奥运会，一个是雅典的奥运会。之所以在乎东京和汉城是因为我们同在亚洲，我刚才讲过它们也受到我们儒家文化的影响，在某一些特征上，会有类似的地方。中国作为儒家文化的诞生地，北京奥运会不能再重复他们的美学，要看到一点正宗，不能和他们一样，这就是我比较在乎东京和汉城的原因。我也特别喜欢和在乎希腊的雅典奥运会，希腊雅典的奥运会大家知道，一进体育场，中间就有一湖水，他们叫爱情海。第 28 届奥运会，在表演方式上颠覆了前 27 届奥运会的习惯方式，变陆地表演为水中表演。所以我认为他们做了很了不起的尝试。北京奥运会为什么要这么在乎地去研究这些开幕式？因为我们要做到要竖立一个新的巅峰，中央要求我们要做到有特色、高水平。第二次给中央汇报的时候，中央说有特色、高水平，主要是有特色,表现出独特的中华文明。

重复别人是容易的,重复自己也是容易的,永远地标新立异、追寻一种独特是极端困难的。惟其如此,我才认为它是真正的创造。我们中国,目前不缺少中国制造,但是很缺少中国创造。刘淇书记作为北京奥组委主席,要求我们做到见所未见、闻所未闻,从来没有见过,也从来没有听过,这是多么大的难题啊。雅典奥运会放了一湖水,鸟巢怎么办呢?我们放上一堆沙子?我们从东北运来一些冰,做成一个冰场,我们在鸟巢点起火来,中间燃起熊熊烈火?那还能怎么做呢?怎么能够做到见所未见、闻所未闻呢?但是这又必须要做到。镇江有几位记者在会议室里采访我,他们问我的创作状态。从 2005 年一直到此时此刻,我的创作状态都是很焦虑,在焦虑状态下,是极冷和极热的一种锻造,极其痛苦,但是也极其幸福,在精神上极其幸福。为什么?要看到最高的理想,要明确最高的标准,一定要实现那个最高的理想,一定要达到那个最高的标准,这不是一件容易的事情。我还和记者谈到,昨天在张兵局长带领下,在镇江度过了非常悠闲的一天,这是我早已陌生的一种生活状态,我看到在焦山和在竹林里喝茶的人们,看到他们脸上洋溢的松弛、自信,我真是羡慕他们。而这样的生活对于我早已远去,我已经没有这样的生活状态了,我根本就没有礼拜六、礼拜天,我根本就没有准时的上班时间和准时的下班时间,奥运会结束以后,我能够晚上 1 点钟 2 点钟回到家里,我夫人已经非常惊奇了,她已经感觉到过上正常的生活是一种奢望。就是这样一种很难的状态。

奥运会竞标的时候,2005 年,根据总政以及领导的指示,成立了解放军竞标团队。刘淇书记说,解放军那么多的人才,一定要形成一个团队到奥运会竞争。从 2005 年 3 月 1 日那天开始,我就担负起这个责任。成百上千的竞标团队当中,最后剩下 13 个团队,这 13 个团队里面包括解放军的,包括李安导演的,包括陈凯歌导演的,也包括张艺谋和斯皮尔伯格导演的,包括中央电视台的、文化部的,等等,国内外的。这 13 个团队里面,最后又剩下了 5 家团队。2006 年 4 月 16 日,在这 5 个团队基础上正式组建了以张艺谋为总导演,我和陈维亚为副总导演,于建平为技术总监,陆健康为制作总监的奥运团队。我给大家讲这个是什么意思?那个时候都在互相保密,从 2006 年 4 月 16 日开始我们就可以看彼此的竞标方案了。解密了,对于我们内部是解密了。于是我发现有两个团队的意见是 LED,就是电视大屏幕,使整个地面都是电视大屏幕。一个是解放军团队,一个是张艺谋和斯皮尔伯格的竞标团队。看到这个情况以后,我和张艺谋在一起开会,我们就交谈,我说,看起来鸟巢的地面一定要成为电视大屏幕 LED,它应该成为世界上最大的地面大屏。我记得我当时的发言是这样:如果北京奥运会的地面不用电视大屏幕,就把这个手段留给了英国,那是绝对不能允许的。但是,地面大屏幕不能成为放电影,这就是后来大家都看到的,在地面放电影是多么的廉价,这是不稀奇的,没有理念。由此我们想到了中国的画卷,东西方画的解读方法不同,西方的油画是看,眼睛看,如果你们去过卢浮宫、去过凡尔赛宫,会看到他们墙壁上挂的油画,拿破仑加冕、耶稣诞生、圣母玛丽亚,3 米、5 米、17 米,即便在杂志上发表油画,也要标清楚几米乘几米,一目了然。中国的绘画不仅是看,原因有这么几个方面:一个方面,中国的绘画是字画不分家,一般来说有画就有字,有字就有画,字画不分家,字主要是指诗,指书法,也包括印章。所以说,它是要读的。还有一个就是中国的绘画是拿画卷来装裱的。中国有很多名画都是很长的画卷,像《清明上河图》、《朝源先章》、《江山万里图》等,都很长,如果一个人看这样的画,他会在桌子上把画卷拉开,放一米,然后把右手放松,再拉出一米,像翻书一样,一米一米的看,西方是看,东方是读。

在地面放 LED,是要干什么?不仅仅是看电影,而是要看中国的画卷。这里面还有一个原因,中国是一个多民族国家,是 56 个民族的国家。我们不是朝鲜,朝鲜就是一个单一民族的国家,就是朝鲜族。中国不是。中国,中华人民共和国,汉、藏、蒙古、维吾尔、傣等,多了。要展示中国,不展示这样的多民族是不行的。还有,中国不是几百年的历史,中国有 5 000 年的历史,这些得是什么样的一个艺术的方式、艺术的表达和陈述方式,才能够高度概括呢?这就使我们想到了中国的画卷,源远流长,一脉相承,也想到了地面的大屏幕,它能够把博大精深的中华文明尽可能地概括地、升华地表达进去。这事情总是一层一层地来的，难题是一个一个克服的。今天我给大家谈这些好像很轻松，实际上当时经历这一切那是痛苦，不是很容易就想到这些。

接着难题又来了，既然是中国的画卷，是不是真的要画？是。但是大家知道，这可不是这张桌子上铺的一张纸，拿起笔就可以画、可以写的，那是广场啊。我们曾经看到过一些在公园里面拿着拖把去写字的，有很多老人拿着拖把沾着水写字，既修身养性又锻炼身体。但是在大型艺术上，把这样的东西搬上去，我不喜欢。我见到的，比如多哈运动会，开幕式上的中国表演10分钟，就是拿拖把写出字，不艺术。但是，必须得画，于是就有了可以看到的画卷。有一种航空材料，在体育场吊挂很轻，而且不会被风折断，上面有演员用他们身体的韵律去画，画山，画水。在中国古代部分，画出黑白的风格，到了当代部分，把它着色成为彩色。有的地方画出来以后，眼睛可以看一分钟，从第二分钟开始就蒸发、消失，有的地方要画上去永远让它存在，这些材质都是要反复实验的。简单说，这就是北京奥运会开幕式找到的一个风格特征，到了当代部分，着彩色。还有一个很大的亮点，就是所有运动员要从这幅画上面走过，要把足迹留下，这幅画会形成了一个物质财富留下来，在所有奥运会当中，北京奥运会是第一次，什么都可以拍卖，这张纸，这幅画不能拍卖。我们做过很多的实验，小型的实验，但是在鸟巢体育场，让数万人踩过这样一个实验，没法试，只能去做实验。

鸟巢体育场有一个特点，它是封闭式的，不是开放式的。全世界的体育场都是敞开的，像两只手一样敞开的，而鸟巢是封闭的，拉回来的部分是14米宽，上面的宽度可以呈影像，我们用影像形成画卷，继续把它打开，然后让火炬展开以后，形成了一个纸卷，形成我们的火炬，也就是我们的祥云火炬。祥云火炬我是评委，其实还有别的火炬也是很好的，有一个火炬的理念我也特别喜欢，是中国的埙，泥雕，大体上接近桌子的颜色，中国的埙做的火炬，当你手持火炬，奔跑的时候，风吹过能够发出埙的声音。起初对祥云火炬我非常担心，因为它是纸，中国老百姓常说纸包不住火，结果他们拿纸卷做成一个火炬，我对这个理念稍微有

文化的力量

张继钢

点担心。我们的火炬是这样形成的,它也形成了北京奥运会开幕式的理念,不仅能够留下一个精神上的遗产,还留下了一张纸、一幅画卷这样的物质财产,而且把点火和文艺表演构成一体,形成了完整的一套方案。这也是过去所没有的。

在奥运会工作当中,一开始,给我明确的任务,就是北京奥运会开幕式的上半场,就是中国灿烂的古代文明,大家所看到的击缶、梦幻文字、戏曲、郑和下西洋、丝绸之路,等等,这些是我负责的部分。过了一段时间,又给我明确了一个任务,就是残奥会的开幕式。又过一段时间,又给我一个任务,还有残奥会的闭幕式。我每天早晨8点钟一定要在残奥会开幕式的会议室当中,和残奥会的150多名主创人员开始工作,每天上午的10点钟要结束这个会议到残奥会的闭幕式会议室,每天下午2点钟一直到深夜的三四点,我都是在筹备奥运会开幕式当中。每天都是这样的生活。8点,脑子里面打开残奥会开幕式的门,10点钟把这扇门关上,打开残奥会闭幕式的门,吃过午饭以后,这两扇门关上,打开奥运会开幕式的门。这三个团队都是互相保密的。每一层走廊除了服务员,还有保安和武警战士,三个不同系统的人同站一个岗,而且这三个系统的人经常换,凭一张卡可以进去。这三个团队是互相保密的,但我什么都清楚。所以说,奥运会开幕式做到见所未见、闻所未闻,那奥运会闭幕式呢?也应该如此。残奥会开幕式呢?残奥会闭幕式呢?都在鸟巢,都得做到崭新,难度就是这样来的。

给大家介绍一下击缶倒计时。最早选用的道具是鼓,2 008面八面鼓,我们的理念是非常漂亮的,2 008面八面鼓,在击打的时候形成一个立方,怎么能够形成几十米高的立方呢?我们在多媒体上做出来的时候、给领导汇报的时候那是极其壮观的,你没有见过这样的打鼓方式。有一位领导提了,说,人们一提张艺谋就知道,不是红灯笼,就是打鼓,果不其然。这句话一说,回去张艺谋就跟我说,张继钢,咱们看来还是不能打鼓,我说为什么?你看,谁谁谁不是说了,一提到张艺谋不是红灯笼就是打鼓。我说,我认为,旧材料的重新使用和组合,才见到才华,我们不必考虑这个。他说,不行,赶快得换。你看这一句话把他击倒了。我们那个方案的确太可惜了。可是也没有关系，我们还能有更好的。后来想到中国古代的击打乐器柷，但是这个乐器不好看，后来就想到缶。然后我们上面又加了 LED，让编导组无论如何制作出来的一个击打方式，就类似于陕西的刀削面，斜着打，同时里面还加上中国的论语——"有朋自远方来"。我问一下镇江的同志们，《论语》大家都知道，"有朋自远方来，不亦乐乎"，是 le，还是 yue？声音大一点，是 le，还是 yue？yue，不对。于丹来过你们这里，就此问题，我也问过于丹，于丹怎么说的，我这里保密不告诉你们，但是我们还不放心，还请教了很多人。最初是什么原因？在一个车上，从北京市委回去的路上，我们主创人员讨论，我说是 le 还是 yue，有人念 le，有人念 yue，开幕式第一个节目念一个别字那是一个大玩笑了。大家说 yue，肯定吗？肯定，老师就这么教的。我说你还记不记得起来你上这个课时的课本是什么年月的？有拼音吗？他们还跟我打赌。我说我这块表也不错，把它摘下来，打赌，我说 le，他说 yue。其实我当时已经了解到一些情况。他们不肯把表摘下来，我估计他们不肯跟我打赌。后来我们找了很多的专家了解，可以肯定地告诉大家是"有朋自远方来，不亦乐乎"，念 le，不念 yue。你们要跟我讨论这个问题吗？

然后，我们就开始训练了。第一个节目，要选 1 米 80 到 1 米 85 身高的人，而且要 2 008 人。我的个儿不高，我还希望个儿高一点呢。这么大的国家，第一个节目都是 1 米 6、1 米 7 的行吗？胖的胖，矮的矮，瘦的瘦，那行吗？不行。在一次北京的汇报会上，我说击缶倒计时 2 008 人都要 1 米 80 到 1 米 85，刘淇书记说，张继钢，你让我到哪里给你找 1 米 80 到 1 米 85 的人？你提的道理是对的，但是怎么找？我说找解放军，在解放军大阅兵的时候是采取这样的办法。比如要组建一个空军的方队，我们就会从北京军区空军、兰州军区空军，选 1 米 80 以上的个子，各方面的条件都具备，放在空军指挥学院统一训练，形成一个方队，在阅兵的时候成形。这是一个好办法。然后我们就向总部提出这个请求，总部又把这个情况向军委报告，于是就形成了由北空、成空、沈空、兰空选择身高 1 米 80 到 1 米 85 的士兵。当然，对这个工作我们也很担心。负责这方面工作的是总政的领导，有一天和我商量，说如果到不了

1 米 85，能不能 1 米 80 到 1 米 82，到 1 米 83？我说行吧。他就跟总政领导说，1 米 80 到 1 米 83 也可以，领导说，不行，必须 1 米 85。后来说，招不来怎么办？招兵。决心很大。事实证明，能够选中。

选来以后开始训练，训练的过程我相信大家肯定都看过电视了，时间真的是不够了。编导组很苦，就总政歌舞团的一个编导孙育鹏带着 5、6 个人编，编得很苦。汇报了十几次我都不满意，但是军委下了大决心，2008 年的 4 月份，我们训练 200 人、400 人这样的小型队伍就结束了，全国各地的军人就浩浩荡荡地来到北京。

压力非常大，我这人的性格，一般来说对人是不发脾气的，就是在排练当中也不发脾气、不骂人。有一些导演在排练当中骂人，这个我不会，我天生不会，脾气也还算好。但是到了 2008 年，我自己都很奇怪，我的脾气怎么就变了？经常不知什么原因就大发雷霆，估计是迫近 2008 年奥运会开幕式，我的情绪焦虑起来、烦躁起来。我不停地告诉自己说，不要发火，但是实在由不得人，我还没有到更年期的年龄，但是控制不住自己。就这样带领着这样一帮人。有一天半夜开会，再过一周就要上大舞台，我非常着急。我说，你们这样的打法，全国的老百姓都会打，全国的老百姓会把我们看扁，这个不行，必须要仙风道骨，要像弹古筝一样地击打，我说我都说了 100 遍了。我们创作人员都在，几十号人都在，说完这番话我就回办公室去了，走在路上越走越气，我感觉刚才的话不解恨，又返回来，把门推开："孙育鹏，全体人员站起来了。在你的背后有两根柱子，一根是光荣柱，一根是耻辱柱，我看你带着你的人员向耻辱柱走去，我告诉你，你小心点，我时刻都有把你撤掉的权利……"我话还没有说完呢，那人呢，1 米 8 几的个子，满脸都是泪啊，一动不动，说完了，我痛快了，我就走了。走了以后，在回家的路上，坐在车里面，我就为刚才的发火懊悔不已，便给他发信息。这是后来电视上奥运揭幕的时候他讲到的，当天晚上他回去就把纸铺在桌子上面写辞职报告，号啕大哭，辞职报告正要写完的时候，接到一个信息，就是我那天半夜给他发的信息："育鹏同志"，婉转多了，"我们遇到了前所未有的困难，我们的面前没有样板，我们不知道该模仿谁，困难可想而知，我永远和你们在一起，明天就和你们去排练兵"。看到我的信息，他再次号啕大哭，然后把辞职报告撕掉了。没有辞成。可见，排练非常难啊。然后，我们的友谊更深了。

这2 008个人的训练也很难，举几个例子。有朋自远方来，不亦乐乎，让2 008位战士一喊就喊成部队口令了，这可不行，一上来就暴露军人身份怎么行？我在奥运会筹备和进行期间不能穿军装，就是因为我的军人身份。他们跟我来这里不一样。后来我告诉李乃刚大队长，我说他们不能这样，怎么办呢？我说有一个办法。有朋自远方来，话不变，陕西人念陕西方言，四川人念四川方言，什么地方念什么方言，看是什么模样。后来他们打电话来说："部长，向你报告，难听死了。"我说，这样，都喊四声。大家都懂得的，"有"是三声，一、二、三、四，要第四声，每个字都念四声，再念一礼拜。一个礼拜后又给我打电话，部长，也是难听。这就不好办了。后来我去了，让他们这样试那样试，后来我们发现，大家听到的接近四川的口音，后来又有专家告诉我，说古人念诗的口音就接近四川话，古人吟诵就是接近四川话，我一听好高兴，因为战士的口音就是有点接近四川话。但是对于这样一个严肃的问题，我至今没有想通，他是怎么知道古人念诗像四川话？我没有想明白。这个道理我没有太通，是依据什么说古人念诗是四川话？反正到现在还没有想通。他告诉我，这个可以，好多人都这么说。然后再练他们的笑，战士一认真做动作，表情就非常紧张，认真、投入嘛。张艺谋说，这个不行。开幕式那天200多架摄像机，不知道给谁一个镜头，多吓人啊。从现在开始，训练2 008个人笑，都得微笑，自始至终都得微笑。大队长也真实诚，给每人买了一面镜子，天天练笑。大家知道，微笑日本人计算出来是很科学的，微笑要露出8颗牙齿，这个笑正好，如果牙齿露得少，挺害怕，似笑非笑；露出9颗牙齿，就变形了，8颗牙齿比较好。有一天又给我打电话说，"部长，别让他们练了，他们的笑比哭还难看"。后来我告诉他，练下去，一定会练到最好的。

奥运会的击缶倒计时，是我见到过的世界上最好的倒计时，我认为在这样的风格上，很难再超过北京奥运会开幕式上的倒计时。这个难题我可以坦率地说，北京奥运会的开、闭幕式，残奥会的开、闭幕式，留给英国人2012年的难题太大了，这个难题留得简直就是见所未见、闻所未闻。

大家还知道那个活字印刷，那个也很好，活字印刷，时间关系就不讲了。38军的一个团完成的，起初我们设计好活字模表演以后，给奥组委一看，奥组委的官员们震惊啊，谁能够演这个？不相信人能够演。反正我当时就想到了38军，把38军的领导请来，让他们看，说这个你们能不能完成？部队，是统一步调的，一二一，齐步走，一二一，动作要整齐划一，这个不难办到。注意，在近1000人的表演当中，没有一秒钟一个人和另外一个人的动作相同。没有一秒钟一样，近1000人。这是什么场面？这还能演吗？把这个给38军看，说这个任务能不能完成？看着办。38军领导说，要是比这个速度再稍微慢一点，我们就能完成。可以，给你们（设计）。这个也是做到了见所未见、闻所未闻。活字模表现了我们中国的活字印刷。为什么要那么在乎地表现这四大发明呢？可能还有一些情节你们不知道。韩国说，活字印刷是他们发明的，书法是他们发明的，筷子是他们发明的，反正好多都是他们发明的，太过分了。中国的汉字书法也是你们发明的？太过分了，你们又不写汉字。最早给我们曝光的也是韩国。奥运会呢，韩国的某家电视台在8月2日左右，就把某些片断播出来了，就是你最害怕播什么，它就给你播什么，播的最重要的两个镜头，一个是倒计时，一个是活字印刷。

残奥会我所考虑比较多的，是生命的问题，已经不是健全人和残疾人的生命平等问题，是生命的价值问题。由此我特别在乎霍金，英国的一个物理学家，一个残疾人，他写的《时间简史》，还有他的《宇宙简史》这样一些书，我都很好地读过。北京残奥会在理念上一定要占先，一定要把理念占好，你要不占，2012年，霍金又是英国人，而且英国还要办残奥会，它想办什么？我们先把它占了，然后大家所看到的鸟巢有一个巨大的白玉盘，白玉盘上有1440本书，这个书可以翻出春夏秋冬，有的时候是天佑中华。有一天，我们那儿一个人，华裔美国人，在国外回来的时候买了一本手工的书，摆在桌子上让我们看，他一翻这个书的时候我的脑子就"噔"了一下,警觉,我们创作人员挨个翻这本书,我说你们别翻这本书了,这本书已经启发了我。如果这是一本手工的书,这一页这样打开形成的动力,知道什么叫动力？开汽车,汽油形成动力,这个翻书的动作形成动力,由于这个动力在两页中间展开了一个房子,涨起来了。听明白了吗？这是一个很普通的手工书,儿童手工书,我们的春夏秋冬就是这么诞生的。这本书这么一翻,一望无际的麦田,真麦子;这本书再这么一翻,和你生活中看到的桃花树一样高大的树。这简直太绝妙了。因为它本来是这么扁,谁知道能够长出一棵树呢？而且这棵树是真实的桃花树,一样大。残奥会开幕式的理念,"和梦一起飞",有三个旅行,生命的旅行,空间的旅行,时间的旅行。大家还看到一个舞蹈,看到杨海涛,他主要的理念是:作为广场艺术,可以把注意力描写为哪一个人,而不是哪一群人,变群体为个体。所以杨海涛唱完那首歌,讲述,假如给我三天光明,我不是盲人,我最愿意看到的是爸爸妈妈,和你们。几乎一多半的观众都掉下眼泪。这就是人性,由此而感受到生命的价值。还有李月,也是地震时发现的孩子,她是学芭蕾的孩子,学了两年芭蕾,"五一二"地震的时候,当埋在废墟底下 65 个小时后发现她的时候,必须把她的左腿锯掉。然后我们就形成了一个舞步,所有残疾人的孩子,手搭上肩。学芭蕾的人知道,上身是什么舞姿,下身,腿就应该是相应的舞姿,我们把它构成一个生命体,上身是愉悦的舞蹈,下面是所有的聋孩子给她相应的支持,这个舞步再次让绝大多数的观众掉下眼泪。第二天的报纸上,世界各地报纸的头版都是这个照片。

开幕式的地面是最大的 LED,最大型的白玉盘有了。英国人还能干什么？后来我们就想,残奥会开幕式、残奥会闭幕式,开幕式的主题是生命,闭幕式要写什么？写植物。理念是:向着最美好的梦想奔跑,永不放弃。

我们想到了未来的信。按照目前的语境,960 万平方公里的文化人和艺术家会这样给残奥会的闭幕式起名字。名字叫:让我们告诉未来。但是我们不能这么做,我们叫"给未来的信"。你看,意思是一样的,就几个字的不同,一个就有国际感,一个就没有国际感;一个有教育功能,一个有审美功能。它是不一样的。让我们告诉未来和给未来的信，是不一样的。英国人还能想到什么？英国人可能还能想到踢足球的那个草坪，这也是很可怕的。观众进场以后，不知道该怎样表演，因为曾经踢足球的草坪没有动，这个多可怕啊？然后表演起来，表演地很好，怎么办呢？用草坪。所以残奥会的闭幕式，植物就是草坪，草坪上开出几万朵的鲜花，真是太漂亮了，用鲜花写成给未来的信，太漂亮了。

还有香山红叶，持续5分钟在鸟巢顶部如瀑布一样往下流淌，人还没有怎么表演，光是香山的红叶已经让所有人热泪盈眶。有一天晚上我半夜回家，我告诉司机，我说把车停在这儿，我们家不让我抽烟，我回到家在厨房在哪儿都不能抽烟。我就想，创作奥运会有一个好处，经常半夜回家，它使你能够作为一个生命经常欣赏到半夜的景色。你们知道半夜是什么颜色吗？最好看的时候，什么颜色？紫色，非常漂亮。你们不妨哪天半夜起来走一走，看一看，好美丽，没有任何人打搅你，干扰你的视线。这几年都是在半夜回家，站在那个树底下抽烟，就在这个时候，大片大片的杨树的叶子打在我脸上，抬头一看……香山红叶的美感就是这么来的。

回到家，洗完澡后再也睡不着，就一夜，眼睛睁着，睡不着。第二天早上一上班，先不去开幕式，先去残奥会的闭幕式，跟大家讲，代表北京的香山红叶，怎么做，2分钟，让它持续不断地流。我们讨论之后，导演说，不要2分钟，要5分钟。印青做的曲。现在每一片香山红叶都卖好多钱。后来我们去了香山红叶的公园，经理告诉我，自从残奥会表演过后，他们那里生意兴隆。过去只有周六、周日生意好，现在从周一到周日都有很多人，坐缆车的人多了、门票卖得多了。那天请我去，表达的是这种兴奋的情绪。

通过北京奥运会开、闭幕式可以看到中国文化的力量，奥运会结束以后我去外交部做过一次报告，报告题目是《从北京奥运会开、闭幕式，残奥会开、闭幕式看文化的力量》。外交部的部长中午吃饭时和我说，你们做了我们所有大使几十年来想做而做不到的事。我认为他说的是对的。奥运会开、闭幕式，残奥会开、闭幕式塑造了一个真实而客观的中国,让世界上对中国很陌生的那些国家了解中国。我有一个朋友,在美国的一个社区里住,过去社区里的一些外国人见了他几乎是目不斜视,不怎么看他。当然人都很友好。奥运会、残奥会以后,每次见到他都把他拦下来说半天话,眉飞色舞,显然比过去热情多了。

作为一个中国的艺术家,实际上在我的脑海里面,经常想这样的问题:中国,在哪里? 祖国,是什么? 中国,为什么中国,我们的好多艺术家的骨子里面容易产生一种崇洋媚外? 容易有一种骨子里的自卑感? 容易有。为什么? 这和中国近代史是有关系的,作为一个中国人,我们可能记不住我们所经历的一切年年月月日日,但是有一些日子大家是永远不应该忘记的。1840 年的鸦片战争,从那个时候开始,中国历史上签订了 300 多个不平等条约。这些不平等条约记录着丧权辱国的历史,从1860 年到 1900 年,两次火烧圆明园,注意,那是中国的首都,注意,圆明园是当时世界上最有财富、最漂亮的皇家园林。两次火烧圆明园。这些日子我们不能忘记。1911 年,辛亥革命,辛亥革命的意义是让每一位中国人从一个臣民变成一个公民。1921 年中国共产党诞生了。1945 年,最后一个列强——日本被我们从家园土地上赶了出去。1949 年建立新中国。1978 年改革开放。2008 年奥运会。2009 年是新中国成立 60 周年。这些日子,是每一个中华儿女不应该忘记的。也许在中国近代史上,中国的这些伤痕影响到中国人的尊严,骨子里面的尊严,但也同时激发着我们中国人一定要扬眉吐气,这是正反两方面都可以讲到的。

中国,在哪里? 在地理位置上中国在亚洲,在亚洲东部,也可以称为东亚。我们曾经是"东亚病夫",但是,今天,我们是屹立在世界东方的巨人。但是从文化艺术的角度来说,我多么希望全世界的各个角落、各个地方,都能通过中国的文化和艺术了解中国,熟悉中国,走近中国,向往中国,热爱中国。所以,我们应该宣传中国,塑造中国。

祖国,祖国是什么? 祖国不仅仅是哪一条河,也不仅仅是哪一座山,祖国还有生养我们的父母,还有同饮一江水、同念一本书的兄弟姐妹,这构成了我们的家园,这就是我们的祖国。作为中华儿女,作为中国的艺术家,当然有责任、有使命,勇敢地把责任扛在肩上,塑造我们伟大的中国！这就是文化的力量。特别希望镇江，能够有文化镇江，能够让镇江在整个江苏，在整个中国的大地上坚挺地屹立起来，我期待着。

祝福大家，谢谢！

(2009 年 5 月 29 日)

生命因阅读而宁静

余秋雨

余秋雨
Yu qiuyu

上海戏剧学院教授,曾任上海戏剧学院副院长、院长、荣誉院长,国际知名的学者、作家。其文化散文集在20世纪90年代至21世纪初的中国大陆最畅销书籍中占据了非常重要的地位,在香港、台湾等地区也有很大影响。曾被授予"国家级突出贡献专家"、"上海市十大高教精英"等荣誉称号。现任《书城》杂志荣誉主编、99读书俱乐部荣誉董事长。主要著作有:《文化苦旅》、《山居笔记》、《借我一生》、《我等不到了》等。

镇江的朋友们，我非常高兴到镇江有这么一个演讲，看到尹卫东市长在这，让我想起很多年以前，我在扬州演讲的时候，被镇江的几个年轻人绑架到镇江演讲过一次，那一次好像不在这，在一个大学还是什么的。后来和镇江的关系就比较密切，当时张卫国市长在这儿的时候就经常讲起"显山露水"，我到全国各地巡讲，镇江的一个特点是"显山露水"。最近事情有点多，本来简单，昨天在泰州讲，我想泰州到这儿不是很远，但万万没想到昨天晚上"上海国际电影节"闭幕需要我去颁一个奖，大家可能在电视里看到了，我和栗原小卷一起颁的。一个大奖要颁，所以匆匆忙忙从泰州赶到上海，今天上午再从上海赶到这儿，车上和路上加在一起有十几个小时，所以这次演讲还有点不容易，不容易当中建立起一个很好的缘分。这个题目是镇江市图书馆给我出的，题目我刚刚知道，我们就来谈论这个问题吧。这张照片好像下巴太大了，不晓得从什么角度拍的，大家看到我好像没那么胖，但是表情很好，笑眯眯的。好，我们来完成这么一个题目，大家如果还有什么问题，可以到最后递条子或站起来问我，递条子可能好一点，站起来的话麦克风递交起来有点难度。

这个题目看来是我们镇江市图书馆一个副馆长给我出的，但实际上一看到就让我们每一个人，包括我自己在内，心里有了一点点感悟。类似的题目，我曾经在台湾讲过一次，当时台湾地区政治上好像很纷乱。在台北讲的时候，大家可能在有的书上也看到，我讲的时候是马英九先生主持的，那个现场是几千人，当时我就感觉到阅读的课题居然能凌驾到政治纷争之上，不仅是两岸的纷争，当时两岸不太有纷争了，是他们本身的纷争，那么多人来听，到了那个剧场，总经理的牙齿由于太拥挤都被挤掉了，台北发生这样的情景，所以我就觉得毫无疑问阅读还是一个崇高的命题。但是大家肯定会有一个困惑，说我们现在读了很多啦，如果把网上阅读也算在一起的话，你看，不仅是我们，我们的孩子、我们的学生，每天的阅读量太大了，那为什么还没有让我们平静呢？这问题出在哪里呢？难道阅读一定能够使我们平静吗？所以就需要有这个讲座了，就是读什么？它和平静的关系，导致心灵平静的这样一个道路如何来寻找？怎么寻找？如何在阅读当中寻找？今天下午和镇江的朋友们有了交流。我知道今天的讲座镇江有一个网站正在直播，现在还连通了全国很多网站，全国很多网民也在听这个演讲，我们一起进入这么大的话题，我觉得很有意思。

我们每个人工作忙，心里面往往更忙，有太多的事情积压在我们小小的躯体之上。我们这一生从年轻的时候心里就很忙，中年的时候更忙，到老年的时候其实也还是忙，要关照的东西、积累的东西很多，还是忙。我们难道就这么匆匆忙忙、浮浮躁躁过一生吗？如果是这样的话，我们的人生其实挺悲哀的。人生的悲哀其实不是遇到突然的灾祸，而是一辈子都摆脱不了躁动不安的这种忙乱状态，这是最麻烦的。因为灾难可以来自一时，也可以去自一时，但是这种躁动不安的忙乱心态像一个永远摆脱不了的魔障一样一直控制着你，使你一天也摆脱不了。这里其实有很多条的道路，其中有一条可以摆脱这种状态的道路，在我看来是阅读。我的经验、我的体会大概可以证明，这里我仅仅从理论上来证明，从自己的体验上来谈一谈。

大家来想一想，像我这样的一个人，大家以为是一个文人，其实作为文人还要承担非文人的很多角色，我想我们在座的很多人都一样，承担很多角色。在"文革"的时候，我是我们八口之家当中的大儿子，我爸爸当时被抓起来了，我们一家的经济收入都是来自他，他被抓起来后，家里就没钱了，我还在大学上学，我妈妈是家庭妇女，作为大儿子这个角色，我要承担家里的重担，但是心里非常不平静。怎么办？日子怎么过？当时我才19岁，我就想，有一个叔叔在安徽，我们可以求他给我们一点钱，刚高高兴兴地写信，来了个通知说叔叔自杀了。我们这一代的人无法想象，爸爸关起来了，叔叔自杀了，经济来源完全没有了。造反派在搞运动，我和我妈整天想的问题非常简单，我们想的是下一顿饭怎么办？在这个过程中遇到了很多的好人，很多来接济我们的人，否则我们就没有办法活下来。你会感觉有一种承重的压力压在身上，比我们在座的年轻人压力要大得多，后来这样的压力越来越多，外面在搞政治运动，家里有一个家长没有解放，麻烦就非常多。"文革"结束后，我们进入了一个更繁忙的时代。我成了全国最年轻的文科教授，后来又成了全国最年轻的高校校长，在当时也算是最年轻的正厅级干部，很多事情就会压在头上，素昧平生的、家家户户的麻烦当时都需要一把手到场解决，学校防火、计划生育，还有住房的问题，我花了很长时间去管，什么都有，都得管。

20多年前就是在忙这个，更不要说学术上的事件还得关注，就非常忙乱了。大家以为我辞职是为了摆脱这个忙乱？不是的，辞职是因为我要承担一个更大的任务：我突然发现中国的文化要复苏的话，就需要用文化的逻辑来著书，文化的逻辑就是这个人一定要摆脱官场体制，以独立文化来思维，要理性、要思考、再写作。得出这个结论以后，我就开始一个人旅行，这个压力很大，每时每刻都会有惶恐的事情发生。我去甘肃高原旅行的时候，那时没什么车，路还没修好，旅馆都没有，就一个人披着一件薄棉袄在走，不知道会遇到什么，也不知道那个古迹还在不在，这都是压力。某种意义上我的心会很乱，很难平静，但是我却要把非常平静的中国汉代、唐代的资料告诉当代的读者们，因为当代的读者们不知道，我要把唐风、汉风告诉他们，我还要在这个过程中追求平静，这个难度是有点大，但是克服这个难关严格讲起来都和我的知识结构和心理结构有关，否则一个人承受不了那么多的不平静。后来我和凤凰卫视一起开始了4万公里的考察，以前也没有人走过，第一批走通的是中国人，就是从北非到中东，从中东到南亚，一路走过来，这儿我可以自豪地说句话，就是没有外国人想到我们能走得通。在埃及的时候，他们欢送我们的时候，觉得我们肯定是九死一生，能够走出那个恐怖地区的可行性很小，所以他们在金字塔下开了一个欢送中国英雄的会，我们觉得埃及就够乱的了，那里面就更乱得不得了，他们居然开欢送会送中国英雄，这里面多乱是可以想象的。我们到任何的国家，我们的大使都要劝阻我们："不要向前走，千万不要走了。"而且大使们都说："特别余秋雨先生，你是著名的学者，千万不要走了，如果要走坐飞机，坐飞机就回家了。"坐吉普车一公里一公里往前走，真是要很长很长的时间，完全不知道下一顿饭在哪里吃，也完全不知道眼前走过的一批人是不是塔利班,不知道。我们知道的是我们进入了地方武装,酋长领导的地方武装和国防军没有什么关系,每天都是不安定,每天不知道生死。凤凰卫视团队当中我的年纪最大,按照他们的说法:"在最困难的时候看一下秋雨老师的脸,大哥微笑,我们的心就静下来了。"

大家理解这个情景吗?在那种环境下面,没有任何的行政力量可以依靠,没有任何警察对你有帮助,没有朋友,没有医院,一切都没有,这个时候完全靠心情的平静,以平静来压住某种狂躁不安。这点我又有了体会,就是我年纪大一点,读的书多一点,见识远一点,这样我由衷的微笑给我们冒险的团队、历险的团队带来了某种平静,原因是和读很多的书有关,和我的知识结构有关。我为什么老讲自己的经历呢?不是在卖弄自己,我想我们在座的各位,我们是朋友,我们都会遇到很多困难,家里的事、单位里的事、自己身体上的事,比如说生病,有的是身体上的事,有的是心理上的事,有的是经济上的事,都压在头上,怎么办?我个人的体会就是开拓阅读领域,让自己的心平静下来。那个4万公里走回来,我感觉在古文明当中,中华文明特别优秀,我走过的古文明都毁灭,或者中断了,只有中华文明还活着。这是我写的书《千年一叹》,但是好多朋友说:"和他们一比,我们中国这个是好的啦,你还应该走欧洲。"好,我又走了欧洲96座城市,这也很危险,很多地方语言不通,很苦,这时候就要考虑平静。我有这个资格来讲阅读怎么样来营造平静,因为有过太多不平静的经历了,回来以后这些就对我影响很大。

我的书卖得很好,像刚才主持人说的一样,我的很多书畅销了,就引来很多诽谤之类的,这时候我又不平静了,很不平静。我们在座每一个人都可能会遇到诽谤,中国的特点是,对于诽谤造谣没有办法解决的,没有这个程序,中国文化没有提供解决诽谤的程序。我们每个人遇到诽谤去打官司吗?打官司是很累的,时间又长,结果又是调解,搞了半天谁都不打官司。官司程序无法解决,关于这点我相信我们在座喜欢读书的都能够承认:余秋雨是近十年来被诽谤得最多的人。诽谤是没完没了,因为好处在那儿呢?因为诽谤我会显得很有文化。如果诽谤一个商人就不太有文化。余秋雨你恰恰没有做官,又不参加什么协会、团队,更不用怕你了,但是你又非常有名,这个诽谤才有价值。诽谤我的人我都不认识,在哪里? 长得什么样? 能知道我所有的秘密? 如果有知识支撑着我们的话,这一切都可以平静的、无所谓的,不要把这个看做天大地大了不起,完全不是这样。大家看我这个样子就知道,好像不是一个整天被诽谤的人,毫无疑问从我的表情、我的语调、我的文笔等,大家一丝一毫也看不出,几十年来被诽谤,心情不安的状态一点也没感觉到,对于这一点,我就取得了讲这个话的资格。

我首先要给大家讲的是:阅读大大地开拓了我们生命的时空。这是我今天的第一句话,阅读大大地开拓了我们生命的时空,因为时空一大,我们就显得平静,所有的不平静往往和时空狭小有关,时空一大你非平静不可,因为你会觉得时空一大以后不平静太不值得了,关键是要拓宽时空。我们区区五尺之躯,如何来拓宽我们的时空呢? 比较好的方法就是阅读。我们知道辽阔的空间,知道漫长的时间,我们知道世界上发生过很多的事,而且知道还会发生很多的事,我们知道人世间有多少悲剧,有多少冤屈,又有多少正义,多少公道,我们都知道。遇到麻烦的时候,突然安然一笑,哦,真正进入了人类,人类就是这样的。在阅读过程当中知道,生命的时空就是那么辽阔,那么复杂,那么险峻,你真的进入了,就像我们坐船一样,船摇摆,我们起航了,我们起渡了,如果没有摇摆的话,你始终没有觉得我们进入状态,你遇到这些情况的时候,要进入状态。那么是谁告诉你的? 就是阅读。阅读使我们知道世界的辽阔,阅读也使我们知道历史的延续,当我们知道这些东西以后,这只是一部分。

第二部分,阅读还使我们知道人类之外的事情,让我们知道了整个生物界,还知道了整个星球界。我好几次劝说有冤屈和真的犯了错误的人,我经常讲:"你看看宇宙、看看天体,你就会知道我们成为一个人太不容易了,世界上有那么多星球,现在能够找到有水的痕迹就很困难,找到有水的痕迹只是判断存在生物的可能,而这个生物有可能是一点点植物的小影子,由植物到动物那么艰难,动物当中又是丛林原则,怎么又冒出来高等动物? 高等动物叫人,这个是难的,是没办法想象的难,我们居然就在同一个时间生活在这个地球上。你这么一想的话,就会觉得遇到的波折太小了,什么也不是啊,真的什么也不是啊。"阅读会帮助我们知道这一点,不阅读就不会知道,想到书的时候就会想到这一点。我记得"文革"的时候,在军垦农场劳动,劳动的时候那是九死一生,我们大学生当中有很多人因为艰苦而自杀,没有其他原因,太苦了,自杀。我当时算读书比较多的人了,我老师劝告说:"和我一起在暴风雨当中挖泥的同学,千万不要自杀。"我就始终讲这个话:"宇宙之大,人不如意太多了,我们好不容易在这儿过一阵子,不容易。"仔细一想的话,我们的名号、我们的荣誉,完全没用,完全没有价值。当时我爸爸是"走资派",而且像我们这样的人也属于反对"文化大革命"中的保守派,那都压在你的档案里的,你不要难过,因为我们是人,这已经了不得了。这在"文革"当中对我起了很大作用,所以后来凡是有人,无论熟悉不熟悉,说到大灾难,我都想办法找他谈一次话。

大家可能看到了最近我写的纪念谢晋导演的一篇文章叫《门空里面》,我提到一个细节,当时上海的监狱长来找我说:"我们有5 000多个犯人投票希望你来讲讲课,犯人里面智商高的很多,他们也读书。"我说:"好。"因为犯人是获得心理灾难的人,我应该去讲课。好,我就到上海提篮桥监狱给那里的犯人做报告,报告完以后我对那个监狱长说,我有一个朋友在里面,能不能见他一面。严格说起来不是我朋友,是我领导的领导的领导被关起来了,我相信一定能够通过自己的谈话解除他很多的思维障碍。监狱长说:"你想见谁?抱歉,其他犯人都可以,唯独这个犯人要经过比较复杂的审批手续才能谈话。"那我说:"好。"我跟他也不是非常熟悉,我说:"我写个条给他。"他说:"可以。"我就写了条给他,我写了他的名字,他在外面时我不敢这么称呼他,他在里面我可以把他的姓去掉,像兄弟一样称呼他,"生活,我们都忙,我们过去有外语基础,始终没有能力把外语往前更推进一步,祝贺你有了这个可能"。就写了这个条子给他,这个大家能够听明白,我希望他做什么呢,赶快读书,先读外语,先读一般的外语书,我知道他有一般的外语阅读能力,读多了以后,外语水平会大大地提高。我那天给谢晋导演讲这个事,我说我做了件很成功的事,谢晋导演真是一个善良的人,他就很羡慕我做的这件事,他也想做,他说:"我也做,你送的条对不对?我送盒月饼,过两天就是中秋节了,你跟监狱长说,谢晋要给犯人做报告。"我打电话给监狱长,我说谢晋导演要给犯人做报告,监狱长高兴坏了,谢晋是所有犯人的偶像啊,谢晋做报告的原因就是为了给那个官员送一盒月饼,这个官员和谢晋导演也没关系。后来那个官员出来了,第一个电话打给我说:"我带出来一个56万字的翻译稿,谢谢你让我这4年过得很充实。"56万字的翻译稿,他成了一个很好的外语人才,然后他说:"我这两天要请谢晋导演吃饭,他那次中秋节的行动使我在监狱里面4年,没有一天感到沮丧,没有一天感到沮丧啊。"我把这个故事写在我的《双人茶客》里面了,这个故事让我又收到了很多从监狱里写给我的信,都感谢我。

我说如果你把自己局限在一个小范围里的话,比如说,公共汽车的售票员不喜欢这个职业,他的这个位置就是他的监狱,他每天不高兴,就坐在位置上。有时候,很多人眉眼之间是有镣铐的,很多人明明自由,很多铁栏杆拦住,却整天想着和这个吵架和那个吵架,明明是自由的却好像在监狱里面,他不自由。但那个监狱的官员明明不自由,但他读那么多英语书,英语好,心情好,表现也好,所以监狱里面叫他做教员讲课,这一下把监狱的生活变得十分丰富、充实、完满。所以我现在遇到这样的事情,有非常著名的贪官关起来了,读者在拍手的时候,我就努力找他们谈一次话,尽管我真的不认识他们,我以前没有和很高的官员交往过,但是我现在真是觉得需要和他们谈一次话,我觉得他们的后半辈子不是安乐了,在监狱里面成为一个极其善良的学者,过去做了错事,受到了惩罚,至于后半辈子该怎么样,由阅读决定生命的时空,生命的时空就是生命的质量,而这个质量提高以后,那就无所谓了,真的。人到这个时候完全不在乎别人的议论了,完全不在乎别人说了什么,因为别人和自己无关,别人说长说短,没关系,心里安然自得,这就是平静。我非常希望那些过去做了坏事或错事的,已经受到惩罚的官员能够在监狱里面通过阅读,不要傻想,一定要通过阅读来获得一种心灵的平静。我

生命因阅读而宁静

余秋雨

现在还有一些人没有找到，要想办法找到他们，我想监狱方面也会同意我找他们谈话，不管过去他们官做得多高，我相信他们一定能够接受我的一种劝告。他们的情况当然有很多可能性，有的人偷偷给他们送一些山珍海味，让他们保持着过去外面的豪华生活，这完全带有种短暂的欺骗，我觉得没意思；有的人表示出一种忠心耿耿，你虽然关起来了，我对你忠心不变，这也带有欺骗性、无效性。我要带给他们的是一个他们不认识的学者，我劝告他们阅读，通过阅读再开辟一个新的世界，生命进入了一个新的时代、新的境界。我相信这个方法是会好的，所以我会慢慢地一点一点地做，我现在已经有好几个对象，现在他们关在哪我还不清楚，原来又不熟悉，一定要找到他们，严格说起来他们不是朽木不可雕也，不是这样的，其实他们以前也为社会改革做了不少事情，做过不少很好的事情。

好，这是我的开场白。讲了这个开场白以后呢，我讲两个课题：第一个就是"平静之道"；第二个是"阅读之道"。"平静之道"和"阅读之道"，把平静放在前面，阅读放在后面，因为我想"阅读之道"，讲的是方法，读书的方法，我想在座的人很想听听读过很多书的人的方法，这我放在后面。前几年我在中央电视台做大奖赛评委的时候，大家突然发现我这个人书读得特别多，中央电视台每天会收到几万条信息希望我讲读书方法，我讲过几点，今天我放在后面讲，因为大家对方法论特别有兴趣，前面一定要讲一个"平静之道"，然后才是"读书之道"。"平静之道"不完全是方法论，但是阅读很重要，否则离开了这个道的话，我们的阅读有可能迷失方向。我前面讲了阅读会让我们生命的质量提高，会拓宽我们的时空，我们着重从几个方面去吸取它的营养，我今天在"平静之道"里面讲4个"道"，这4个"道"也讲得比较宏观，这4个"道"讲了以后，大家就知道这4个"道"只能从阅读中获得，而这4个"道"确实能提高我们生命的质量，也恰恰是我们提高生命质量以后讲"平静"的4条路，所以"平静之道"就要从这4条路上来。

这4条路说起来很大。第一条路，我具体一讲大家就能理解了，今年我必须有5个月在香港讲学，香港聘请我做他们的人文奠基教授，我上半年也讲到了这4个"道"。第一个，我们要通过阅读获得的"平静之道"其实是今天被大家忽视的、讲得很多的"大爱之道"。"大爱"，现在地震之后我们来说"大爱"，但这个"大爱之道"在阅读当中要引起我们充分的敏感。我们现在阅读中国文化的时候往往产生一种误区，我们太强调术，技术的术，不强调道，术和道是对立的知道吧。太强调技术，比如怎么样战胜别人？怎么样取得成功？怎么样能够发财致富？在机场、码头能看到大量这样的书。比如，《曾国藩的用人之道》，其中的道其实是术，要讲的用人之道其实是术。我们有的时候在电视里面看到讲故事，有的讲得很好，更多的还是讲术，权术，假设遇到强大的敌人的时候，该怎么办？把这批拉拢，对付那批，等等，更多的是强调术的原理。但是一个大文明，之所以能够成立，一定有一个"大爱之道"。我做一个简单的推理，在座的人都能够明白。去年我们的地震已经使我们感觉到了，就是人类面对大自然的灾难，光靠自己是不能解决问题的，那么，一个人是这样，一个城市是这样，一个文明也是这样。我们中华文明和别的古文明一样，不知道历史上遇到过多少大灾害，为什么独独中华文明延续到今天？应该说是中华文明互相救助的结果，救助精神超过其他文明。这一点，我们的历史书很少写到，为什么呢？因为写历史书的人没有"大爱之道"，他可能是史官，要忠于皇帝，他的笔墨没有落在这一点上。但是这个推理是成立的，既然人类不靠互助就无法维持文明，那么有一个文明活到了今天，唯一地活到今天，她的互助精神应该是所有文明当中最发达的。我们学过数学的人知道，这个推理是严密的，问题是这个推理，我们现在往往缺少文史佐证，因为我们过去的书籍没有给我们留下那么多的资料，但是看一看古人留下来的那些古籍，我们突然发现了孔子的核心思想是"仁爱"。孟子进一步说，没有"仁爱"，人和禽兽就没有区别。他说了人和禽兽的区别："无恻隐之心、无忍让之心，无辞让之心。"如果爱心没有的话，人就是禽兽。人为什么能摆脱禽兽？因为有了爱，因为有了"仁爱之心"、"恻隐之心"，这是孟子讲的，到了本能的程度。突然看到一个小孩子要掉到井里，只要是人就会伸手去拉小孩子一把，孟子专门讲了，你拉的时候一点没想到要他父母亲来感谢你,一点没有想到其他因素,只是一个本能行为,这个本能行为决定你是人而不是禽兽。这是孟子论述的,孔子更明确"仁爱"。一个我喜欢的思想家墨子更厉害了,他认为孟子和孔子的"仁爱"还有一点等级的差别,他们还加礼,礼就有等级差别,墨子提出爱更要开放,叫"兼爱",就是厂长兼书记的这个兼,"兼爱"是墨子思维的一个整体构架。他认为一切人都应该爱。那么孟子的后裔就和墨子的学生吵架,吵架现在听起来很好玩,他们按照儒家的学说批评墨子,你能爱隔壁的老头像爱你爸爸一样吗?墨子的学说理论上是这样,儒家的学说就说,你这是否定父亲,是非父思想,你要把父亲这个概念否定,否定家庭伦理思维;墨子的思维是:我们不否定父亲,但是我们真的需要爱和我们没有血缘关系的一切人,这是墨子的思维。所以后代的思想家说墨子的思维带有很多的理想性,很难实现;儒家的学说范围缩小一点,很容易实现。儒家学说就是看到老人的时候,想到自己的父亲,推想到父亲是老人,他也是老人,这样去爱他一把,这样是可以的,儒家的学说是容易实行的爱,而墨子的大理想是很难实现的爱,但是平心而论都是以爱为基础。孙中山、梁启超他们在近代起来搞革命的时候,特别是孙中山先生他讲过中国古代墨子的"兼爱"和西方的"博爱"是一件事情,我们中国不要忘了墨子,这是孙中山先生反复讲的,不要忘了墨子。墨子是社会底层的人,孔子和孟子是社会上层的人,作为底层的人要求爱一切人,爱不要分等级。我们《礼记》里面讲到"大道之行也,天下为公",孙中山先生的中山陵就是以"天下为公"这几个字作为基本宗旨,所以爱的思维是一个没有代价的、没有框架的大概念,所以后来儒家学说概念、其他学说里面又提出了没有条件、没有框架的"至爱精神",最高的爱叫"至爱精神",这个"至爱精神"和我们所说的"大爱精神"其实是一件事情。

　　我去年作过很多论述,在埃及的现场大家对生命最后信心的关注,哪怕他只有几口呼吸了,大家都流着眼泪,千万别走,千万别走,其实都不认识这个人,这就是一种"大爱"、"至爱"精神。一个生命救了5个小时没救过来,大家都看到了,连日本的救援队员全部都对这个生命立正,这个生命的来源谁都不知道,有多少文化程度谁也不知道,这就是一种"至爱精神"。那个挖出来的废墟里面，一个军队官员说："停，我判断死在里面的女的是一个教师，因为她身后是三个学生，是走得慢出不去的学生，其他学生都出去了。"这我们都知道，所有救援军人说："我们停止，向他们行军礼。"这个场面我们都非常感动，这个"至爱"、"大爱"是中华民族的一种精神。不管用什么方式，当时所有的人都几乎做了，当然也有些人不愿意做，真有，到现在有些人还在苦恼烦恼。我在香港的报纸上看到，有些人觉得慈善整个都是一个骗局，整个都是假的，或者有的捐款都被当地干部贪污了。完全乱讲，因为我在灾区看到，大家都在用不同的方式帮助灾民，我到现在还非常的感动。由此说明一点，我去年在中央电视台也讲过，我说 1920 年的时候英国最大的哲学家罗素先生到中国来演讲，他对中国的印象非常好。1920 年中国是民不聊生，他为中国说了很多好话，他说的话我现在看起来眼睛还会湿润，他说："中国人过得好好的，基本上国泰民安，欧洲人不去打扰他们，没什么不好，是我们老去打扰他们。"1920 年的中国很糟糕，罗素先生说了很多话，中国人的乐观，中国人的这个优点、那个优点，中国文化的灿烂，中国人的平静……很多这样的话，后来罗素先生要走了，给他做翻译的赵元任先生问他："你讲了中国那么多好话，下面听报告的有年轻的毛泽东、周恩来，对他们的影响很大，临走的时候能不能给我们讲讲中国人的缺点？"罗素先生说："不好意思，中国人对我那么好，不好讲，让讲了三条，最重要的一条就是中国人缺少一点人道主义的救助精神，当灾害发生的时候，赈灾的举动比较迟缓，而且很多中国人对别人的灾难有点暗暗自喜。"罗素先生讲的话，当时看了我就很佩服，"对别人的灾难有点暗暗自喜"，我们到处都可以看到，表面上是握手，保重保重，其实都有点暗暗自喜，因为在这个比较当中，获得了某种安全，获得了正面评价，别人的负面评价当中自己的色度亮了一点点，往往是这样。但是去年我在中央电视台讲到，地震以后罗素先生的这个说法站不住了，现象是存在的，但是整体不完全如此。所以我说人类的集体精神往往像地窖，弗洛伊德讲的我们也不知道，我的脚底下有我的心理隐藏，你不要说自己就非常了解自己，不是的，弗洛伊德说你有心底地窖，叫潜意识，潜意识里面还有潜意识，更深层的心理地窖，地窖下面的地窖，罗素先生看到了心理地窖。但是"5·12"地震一震，把下面的地窖撑出来了。我举过很多例子，身上刺青的小男孩，是坏小孩，他居然一口气背出了4个灾民，他其实是英雄，还有跳街舞的人，他身体好，也背出很多人。这我就觉得很好，我们对80后、90后讨论的时候，他们就浑身刺青背着孩子出来了，从废墟里面出来了，你还讨论什么？讨论的人你在哪里？80后、90后他们就出来了，具有一种潜意识在，全国各地都有，我们镇江也有，支援灾区的很多，这说明什么呢？

"大爱精神"是一个民族文化非常重要的精神，我们只有通过阅读，才能获得孔子、孟子的遗教，才可以了解墨子的思维，知道我们的文化底层还有那么多的了不起的东西，拨开我们太多的论述后，去寻找这一点，这使我们平静，我们有"大爱精神"使我们平静，我不是做宗教宣传，我是肯定这一点的，只要爱在心头，真心就不可能不平静。当时灾难发生的时候我就觉得我们这个国家很值得我爱，我们那么多的人民很值得我爱，这么一想的时候，不可能有太多的不平静。"大爱精神"从阅读当中获得的话，我觉得非常有价值，我当时呼吁文化人，在中国古代提倡博学的时候，有没有可能把文化当中的"至爱"、"至善"、"大爱"这样的东西更多地汇集，而不是更多地投入到谋术当中去。因为中国文化历史长，要什么有什么，要取这个有这个，要取那个有那个，太多了，但是这种最了不起的精神往往是不必要论证的，所以表面的文字上少了一点，但是这是我们阅读的重点，我们用心去阅读，阅读人和人之间的真诚和善良，阅读中华文化的"至爱"、"至善"、"大爱"，这个东西非常根本，非常重要。

这么一来，我们的阅读有些重点会变化，阅读的方位会有点变化，我们可能不会像过去那样迷恋那种杀人的战争小说了。它们也可能写得很好，古代，比如三国时代、五代十国，几个聪明的将军为了玩弄《孙子兵法》，弄了几场战争，我们一片叫好，但没想到这场战争对人民带来多大的灾祸，对文明的灾祸多大，如果有"大爱精神"的话，我们不会过多地为这样的人物鼓掌叫好，我们会更多地关注历史深层的东西，我们的历史观会发生很大的变化，会阅读到很多让我们心里面很感动的东西。我这些年来读了很多过去我们看做反面人物的一些材料，我仔细看材料的时候发现了他们有很多正面的东西，我就很感动，我就想我们过去对他们负面的评价哪来的？主要是一些概念条条框框，原因是"非大善"作为标准，在长江边上，有一个人看起来是敌营里面的师爷，但由于他的好说、歹说避免了一场战争的话，他就是一个善良的人，我们的祖先就有可能是一位在那场被避免的战争中活下来的人，和我们生命都有关。如果这样一想的话，我们对大爱的靠近就会更明确，为我们的学生、我们的孩子设想，我们多么希望他们以后生活在一个爱的世界里面。现在情况有点复杂，我们现在总希望自己的孩子去争胜、去奋斗，去奋斗的对象都是同学，为几个分数、几个考试要打倒别人，也懂得这么一点克敌制胜，是，都成功了，大家都在成功的风浪当中觉得很愉快吗？因为成功是没有底线的，哪怕你做了一个局长，一个厅长，你还得想提拔，去争胜，这样就会缺少"大爱精神"。

　　我辞职非常重要的原因就是，当时我的上海戏剧学院院长做得好好的，在被评为中国4个最优秀的校长的时候，我突然发现我的心里面有些不善良的东西产生了，我倒不是具体地害哪些人，我只是觉得我这么一个善良的人，为什么对于现在上海音乐学院、南京艺术学院的成绩感到难过？这就觉得很不对啦，它们有成绩，我问自己为什么，但嫉妒会产生难过，这表示已经坏了，人开始有一点不善良的东西产生了，这是看不到的。譬如中央戏剧学院和上海戏剧学院本来就有一种竞争，所以非常愿意简称他们是中戏，我们是上戏，我们比他们高一头，我做院长的时候，按照我的概括就是小人心态，小人心态看不得人家的成绩，看到人家学院里面产生了一些不好的事情，就像罗素先生讲的心里暗暗自喜，这就完全不对了。有时候我看到一些城市里面的领导，看到别的城市发生了地铁灾难，也有点暗暗自喜，这肯定也不对了，因为灾难是一样的，人类的灾难你那么高兴，说不定过几天我们城市也遇到了呢？所以我们在阅读书的时候，要保持住这种"大爱精神"，其实难度很高，我自己的体会难度很高，这一点让我很警惕，从某种原因上讲也是我辞职的原因之一，否则的话我的心理会一直膨胀。大家都知道我们那个时代做干部很容易，"文革"的干部全下来了，后来老干部全上去，他们太老了，退居二线，全国岗位全空出来了，像我这样在当时很年轻、很有文化的人，一下子什么单位都可以，做省长都不奇怪。我们当时很多的同事都做到国家领导人了，在当时情况下我离开的重要原因就有这一点，我个人觉得我再做下去的话，"大爱精神"受到损伤了，我如果做了部长，对其他部也会嫉妒，或者也会幸灾乐祸，或者什么的，这就不对了，所以要去考察中国文化，去写《文化苦旅》，一个非常大的转折和这个有关。这个"平静之道"和大爱有关，大家理解吗？

我刚才讲的例子就是我做院长时候的不平静，就是没有"大爱精神"，看到人家的成绩我就难过，看到人家的灾难我也不平静。譬如我当时看到另外一个大学起火了，我当然也会很紧张，第二天我到我们学校任何一个容易起火的地方去观察，但又有点对他们的灾难暗暗自喜，这也不平静。这两头就造成了不平静，而且是低级的不平静，所以要走向高级的不平静，首先就要有"大爱精神"，我相信我们在座的诸位你们许许多多的麻烦，如果用"大爱精神"来思考的话，会减掉一半，很多麻烦已经不存在了。我们在想：我大爱，他为什么不大爱？这就不对了，爱是没有回报的，就像阳光普照大地一样，太阳并不需要土地回报它，就像清风明月一般不求回报，真正的大爱为什么称作爱？为什么要加个大？我们想想阳光，我们想想清风明月，我们知道大爱指的生命，它是不求回报的，不要说他不爱我，我不爱他，这不是谈恋爱，讲的是大爱，你觉得对方对你那么凶，我就要给他一点颜色看看，我们很多人都这样，不是好欺负的，这都是缺少"大爱精神"的，以恶制恶、没完没了，所以我们瞧不起小人，但是我后面会讲到，我们用"大爱精神"的话，他们也会受到关注。

我又要说我的一个经验了。大家有没有发现在一波波受到攻击的时候，余秋雨本人从来不回答。讲我过去"文革"当中的历史，讲我咬文嚼字，说我的文章当中有多少错字，然后又讲什么各种各样的事情，太多了，说我和马兰几个月就离婚了，然后现在又是什么地震的问题，捐款是假的,等等,你看我从来不回答,但是我真的是哑口无言吗?很多人真这么想。其实大家想一想,现在全世界的大专辩论赛的总编评委一直是我,我对辩论是非常有经验的,否则我怎么有资格成为每年全世界、全球大专辩论赛的总编评委?我在第一份工作中就知道这个国家队逻辑上怎么错,那个队犯了什么错误,大家知道我老在中央电视台讲评出来,所以我肯定不会是一个不会辩论的人,这毫无疑问。即使我不辩论,我有多少聪明活泼的团队?我的学生有多少?我全部禁止他们参加辩论,因为所有的造谣诽谤都有他们可怜的个人的原因,他们做法是不好,但实在是值得我们同情的社会转型期的人,所以如果你一骂,武士不太好出手,就怕一拳把人家打伤了,要是不得不由我来还手的话,那个分量就太重了,因为我太懂得辩论是怎么一回事,写作怎么回事,怎么样能够调动感情,这太容易了。一直不出手,考虑到爱,考虑到他们也需要关爱,他们也有妻子有孩子,他们也有单位有家庭。我有一次了解到一个十几年来不断骂我的一个人,他小的时候居然是被父母亲卖掉的,我一下子就同情了。父母亲两个人商量要把孩子卖掉,所以他从小不知道自己的出身,不知道自己的年龄,什么都不知道,这样的人可能小的时候没受到过爱的浇灌,后来对他来说,骂人整人他比较习惯,这个不去管它,但你想他的整个一生是值得同情的,他的起点搞错了,至于父母亲为什么这样,也有父母亲的原因,可能也很值得同情,从这个意义上可以原谅。现在有的时候乱骂的那些人,我什么都能原谅,我害怕"文化大革命"时候打人的那些造反派,后来我做院长了要处理他们的时候,就觉得他们很值得同情了,他们当时响应号召,动手,粗手粗脚,去上山下乡,现在头发花白了,由于档案中写着他们是造反派,还不能提拔,副科长都不能提,这我觉得蛮同情的。所以现在骂我的人我都觉得很同情,因为只要好好在做事的很多人,怎么可能去造谣,去骂一个不认识的人,这是不可能的,你们工作很忙,业务很忙,能有时间去骂一个你不认识的人,严格说来是一个文化下岗人员,的确没事干了。那找一个题目能够拿到稿费实际是很值得同情的人,就像我们在座的各位看到一个下岗工人无以为生在乱喊,我们会去打他吗?不会,我们不会还手,这是"大爱精神"使我们平静。

我的心情为什么老是平静呢? 我经常从这个角度来看:好可怜的一些人。文坛乱七八糟,就觉得好可怜的中国,经济上去了文化不知道怎么办,就让他们在冲冲杀杀,在闹。这个很可怜,如果用怜悯之心来思考一切的话,我们的心情就会很平静。我的心情可以传染到我的学生,传染到我的读者,这个事情就过去了,否则就是一场恶战,恶战是没完没了的,受苦的不是你,是你的读者,是大量的文化人。

第二个和第一个是有关的,我们的"平静之道"是"君子之道",第一个是"大爱之道",第二个是"君子之道",当大爱变成一个人格化的命题的时候,就变成了"君子之道"。这是一个人格化的命题,我们阅读的人,严格讲起来努力按照中国哲学成为君子。君子历来是平静的,我们心目中的小人举手乱叫、吐口水,君子安安静静地看着他,然后小人跳啊骂啊,如果摔了一跤,君子还会伸手来搀他,搀起来之后他又在骂,君子还看着他笑,笑了以后他饿了还可以弄点东西给他吃。"君子之道"怎么做的呢? 我要讲一讲。在中国古代的哲学当中,孔子、孟子包括其他诸子对中国文化极大的贡献是提出了君子这个概念,君子和小人的概念,不完全是后来西方划分的好人和坏人的概念,也不是我们现代所说的有罪和无罪的概念,都不是。现在君子和小人的区别很难定义,但只要是中国人都知道,心里能感受什么是君子,什么是小人,如果是个犯罪的人,多数不是小人,小人一般不犯罪,麻烦就麻烦在这儿,有办法不犯罪,犯罪的往往是君子。《水浒传》里面杨志卖刀,那个牛二惹他,实在是忍不下去了,杨志一刀把他斩了,犯罪的是杨志,牛二没犯罪,他是被害者了,但是牛二是小人。所以啰唆就啰唆在这儿了。但是孔子告诉我们不管怎么样,即使我们受尽千辛万苦也要做君子,我们要生活在君子的世界。孔子给君子定出了很多条例,我们镇江市图书馆什么时候给排一排? 君子与小人的区别有那么多条,真的来普及我们的传统化的人格教育起很多作用,即我们的国家领导人说这位先生你是君子,他认为是最高的表扬。你认为古代哪个帝王、现代哪个领导人觉得君子是最高的表扬? 一个坏人,你说他是坏人,他不生气,你说他是小人,他说帮帮忙你能不能说我是坏人，别说我是小人。小人在监狱里都让人看不起，坏人就是我打了人或抢了东西，我是坏人，小人是什么呢？大家都抢了东西，在监狱里还打小报告，还出卖朋友，这个叫小人了。小人是最讨厌的。

我们古代的孔子、孟子定下的一些规则，譬如像第一条规则和我前面讲的大爱有关，他说："君子成人之美……小人反是。"这个很重要，什么是君子和小人区别的第一标准呢？君子总是成人之美。周围有很多的人，人身上要发生很多事情，只要君子在，君子一定帮你的，你做的事情是好事，他一定帮你；如果他没帮你，你这件事情成功了，他一定由衷地祝贺你，而且对你和好事都予以保护，这叫成人之美。上飞机的时候一个小姐行李托不上去，你作为一个男子汉帮助一下就是成人之美的举动，不一定是家人，成人之美不是成家人之美，成家人之美很容易做到。按照中国的血缘伦理，单位里的或者不认识的人，若能够帮大家做成一件好事、一件美事，你能不能帮一把？比如，看到一个老人似乎要摔跤，有一个人去扶没扶住，第三个人的目光对于这个想扶的男孩子投以赞许的一眼，这个一眼已经就是成人之美了，因为表彰了这个人的行动，他下次还会做。小人则反是，小人怎么反是呢？小人就是看到人家的成绩，人家做好事的时候总要做点破坏的事情，笑眯眯地做点破坏事情，往坏的地方推一把，他觉得是莫大的享受。过去问路也是这样，有的人心情烦躁，问路就往相反方向一指，这就是小人了，因为他不是成人之美，让老大爷走很多相反的路。

这个孔子划分得很仔细。比如我们都知道的"君子坦荡荡，小人常戚戚"，因为君子老是做好事他心里透明，所以他绝对不会鬼鬼祟祟的，总是坦荡荡，这是个标志。在君子面前没有阴暗逻辑，没有隐蔽手段，在人际关系上面都是坦荡荡的，你有什么不对我也坦荡荡讲给你听。昨天上海有个著名的导演去世20周年，我们开纪念会，我翻出他送给我的一本书，临终前送给我的一本书，翻开就大吃一惊，他说："秋雨，请你像过去一样鞭挞我。"就是用鞭子抽他。我想20世纪80年代的人际关系真好玩，我跟他是最好的朋友，但是我每次写他的文章都是在骂他，但是他那么希望我骂他,可见我鞭挞的是他,我说:"你这个戏好处有那么三点,差距二点。"现在报纸上很少看到这样的文章了,要好就拼命捧,要坏就乱骂,从来不会这样真诚,我说这样的君子之交蛮好的,就讲他的问题在哪,坦荡荡而不是常戚戚。这几年大家非常流行的,也是我认为深刻划分君子和小人的界限叫:"君子和而不同,小人同而不和。"我觉得他们2 500年前感慨得真是好,"君子和而不同",人和人之间是和谐的关系,但是对不起,我们两个人出身背景不一样,艺术兴趣不一样,人生方式不一样,我们是多元的,我们其实彼此之间生命上的方式是不同的,一切都不同,但是我们是那么的和谐,我们是那么的和睦,和而不同。小人正好反过来,一反过来叫同而不和,什么叫同而不和呢?就是讲什么问题,小人都说哥们,我们谁跟谁啊,我们全部一样,但是真的是这样吗?同而不和,表面上同,实际上不和,有黑社会性质的团体去查一下,往往是这样,同一定同啦,一起打架,一起抢劫,但是那一点一定是不和,小人心,这是小人行为。所以我们人和人之间这样的关系就是君子和小人的区别,也是我们的一个重要区别的界限,君子和小人之间的区别。由于时间关系我不一一讲下去。

《君子论》或者叫《君子和小人》这样的书,能够对我们今天的人格教育起点作用,我不希望仅仅停留在一般意义上的国学上,能够进入我们人格结构比较有意思。去年我在北大讲学的时候也是这样,他们就讲出了每一个他们理想的古代人物,譬如希腊人崇拜的是英雄,波斯崇拜的是大人物,有的地方崇拜的是伟人,而中华文明崇拜的是君子。这种人格论和几大文明的人格理想做对比,为什么君子论延续到今天?这个厉害,就是每个人都想成为君子,都不想成为小人,我们没有能力对付小人,我在一篇文章中讲过,我们到今天也没有办法对付小人,怎么对付他们?他们像一团气,他们没界限,你只要对着他的时候,他在对你笑,你一点办法也没有。但好处是中华文化历经2 000多年的传统,有多高的职位,眼睛一看,是不是小人就清清楚楚,这个界限是中华文化一个非常巨大的贡献。希望我们从阅读中得到"平静之道",君子会很平静,整天想着成人之美,整天想着坦荡荡,他就一点不难过,悲悲戚戚，那是小人的事情，小人常戚戚，还不是悲悲戚戚的戚戚啦，是叽叽喳喳。我要成人之美我有什么不平静？我坦荡荡我有什么不平静？我"和而不同"更加不会不平静，我听到不同的意见，因为原则就是"和而不同"，这是阅读给我们的"平静之道"的第二道，第二道就叫做"君子之道"。

　　第三个道是"中庸之道"。"中庸之道"这些年我讲得特别多，所有让我们不平静、自己也不平静的人，大大小小基本上虽不能说都是极端主义者，但至少是上了极端思维的当，不平静了。古代一开始都有极端主义，极端主义往往被称为原教旨主义或者基本教义派，他们的路子很窄，在他们看来周围所有的人都不符合他们的原教旨端，所有意见不同的人都为敌人，即使意见相同的人他们也认为不纯粹，予以打击。所有原教旨主义、基本教义派、宗教极端主义，最后他们自己也四分五裂、帮派林立。原因何在呢？原因就是按照这种极端主义什么地方都不平静，他们不可能有任何团结。我年纪比大家大一点，我就知道"文革"中的造反派就这样，打个没完没了，他们自己打，你们以为造反派打受害者，打受害者的有，年纪大的人都知道，但时间很短，后来大规模的打都是造反派自己打自己，造反派之间这个说我跟随毛主席，那个说我跟随毛主席，最后就打起来了，几十万几十万人打，这就是原教旨主义者，任何的不平静都和这种极端思维有关。中国古典文化有极其珍贵的营养，我希望大家记住，它相信在两个极端当中一定有一条合适的路，一定有一条恰当的路，只是我们没找到，但是这条路一定存在，这就是中国的理想，中国在方法论上的理想。我用这样的方法来讲"中庸之道"，我想大家能够感受，就是在两个极端之间，有非常辽阔的土地是我们生活的地方，那里一定有一条中间的路，这条路是一条合适的路、恰当的路，能够把这两个极端拉回来，即使不拉回来也可以关爱到他们，即使关爱不到他们也可以关爱被他们排斥的人群，关爱到最大限度。前面讲了，我们没找到这条路是我们没本事，但这条路一定存在的，就叫"中庸之道"，所以孔子说"中庸之道"是"至德"，是最高道德。什么叫最高道德呢，就是我们把极端的人也关照了，或者被极端排斥的人也关照了，这个使我们平静,我们不极端就平静了,这点很重要。我看到在座的有很多年轻人,凡是让我们不平静的东西往往就是极端思维侵害了我们。我不平静,有的时候是人生往前走得激动的不平静,不一样,我们今天讲的不平静是一种躁动不安的负面的不平静,这种不平静我们要排除,往往是极端思维在起作用,选择"中庸之道",相信那条合适的路,相信那条恰当的路。

中国为什么选这条路呢?中国的文明是农耕文明,农耕文明不相信极端的长久存在,中国也有过极端——义和团、"文革",但在漫长的历史当中时间很短,中国作为农耕文明不相信极端的长久存在。农民知道天气最热之后秋风就起了,农民还知道天冷到极端的时候春风又来了。四季循环是农民每年感受到的东西,所以农民不会走极端,农民还知道种瓜得瓜、种豆得豆,不相信有任何太夸张的事情会发生,种下去的豆长出别的东西,这不可能。所以后来慢慢地农耕文明进入到我们的《周易》,又进入到孔子的"中庸之道",慢慢就变成了中国的传统哲学,而这个传统哲学,即使不做农民了,做文人,即使不在社会底层,做了官员,还在按照这个思维进行。这个思维我举一个例子就可以说明它多伟大了。在公元 7 世纪的时候,我们中国唐代是世界上最强大的国家,周边有一个非常靠近我们的国家,当时叫波斯帝国,也非常伟大,历史悠久,疆域强大,当时西半球罗马帝国已经灭亡,被日耳曼民族消灭。当时世界上有三个强大的军事力量,一个就是唐帝国,一个是波斯帝国,一个是阿拉伯帝国,阿拉伯帝国当时要建都巴格达,这三大军事力量或政治集团是当时世界上最大的。这时候波斯帝国遇到了阿拉伯帝国的入侵,波斯帝国就马上写信派特使给我们唐王朝说:"伟大的唐朝,你现在是世界上最伟大的,你的强大程度是我们现在难以想象的,你能不能出兵帮我们赶走侵略者,阿拉伯帝国。"唐王朝怎么思考问题呢?唐王朝采取的是"中庸之道"。猛一看非常不哥们义气,人家来求你了,你没有出兵,但唐王朝怎么思考问题呢?唐王朝思考问题的方法和我们在座的中国人差不多,我们中国只要上了点年纪的人都会这么思考:现在的情况是阿拉伯帝国为什么和你们打起来,这个情况我们不怎么了解，阿拉伯帝国和我们关系也不错，那么你们到底有没有可能有能力和阿拉伯帝国打仗我们也不知道，我们会不会出兵以后变成阿拉伯帝国和唐朝打仗了？你们完全不行了？那我们何苦呢？阿拉伯帝国没有打我们，我们怎么和他们打得一塌糊涂？这怎么可能呢？而且最要命的是，当时全人类最大的三支力量都打成一团的话，那是一场人类战争，公元7世纪还不叫世界大战，严格讲就是世界大战，世界战争死伤的人数是没法想象的，所以唐王朝采取的方法是这样的，说："你们受到了攻击我们很同情，我们是好朋友，山高路远我们要翻过喜马拉雅山，部队要过来难度比较大，可能你们现在首都已经被人家占领了，你们有没有可能把整个王朝搬到唐朝和波斯的边界地区，你们重新建一个波斯都护府，我们唐王朝给你们足够的资金供应，生活、排场不低于你们原来的波斯帝国，你们这个朝廷能够代代世袭，我们唐王朝除了给你们资金之外，其他一切不予干涉。"波斯帝国首都已经被阿拉伯帝国占领，已经不行了，所以他顺水推舟就来到了和我们唐王朝交界的地方，建立了一个波斯都护府，唐王朝确实给他们提供领土、资金，他们需要的东西我们都为其提供，日子过得非常好，后来那个地方也不安全了，再搬到别的地方，都在唐帝国里面，果然代代世袭。这给唐王朝带来什么好处呢？首先一个好处就是波斯文明被保护住了，不然的话波斯文明就没有了，波斯文明首先保留在唐代，当时长安的街头只要时髦的人都会喜欢波斯的服装，波斯的金币能够在长安通用，波斯文明保留了。第二，我们和阿拉伯国家的关系更好了，阿拉伯国家原来估计唐朝一定会出兵，想着和唐朝打仗，唐朝居然没有出兵他们觉得唐朝挺棒的，和唐朝还成了朋友，严格说起来真的做了一件非常好的事，而且最关键的是避免了一场人类战争。这是"中庸之道"的好处，尽管你说老滑头、骑墙派，但是避免了很多战争，这点是我们中国能够延续到今天的非常重要的原因。

直到今天我们还是采取这样的方法，前不久本来我要到美国哈佛大学去看一位政治系的教授，但后来他去世了。他在1994年发表了《文明的冲突》一文，他这个理论指的是在冷战结束以后，世界再也不分资本主义阵营和社会主义阵营了，那么怎么来划分呢？是三个世界：第一世界、第二世界、第三世界，后来一看三个世界也不科学了，比如中国划在第三世界就很不科学了，所以他提出了个论断，21世纪世界有矛盾冲突的话是文明和文明之间的冲突。他认为21世纪世界上比较像样的文明有8个，在8个里面又有三个文明是主角中的主角。他认为一个是西方文明，也可以叫基督文明，一个是伊斯兰文明，一个是中华文明，他说21世纪主要是这三个文明。他的论点发表后，我们也不完全赞同他的观点，但对他的划分是赞成的，文明与文明的冲突，没有两大阵营，也没有三个世界。他讲完不多久，"9·11事件"爆发，那两个文明打起来了，这时候中华文明突然表现出了我们老祖宗留下来的一个风格，这个风格就是对于你们的宗教极端主义，我们不赞成，但是你们还是我们的朋友，对于美国的单边主义我们也不赞成，但是你们也是我们的朋友，我们成朋友的时候我们一点没有靠近你们的极端主义，单边主义也是极端主义，但是我们多么希望你们能够谈判，没地方到我们这边来谈都可以。这就是我们老祖宗的一个思维方式，中华文明的"中庸之道"，这个"中庸之道"在我看来，在今后的世界能够起很大的作用。你别猛一看我们的态度不明朗，我们的观点不痛快，你往往会有这样的看法。错了，这样的一种"中庸之道"，现在西方哲学叫弹性哲学，叫灰色哲学，这个"中庸之道"其实具有很强的生命力，和我们在生活中的态度也很有关系。比如一个"中庸之道"的人和一个不是"中庸之道"的人，和一个极端主义的人之间的区别在哪里呢？我们年轻的朋友一定要明白这一点，我们的慷慨激昂不是极端主义，有的极端主义的人不声不响。两者的区别在哪里？我们可以用这么一句话来讲述，就过去在佛教里面有一种说法，叫做"离佛一尺即是魔"，你们听到过吗？就是离开佛一尺远就是魔鬼了，这就是原教旨主义，把佛教的世界搞得很小，离开一步你就是魔鬼，你一定要按照佛教最原本的东西，背啊背啊背啊。按照这个说法中国的佛教都不叫佛教，因为佛教要出家的，你们怎么带着爸爸妈妈到庙里做生日？这个不是佛教，你们就是魔鬼。按照原教旨主义，按照极端主义就是"离佛一尺即是魔"。我们在"文革"当中提出，只要离开马克思最主要的东西，就是修正主义，你离开一点点，就比坏蛋还要坏，"离佛一尺即是魔"就是这个思维。"中庸之道"反过来，叫做"离魔一尺即是佛"，你只要离开罪恶一小步，你就靠近了佛，这就是"中庸之道"，你只要离开了魔鬼一小步，哪怕是最小的一步，一尺，你不单单是的好人，你就可能成为佛了，佛光普照嘛。按照这样的一个思维，"中庸之道"容忍了社会上绝大多数人的向善之心，容忍了一个社会的和谐存在，容忍了一个社会的共同的基石，这就是"中庸之道"。而极端主义不允许，他们要的标杆是独立的、没有任何基础的，我们一定要中庸，一定要"中庸之道"。

　　我想到极端主义的时候忽然想起，前年我在北大给研究生讲课的时候，当时正好有人提出我们参加奥运会的观众都必须穿汉服，不许穿西装，很多人提出，甚嚣尘上，还有人提出要穿戴汉代的整个服装，还有帽子，等等。我有次在一个城市看戏，前面人带着帽子，旁边人说你千万不要得罪他们，他们穿的是汉代的服装，你不能得罪他，他们很极端的，会和你吵架。这就太极端了，什么道理呢？我给北大的学生讲，在唐代都不穿这个服装了，为什么我们今天要穿？唐朝都不穿，唐朝是很自由的，你想一想，你的这个观点存在的话，我们中国人好不容易取得的穿着自由，为了你的爱国主义，在服装上、衣食住行上又回到了命令主义，这太恐怖了！从来没有这样的时代，为了你的爱国主义，回到了集权主义，老百姓的服装都要统一，这算什么自由呢？幸好谁也没听他们的。极端主义的区别就在这儿，他们的世界那么小，他们自己激动着，很不平静，在他们看来整个世界都背叛了他们，所以他们要扰乱这个世界。由于他们的存在，这个世界也不平静，所以我们能不能多读一些我们中国古代哲学家的书，回归到和而不同的"中庸之道"，而且从"中庸之道"生发出许多现代的宽容多元的哲学？

　　我们现在讲的宽容啊、和谐啊、多元啊，其实都是以"中庸之道"为哲学根底的，现在我们一定能够接受这个观点了，不要做得那么极端，不要强加于人。我曾经讲过，纽约曾开过一次世界上的经济发展与定位的研讨会，克林顿先生是主席，这我印象很深，世界各国都发言，发言的时候就把中国作为正面例子，对于文化选择的正确，使经济大大发展,这个例子蛮好。突然有两个拉丁美洲的代表发言说:"我想从反面来讲一讲这个问题,就是我们国家为什么老不发展,老贫穷落后? 我们本来想,是不是美国侵略我们,掠夺了我们,老是找这个原因,其实这个原因都不对,其实是文化的原因,我们文化中有些人几十年来一直用极端主义的思维误导了老百姓,所以我们落后。"他们的极端思维往往是两点,第一是以民族主义反对全球化,第二是以精英主义反对市场化。我们国家也有这样的文化人,比如我们现在大力扶持文化产业的问题,总有一些人反对市场化,这样一来就变成极端主义了,变成极端主义之后几十年都没法发展,只要发展就有文化人来批评你,你这是向欧洲投降,向美国投降,你这是走向了非民族主义,所以我们一定要反对极端主义。

第四个道叫"潇洒之道",我想讲得少一点。这个是道家给我们的教育,如果我们真的遇到了我们想象不到的麻烦,如果我们真是一时走不出这个困境,比如有的时候突然有了什么疾病或者家里人突然有了什么伤痛,或者我们家里的老人又怎么样了,或者我们的孩子又犯了很大的罪,等等。当实在无法摆脱的时候,我们中国的古代哲学让我们好好阅读的是"潇洒之道",就是把人生看得放大一点,把我们看到的东西看得轻一点,人生在世要把我们的物质利益、我们的身体、我们的生命,包括我们的病痛都要看得比较空,不要过于的执著,这个是"潇洒之道"。我曾经在一本书里写过,我大学里面有个同学的父亲是个学者,1957 年的时候做了右派,做了右派后他要求自己家里的人都去读《庄子》,这个同学在"文革"初期的时候对我讲的话对我帮助很大,我 9 岁的时候去读《庄子》,看到"潇洒之道",让我的心情平静了,让我知道了世界的巨大的逆反的变化的可能性,我当时写了一句话"对付灾难,我们不要用灾难语法"。

世界上有多种语法:面对斗争用斗争语法,错了;面对灾难用灾难语法,也错了;面对谩骂用谩骂语法,也错了。其实有另外一种语法,那就是由老子和庄子开创出的"潇洒之道",他们认为中国的人生和艺术最终的状态是"逍遥"。庄子的一篇很漂亮的文章叫《逍遥游》,所以在

"文革"当中我们北大这批人叫"逍遥派"，完全不管打斗，就看书了，考虑到爸爸妈妈怎么办，生活中只能靠"逍遥"啦，这个对我们帮助很大，这是和庄子的《逍遥游》有关。我们如果遇到大困难的时候，多读读书，老子和庄子在道家当中获得一种"逍遥"形态，这是中华文化不灭亡的原因，是中国文化人能够获得心灵慰藉的原因。我必须告诉大家的是，这种"逍遥"哲学现在风行世界。我多次在文章中提到在全世界影响最大的哲学家不是孔子是老子，我想我们在座的可能都不知道，联合国评世界上被翻译成外语最多的作品，第一是《圣经》，第二就是《老子》，美国《纽约时报》曾评过人类历史上10个最伟大的作者，第一个就是老子。德国是哲学素质特别高的国家，据统计每家都有本《老子》，老子让我们生活在现在的时候，让我们看破我们所执著的很多理念，把所有的不好的事情都反着看，就变成了一个极其高度的智慧，不要执著于一种名号，不要执著于一种利益，不要执著于我们努力追求的目标，就会真正进入老子所讲的"道"。所以我还是提醒大家在注意"君子之道"的几条以外，还建议我们在座的人有空读读《老子》、《庄子》。庄子和老子相比虽然年纪轻一点，但他充满了文学素养，我曾经评价诸子百家中最具文学素养的是谁？不是孔子，不是孟子，是庄子。他用寓言的比喻，用丰富的想象，把人的哲学讲得那么的透彻，跟着老子和庄子我们一定能进入一个全新的世界。试试看，我们中国古代兵荒马乱那么多年，为什么文化的灵魂得以保全？因为有"潇洒之道"来维护着我们。

好，有了这四个"道"，我们在阅读中能够获得的"大爱之道"、"君子之道"、"中庸之道"和"潇洒之道"，有了这四个"道"以外，我们就有一点非同常人，我们就不同于不看书的人，我们就会显得特别平静，这四条路几乎是比较完满的保全了在一切状态下的精神。所以我现在趁这个机会也呼吁，我们对中国传统文化的弘扬，要更多地落到人格结构当中来，更多地落到人生素养当中来，而不要一般意义地去讲一些宫廷故事，我觉得意义不大。我们该怎么做人？祖先怎么教我们的？里面有一些不好的东西，比如轻视妇女，等等，一些不好的东西，但是洗掉以后我们会剩下一些好的东西，我讲的这四个"道"是现代人平静的道路。

这个部分结束，进入下一部分"读书之法"。

阅读也有一些办法，我分几条讲述供大家参考。第一个我还是强调阅读要区分等级。我刚进大学的时候见到了一个图书管理员，大家知道大学的图书管理员很多是很有学问的，他一直管理图书，年纪也大了，所以很有学问，他姓蔡，一开始就很关注我，原因是我借书的方向。他说，我看学生的读书是这样看的，当然从来不来借书的同学没有前途这是毫无疑问的，他们只看课本，浪费了大学时间，太可惜了，因为他们不知道真正上班以后没时间了，要结婚要生孩子要工作，不太有时间了，阅读的基础打就打在中学里、大学里，而这个阅读指的是课堂之外的书。所以在大学里面基本不到图书馆借书的人，老先生一看就知道这个人没前途。第二种是天天换一本书的人没前途，就是看很多书，量很大，每天借很多书，就知道他基本上处于一种混乱状态，有的朋友混乱了一辈子，直到老，到老了还在混乱，就是乱读。找到本书就读，朋友打牌的时候讲到一本书，下次打牌的时候为了能和他对抗对抗，就读；还有电视里放什么电视剧就买来读。林语堂的那个《京华烟云》本来卖不掉，现在一放电视剧，说一个月能卖掉二三万本，出版社大赚钱，读的原因不是为了读书而是为了看情节怎么发展。这个我们不能完全排斥，因为从电视带动了阅读，但总的来说叫做没有目的的乱读，没有方式的乱读。乱读对一个读书人来说是遗憾的，因为你会觉得每天都有迷路的可能，每天都有生命消耗的可能，所以一定要分等级。分等级呢，我今天在这儿说几句重话，我希望大家听一听，就是书的等级就是生命的等级，生命有可能是第三等级的生命，有可能是第二等级的生命，有可能是第一等级的生命，当你不分等级读的时候，你其实把生命开放给了一个混乱的等级，太可惜了。生命只有一次，不可重复，而那些不同等级的书浩浩荡荡占领了你的生命，太可惜了。我在中央电视台讲的一句话大家可能还有印象，就是"表面上你占领了书，实际上书占领了你"。你占领了书，是一个物理现象，但书占领了你是一个恐怖的生命现象，因为你24岁的6月份只有一次，你38岁的7月份只有一次，你就这么消耗掉了,消耗在一个第三等级的书里面了,有的第三等级也算不上,第六、第七等级,这太可惜了。我前面讲到在宇宙当中地球不容易,在地球当中有动物不容易,动物当中有人类不容易,人类当中有个识字的人太不容易了,有这么个生命,你就把生命白白耗费在没有层次的阅读里面,是不是太可惜了?

所以必须分等级,这个事情越到今天越严重,为什么呢?现在的作者队伍太庞大了,现在出书方便,印刷方便,你说只要是中国人,上过学,能够用中文写作的人,谁不会写呢?一开始写得不太好,努力一下就能写得好,我们在座的各位周边有多少会写的人?现在不像过去,每个人都会写,那么很多能写的人的生命等级是不高的。很多总裁总是问:"余老师读什么书?"你现在能碰到的书是你的秘书的秘书写的书,就是总裁在前面打拼,秘书在后面记录,秘书还很忙,秘书的秘书就是秘书的朋友下面的什么人,道听途说写些东西居然能占领总裁的时间,占领他的生命,这就是一个怪圈了。这是第一,我们现在书出得太容易,写书的人太多,文化垃圾堆积如山,我不在中央台说过一句话嘛,我说:"为什么孔子比我们伟大啊,一个重要原因是他心中的文化垃圾比我们少,我们的文化垃圾太多,就是部分等级的文化垃圾太多太多。"生命是有限的,不仅生命是有限的,阅读时间更是有限的。好,现在更增加了网上阅读,那情况就更恐怖了,任何人都可以发言,尤其是匿名发言的时候,阅读就进入了一个大灾难,生命就好像进入了一个随时可能被人家吞噬的自由市场里面去了,所有想发言的人目的是为了抢夺你的视听,全国那么多人的视听被他抢夺是他的目的,我们为什么会成为他的争夺者,在这个意义上等级非常重要。人类文明能够维持下去是因为总有一些文明能维持着它起码的文明等级,否则这个文明就沦落了。文明沦落不是破碎,大家不要以为文明的沦落是以破碎状态表现出来的,不是,文明的沦落是以降低等级的方式作为第一步。文明啊,本来很高,不断地降低,到最后让大家觉得没有必要守卫了,文明就破碎了。就是降低到了到处都是小人话语,到处都是恶言相向,到处都是尔虞我诈的时候,没有人有保卫这个文明的情绪了,文明本身也已经没有边界了,在最低层次上没有边界，污泥塘里有什么边界呢？污泥塘里没有边界，这个时候文明也就不存在了，所以捍卫文明严格讲起来就是捍卫文明的等级，那么捍卫文明的等级不是需要你站出来捍卫，而是你让自己成为高等级的人。

在这点上我们虽然需要民族，但不能在文化上进入民粹主义的陷阱。民粹主义的陷阱就是没有任何的评判，没有任何的追求，任何人发言，这是民粹主义的第一点。民粹主义的第二点是在这个发言的过程中，谁的语言更暴烈，谁的语言更恶狠狠，他就能够打倒别的语言。民粹主义的第三点就是，事实证明即使这是谣言是错误，他也永远不会受到惩罚，他本人也不会后悔，我们从"文革"中造反派的行为当中可以看到。现在出现这样一种源流，在这样的源流当中我们在座的各位要警惕，要保护自己，这种保护往往是以一种不像保护的状态出现的。领土失去我们可以保护，有强盗进入家门我们可以保护，有保护的状态，而这种保护呢，猛一看是我的阅读自由，但就在阅读自由的时候，你的权利被一点一点剥夺了。首先剥夺的是时间的权利，其次剥夺的是思考的权利，现在网上的阅读是直接阅读，不仅剥夺了你思考的权利，更剥夺了你验证的权利，读成了一种从众思维，你的生命消失了，你生命的尊严消失了，你无法进行独立思考，因为你没有机会调查，没有机会验证，没有机会完成自己的思维，这样的话就养成习惯，一个恶狠狠的人怎么说，旁边人怎么跟，你就跟着瞎起哄，你就成了起哄者了，一个阅读者成了起哄者这就非常不好了，或者是看起哄的旁观者，这不是我们所讲的阅读，恰恰相反，你增加了心态的不平静。

所以我讲阅读的第一条就是讲究等级，我非常建议图书馆和我们的宣传部门能做一件事，从梁启超到鲁迅都做过这件事，就是在不同的时代和不同的情况下有没有可能开一些书目，开一些高等级的又看得下去的书目，繁忙的梁启超和鲁迅都在做这个事，他们的书目我现在看起来开得大了一点，我们可以开和小一点，时间有一点不同的变化，但是，是一点读得下去的书，这点一定要非常注意，就是开一些真正的书目，有一些真正的引导，来维护我们的文明。文明的敌人现在不是野蛮，文明的敌人是低层次的呈现方式,非常低层次的呈现方式。他们冒充人们的声音,但是他们搞错了,老百姓不是这么低层次,写这些文章的人,往往都是文人而不是老百姓。对于有时候的阅读的热潮,我们诸位不要着迷,有的时候会产生一股热潮,我们要保持冷静,严格来讲就是保持你自己。我们有没有可能在我们的有生之年读到人类史上的思维精华和艺术精华,不要多,读一读就可以了,就是在我们的有生之年能接触到到人类史上的思维精华和艺术精华,这是非常重要的第一条。很多读者问我:"为什么余秋雨你记得那么多东西,是不是你记忆力特别好?"很多人觉得我记忆力特别好,其实我记忆力一般,我周围有很多同学,大学同学,能记得全中国将军的名字,我做不到,我的记忆不如他。还有些领导干部据说能记得手下很多干部的电话号码,我完全背不出来,记忆力好的人很多,我这个记忆力不算好,但是我至少有一个非常好的方法就是,我知道轻重的逻辑关系,这个非常重要。

车尔尼雷夫斯基曾经写过一本书叫《怎么办》,里面有一个男主人公叫拉赫梅托夫,拉赫梅托夫是车尔尼雪夫斯基理想中的一个新人,20世纪的新人,这个新人的读书方式就是抓最重要的,他首先觉得自己身体很重要,他在码头里面让自己变得非常强壮,然后开始读书。比如他要了解德国散文,他首先向人打听,他不乱看,他首先打听在德国现在有哪三个最有名的散文家,整个历史到现在又是哪三个,好,人家告诉他有哪三个,他说那三个里面请你排列一下告诉我,哪个第一,哪个第二,哪个第三,他根据所有学者排列。他明白了。好,第一个知道了,那么请你告诉我第一个散文家最重要的书是哪一本? 第二本是哪一本? 首先搞清楚了,他开始对德国的散文研究了,这很简单。首先肯定是看三个散文家里面第一名的第一本,最重要的一本。他读完以后心里很踏实,我把德国散文的制高点已经占领了。然后看他的第二本,第三本,不要多,第三本看完以后我看第二个散文家,第二个散文家看完以后再看第三个散文家,看完以后,德国散文大体了解了。然后把他们提到的一些零碎的东西扫一扫,好,下面德国小说,德国小说完了以后德国诗歌,他都用这个方法,他要非常清楚地知道等级,这个等级可能会有错,但是他根据学术界和文化界一致的意见，大错也错不到哪里去，就是要做一些等级的划分，这样来看书。所以他快速地读完了世界上最重要的书，第一号是谁，第二号是谁，第三号是谁，清清楚楚。我也是十六七岁受到这本书的影响，所以我的读书方式大体也是这样，我非常清楚地理解和明白中国文化史上最重要的是哪几个，在中国文化史上哪几个朝代的文化最重要，在每个朝代最重要的是哪几个人，这在我脑子里非常清楚，所以你讲一个人的时候我立即知道他在什么地位，他在第几世纪属于第四流或者第五流的什么方位上，清清楚楚。只有这样层次很清楚以后，才不会乱了。我打个比喻，就像搬家的时候，你的图书还没有上架的时候，摆在地上乱成一团，很多朋友脑子里的书就像还没有列入书架的书一样乱成一团，你经过重要性和不重要性的整理，我们现在的说法是经过系统化管理以后，你的脑子就像完全进入了书架的书一样，清清楚楚。比如文艺复兴时代的罗马，罗马戏剧发展到文艺复兴之后的一些余波，如果是讲这样的话，马上就知道，应该是第三个书架的第四行里面第几本书，所以你能够很快就进入到一个有序的阅读状态。就像我们药房里面的医生拿药一样，随手一拿错不了，我们的知识也是这样，就是一定要根据等级的划分、轻重的划分构成逻辑。我现在发现系统划分的人很多，遗憾的是在系统划分里面缺少等级，人和人是平等的，但是文化是分等级的。如果文化不分等级那就糟糕了，我讲过唐代几乎绝大多数人都能写诗，那李白和杜甫全部被埋没了，幸好有等级，所以李白、杜甫浮现出来了。没有等级不行，所以我是强调等级观念的。

前年我给北大的学生讲课，我说在北大各个系里要重新建立等级观念，让他们民意测验，打分，评 10 个你们最喜欢的唐代诗人出来，问题是要有排序，一、二、三、四……是哪些诗人，这就建立了一种文化等级观念，这点非常重要。李白还是第一，杜甫还是第二，第三就有争议了，到底是白居易还是王维，后来因为北大的女学生多数喜欢王维，王维的票数上去了，白居易屈居第四。这个很好，不是说这个结论是唯一的，这个结论可以改变，但我一定要让北大的学生明白，文化的等级排列非常重要。你可以改变它，但这个排列一定存在。这样的话就非常有序了，而且你要讲出来,为什么这个人排第三?为什么这个人排第四?为什么孟浩然和李商隐的排序是这样排?你要讲出理由来。这样次序就出来了,一个伟大的唐代就支撑起来了。我们的阅读也必须如此,我们不要祈求外面如何,我们可以有读书俱乐部,在读书俱乐部里面排列;我们也可以有我们镇江市图书馆读者们的排列;我们也可以有五六个我们读书的好朋友的排列;如果没有的话,我自己排列。前年,就是我们这一带有一个退休的老师,也是个学者,他是专门研究20世纪古典诗词的,20世纪写古体诗的,他跟我有很好的通信交往,他写了很厚的书让我给他参考意见,我说我对20世纪的现代人写古诗有自己的排行,我有前十名,我给他讲一讲他就很高兴,我说你可以不听我的。我的第一名是郁达夫,毛主席排在第四名。这古典诗词有个排列,鲁迅第三名,很不容易的,大家不要以为我怎么把毛主席排在第四名,这个不得了啊,在文学领域里面那么多人写诗,第四名已经非常了不得了。当然我的排列也不一定对,但一定需要一个排列,这个是文化的等级的问题,希望我们在座的人能够不断地做一些文化等级的排列。你看完一本书,闭上眼睛想一想,大概属于第几流的,值不值得我记忆,值不值得我推荐给我孩子,推荐给我学生,值不值得我写一篇读后感,一定要有这样一个排列,这样的话你的生命就处于一个有序状态,有序的阅读状态,否则的话永远一片混乱。这种排列和图书馆排列不一样,图书馆对各种书采取一个比较平等的方法,因为各个读者不一样,但是我们自己需要有非常明确的等级排列。

第二,读书之法的第二点,就是在一个时期集中看一本书,这是第二点。大家不要觉得我保守,但是我一定要传授我的经验给大家,因为现在连年纪很小的80后、90后都承认我读书的效果特别好,读的书特别多,可以听听我这个人的读书经验了。在一个时期最好能集中看一本书,范围广点,或者看一种书。我是首先看到郭沫若和胡适这两个都很有学问的人,他们两个人政治观点不一样,但在读书上都说过一句差不多的话,说书桌上绝不出现第二本书。知道这个话他们是讲得过分了,有的时候有的人讲话喜欢讲得彻底一点、过分一点,实际上他书桌上一定会出现第二本书,因为我在研究这本书的时候一定要有本参考书翻翻,肯定是这样。他的意思是你不要抓瞎,特别是年纪轻的朋友,你如果在知识结构过程中,我建议你就像我前面讲的拉美托付一样,你现在正在攻唐代诗歌的话,那么请你稍稍集中在唐代诗歌,不集中你留不下深刻印象。当然,你今天在厕所读一首李白的诗马上又可以去看别的书,这当然都可以,但是你永远都达不到对唐代文学有发言权的状态,你永远不可能说你对唐代文学基本上掌握了,这句话你完全不敢讲。你也可以讲这句话,理由是你按我讲的那样读书,这个时期对我们年轻人来说生命很快,时间其实很多,很快就可以读到很多书了。唐代,现在就读李白和杜甫两个人,把他们主要的诗看完,再调查一下他们的诗,看他们诗以前先看看《唐诗三百首》,看看李白选了几首,杜甫选了几首,这两个都要看完,最后看看《唐诗一百首》,里面他们两个没选几首,我都背下来,三百首里多了一点,我不背但是都看过了,然后打听下,现在对他们研究最高水平的学术著作有哪几本,拿来,论李白论杜甫,翻翻,他们的传记最好的是哪几本,翻翻,后来跟随他们路子写诗的人历史上有哪几人,也了解下,那我可以保证,在不长的时间内,你对李白、杜甫有了发言权,对李白、杜甫有了发言权,其实就是对半个唐代有了发言权,一点不夸张。你对李白杜甫取得了发言权,对唐代取得了一半的发言权,而唐代又是中华文明的制高点,这很方便了,你有了这个就可以不断生发开来了,完全不一样了,因为李白代表"安史之乱"之前的盛唐文明,杜甫代表"安史之乱"之后的唐代的文明,两人虽然差 11 岁,但中间隔着这样大的鸿沟,所以你又必须了解"安史之乱"前后的历史背景,完全搞清楚了,搞清楚后你的情况就完全不一样了,你再不是一个坐在厕所里随便翻翻李白杜甫的人了,你有非常充分的发言权,而且这个发言权你不会忘记,因为只有完整才不忘记,只有系统才难于被打烂,这点我们都知道。然后譬如唐宋的诗词、唐宋八大家的散文,这么一点点啃的话我估计不要很多时间,你就成了对中国文学有充分发言权的青年学者。也说不上高层次的尖端学者,这还谈不上,但是有充分发言权的青年学者,有这个可能。我不说百分之百,因为人和人之间的智力差异还是有的,所以说不是百分之百,但有这个可能。

我非常希望你们在读完之后攻一攻法国文学，19世纪的法国文学被我吃下来了，这非常有意思，20世纪的美国文学又被我吃下来了，一点点来，你们的文化思维就会大大上去。如果我们在座的有一些文化界读书读得比较多、文化层次比较高的人的话，如果还比较年富力强的话，我当然非常推荐读德国哲学，读黑格尔、康德，那个如果钻进去的话，对人类的智慧的最高平台你就有所了解了，如果读了黑格尔、康德，我会比较主张你更多地把情感落在康德身上，逐步逐步有个缩小过程，其实缩小就是在爬群山的时候找主峰，找到主峰以后来找制高点，找到制高点以后一览众山小，这个山就被你把握了，一定是这样的阅读。所以，表面上一个时期不要看别的书，实际上，在很快的时间内你读了很多真正被你把握的书，时间不长，你比一比就知道了。我前面讲过，我在大学的时候读书远远不及当时我身边的几个同学快，他们借书借得真多，但现在我们如果坐在一起，我不夸张地说，他们坐在下面听课都有点累了，因为太乱了，他们什么都没搞清楚。

第一个不能乱，第二个就是要专注，相对专注，第三个读书之法，读自己喜欢的书。重要的书天底下太多了，值得我们读的书已经像汪洋大海一般了，我们要下工夫去读值得我们去读的书，有一个非常重要的标准就是我们以往的老师和学者都不好意思去讲的，那就是读和你有缘分的书。如果这本书有好几个人讲重要，但我怎么也读不下去，那就不读，你不要骂自己也不要骂这本书，这只能说明你们没缘分，千万不要硬着头皮死读，硬着头皮死读，第一对不起自己，第二对不起这本书，这就和谈恋爱差不多，强扭的瓜不甜，没缘分。大家知道，茫茫书海和你有关的书只有一部分，因为人的生命结构是不一样的，和你有关的只是一小部分，你在寻找书的时候，其实也在寻找你自己。对于和你没关的部分你不要骂，所以我有的时候笑，譬如有人骂我的散文写得不好，我只是觉得你和我没缘分，那你可以不读，你干嘛老骂我呢？你可以看别的。就像到百货公司去买袜子，你喜欢的袜子只有这一种，你不要在那儿开批判会，批判另外几种袜子，说这样的袜子是人穿的吗？这是不可以的。我们的文化界就搞不清，文化是太多了，有的书和某个人的缘分就特别深，但和你没缘分的东西不能骂。我在大学里面着迷的是法国的雨果，很多年以前有一次我到新疆去，新疆有一个作家，叫周涛，不是中央电视台的周涛，是个男的，和我同岁，是个非常优秀的散文家，是军队的一个将军，他一见到我就说："秋雨，你是不是喜欢雨果？"我说："从我文章你看出来啦？"我说："请问最喜欢哪一本？"他说："《93 年》。"我们就拥抱在一起了，就这两句话，成了永远的朋友，我们不是说雨果是最伟大的散文家，正好他的生命结构和我有关，正好他的生命结构和这个周涛有关，这和评判不一样，不是说我不喜欢托尔斯泰，这和生命结构有关系，他的组合状态，譬如理性百分之几，感性百分之几，浪漫百分之几，人道百分之几，这个配方和我比较接近，大家理解吗？有的书，比如我们读 19 世纪作家的书，我看起来就太啰唆了，怎么这么漫长，这么啰唆，这和时代有关，也和我的结构有关，譬如我的性格可能急躁一点，我不喜欢描写一个人起床已经写了 30 页，这个受不了了，这不影响我们，每个人的缘分并不影响每个人的文学评论，这不一样，当然也有评论家喜欢或者不喜欢。前不久我在哪个电视台看到我那个朋友王蒙，他在讲他怎么也看不下张爱玲的书，我觉得他讲真话了，张爱玲可以有很多人喜欢，特别是女孩子喜欢，但也应该容忍有一些男人不喜欢，或者有一些作家不喜欢，而不喜欢的人不见得不懂文学啊！王蒙先生说，我昨天晚上还翻，想看完一篇还是没看完，这个情况是有可能存在的。不是因为她和我经历不一样，和我经历不一样的人太多了，曹雪芹和我经历太不一样了，但我就喜欢《红楼梦》，和经历没关，和生命结构有关，这个很复杂，所以对于你看不下去的书不要强求。有的人喜欢托尔斯泰，有的人喜欢屠格涅夫，现代的作家也有我非常喜欢的也有我不太喜欢的，但是他们都是重要作家，这是一点没关系的。所以我们在座的朋友知道，就是看经济学的书，也可能有一本和你有缘，他的叙述方式，特别对你的思维逻辑，也有的经济学的书，进不了你的思维逻辑，他的思维和你的不太一样，那你不要死看。

我前面讲过，这里面牵涉一个生命结构的问题，你看到有一个重要的作家，或者重要的理论家或者重要的经济学家，他的书你非常看得下去,你应该感到兴奋。什么道理?就是在你的生命结构的传代结构里有一个伟人,这个人可能已经死了,死了几百年,但是你只要顺着他的书籍的缆绳往上爬,你的生命将不断靠近同结构的伟大。所以对杰出作品的痴迷,我是从来不反对的,你在痴迷,等于在梳理自己的结构。就像这个人的话我为什么这么听得进?听得进的原因很神秘,最后的原因就是现在德国的心理学上所讲的心理结构,就是这个人的心理结构正好和你巧合,正好你赶快拉住他,通过这条绳,让你现有的生命结构在同一个结构系列里面慢慢往上爬,靠近结构的伟大。所以我们要找与自己有缘分的书。当然也有这样的情况,今天感到没缘分,过两年又有缘分了,因为随着人的知识水平的提高,随着人的阅历的丰富,缘分也会变化的,不能绝对化了。我大学的时候,一个男同学,姓邹叫邹其平,说他已经读了6遍《红楼梦》,后来我们班级里面有一个女同学说她读了12遍《红楼梦》。我当时觉得非常羞愧,我一遍也没有读完,我觉得这怎么回事啊,他们都读了,而且老师上课也经常提到《红楼梦》,所以我在一个暑假里面下决心不回家,开始读《红楼梦》,还是读不完,怎么有这样难读的书。但是现在大家知道,我写了那么多有关《红楼梦》的文章,我还写过编过《红楼梦》的戏,逐渐对《红楼梦》有了比较充分的发言权,那是后来,那是经过很多时间以后,有一段时间是读不下去的,那个时候要是死看下去是不对的,对不起一个十七八岁的男孩子,也对不起这本书的作者曹雪芹。所以我们在找好书的时候,并不是我们的老师、我们的专家开出的好书我们一定要读,我们首先看看缘分,缘分的话现在说得比较烂了,实际上就是找一找生命结构的对应关系。生命结构有对应关系的时候很好,有的时候我也会遇到生命结构正好逆反的书,我也会看,很开心,怎么他和我完全是不一样的思维?最怕的是毫无缘分的书,有的时候对立也是一种缘分,毫无缘分的书也是有的,怎么看也看不下去,怎么听怎么这个句子也不能这样说,怎么听也听不下去,有这种情况,我们叫做“和而不同”。阅读世界有很多,我们寻找和自己有关的那一小角,在这小角里面我们的阅读情况就会非常好。

第四条,最后一条,我不主张阅读的时候在书上画线条,做记号,我更不主张在阅读的时候做卡片，抄录精彩段落，我都不主张。这太浪费时间，而且浪费了阅读的大好情趣。本来是非常开心的一件事情，突然停下来抄录，抄录几遍以后这段很精彩的话就脱离了它的自身了，就像把一片枫叶从一棵极漂亮的树上采下来一样，这就不对了，我喜欢做的事情就是实在好的话写成笔记或文章。抄录是不对的，写成笔记和文章，最好是文章，要给人家看的，这样的话，你会下工夫，一下工夫以后你会把你与这本书的关系用自己的语言认认真真地表述一遍，记住了，只要用自己的语言把这本书表述一遍这本书大半就是你的了，一定要学会用自己的语言表述一遍，所以我之所以记得那么牢，很重要的原因是因为我是老师，我需要每天讲课，讲课的时候我需要每天表述，表述多了就属于自己的了。因为你用的是自己的语言，你寻找你的语言的魅力和这本书给你的感受之间的关系，通过不断的表述，我的建议是，效果最好的是写成小文章或写成可发表的笔记，我们现在有很多杂志、报纸就缺少这样的文章，缺少推荐好书的文章，缺少很好的读书笔记，报纸杂志永远会给大家开发这样的版面，让大家来看。写过，讲过，给朋友介绍过，这是强化读书效果的最好途径。

好，这样的话，我其实把读书的方法讲了 4 点，第一，就是必须分等级；第二，在一个时间之内最好能够看一本书，不要乱看；第三也是更重要的，要看自己的书，看自己喜欢的书，找和自己生命结构有对应的书；第四，就是写点小文章、笔记，把自己阅读体会多给别人讲。这其实也是读书俱乐部要做的事情，这样的话，读书的效果会大大增强，由于读者水平的慢慢提高，从而倒过来又会给我们的读书市场、写书市场、卖书市场的提高带来基础。我们现在为什么乱出书呢？很重要的一点是恶性循环，乱出书带来了乱看书，而乱看书又鼓励了乱出书，所以书页上乱写一个推荐词就能卖掉。我收到最多的信就是："余先生，我的书即将出版，是否允许我在我的书页上予以推荐？"这样的信最多，昨天晚上我终于同意了一个，其他我都不同意，因为这会形成乱看书的风潮。因为那个作者不一样，喜欢看我的书的人，不见得他的心理结构和那个作家一样，这完全是两件事，所以这个作家的推荐很冒险，我这次推荐主要是我看到了他的一些片段还可以，所以你们如果认真读书的话会带来中国书籍市场的高层次的繁荣。

也有人说我们中国整体文化层次不高，全部是高层次的书，那么读者不想买怎么办？大家搞错了，在美学当中具有最高美学的东西是需要抬头仰望的东西，而不是低头俯视的东西。人有三个视角，一个是平视，一个是俯视，一个是仰视，最有吸引力的东西是要人家微微仰视的东西，千万不要认为凑着读者水平写的书一定卖得掉，你试试看，一定卖不掉。一定要一部分内容是高于大家的，不仅仅是知识水平高，精神水平也高，就像康德讲过的"人总需要抬起头来仰望星空的世界"，后来我们也讲："人，即使在最繁忙的现代社会，人经常还会进入泪流满面的时刻，这是人的高贵所至。"我们需要有这样的作品，而不能说我们永远在一种非常低的层次上漫游，这是一种调剂，在低的层次上玩也是需要的，这是两方面的。这样的话，我们的阅读生活就会大大丰富起来，我们这个民族素质就会提高，民族素质说到底和我们每个人的素质有关，有的时候一个人就会改变很大的文化气氛。

我们过去总是在等待着政府出台一个什么政策，来提高我们的文化素养，这不可能，我们一个人的文化行为，就能够左右我们的家人、我们的学生、我们的朋友，一个人，而且另一个人稍稍的肯定的眼光，就可以把一个人变成两个人，变成三个人，变成四个人……文化就是这样来传播的，我们不要期待着一定有一个文件或者命令来提高文化，从来没有发生过的事情，也不是靠评奖，文化就是靠我们每个人的文化修炼。我前面讲过在兵荒马乱的时候，我们中国君子过日子多么艰难，但是这些君子还是在各自的孤独当中活了下来，最后集合在一起，形成了我们后代中华文化的大格局。所以现在不管是期盼我们中国文化的前途，还是不满意今天的文化环境，又或者是非常讨厌今天的一些文化话语的时候，我们现在要做的事情其实就是加强自身阅读，让自己成为一个文化君子，在中国的文化史上增加一个小小的亮点，这是我们要做的事情。

谢谢！

（2009 年 6 月 22 日）

世博文化解读

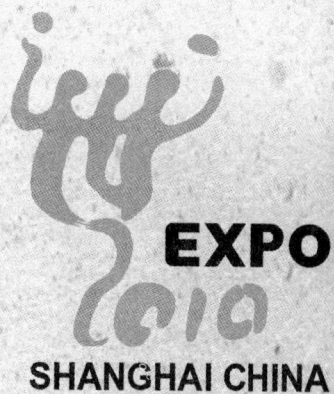

EXPO
2010
SHANGHAI CHINA

吴建中

吴建中
Wu jianzhong

　　中国 2010 年上海世博会主题演绎顾问、上海市图书馆行业协会会长、中国图书馆学会副理事长、上海市图书馆学会理事长，曾任国际图联管理委员会两届委员、出版委员会和专业委员会委员。国际知名专业杂志《Libri》和《Library management》编委，上海交通大学、华东师范大学和南京政治学院兼职教授，硕士、博士生导师。主要著作有：《世博解读》、《21 世纪图书馆新论》、《天堂应该是图书馆的模样》、《世界经典图书馆建筑》等。

今天非常高兴来到镇江和大家进行交流。今天是世博倒计时 224 天。大家知道,世博会是展示国家实力和国际形象的舞台。早期世博会唱主角的一般都是英国、法国、美国等一些欧美国家,后来日本等一些新兴的发达国家紧随其后。1893 年芝加哥世博会,是见证美国走上强国之路的一届世博会;1970 年大阪世博会,是见证日本走上世界强国之路的世博会。那么中国现在强大了,我们也有实力来办世博会,为什么我们要花这么多的钱来举办这样一届世博会? 我觉得关键的地方在于举办一届世博会,可以提升一个国家的士气和信心。举办上海世博会,对上海、长三角地区的发展,都会有强大的推动作用,而且对我们整个中国的发展,也会有强大的激励作用。所以我在想,上海世博会是不是也是一届见证中国走上世界强国之路的一届世博会? 上海世博会是我们全面推进科学发展的一个重要的机遇。大家都知道,上海世博会是由中国政府主办,由上海地区来具体承办的这样一届世博会,需要全国各地的大力支持,所以我相信,有了大家热情的支持和配合,上海世博会一定能够办得如我们所期待的那样成功、精彩和难忘。我想今天我们的讲座就从中国与世博会的渊源开始讲起。

我们以前一直以为中国最早参加世博会是在 1867 年,也就是清末改良主义资本家在 1867 年的时候参加了在巴黎举办的世博会。后来经过上海图书馆一批研究人员从中外文资料当中证实,中国在 1851 年,也就是说世博会创办的时候就已经参加了第一届世博会。当时的商人徐荣村送的“荣记湖丝”获得了奖项。那么徐荣村有没有参加这一届世博会? 我们经常看到一幅油画,就是英国的画家塞鲁斯画的一幅油画(见图 1),这幅油画就记录了 1851 年英国女王参加的这届世博会的开幕仪式。在这个开幕仪式上,位置的中央有一位中国人,本来我们都以为他是徐荣村,因为徐荣村送的“荣记湖丝”获得了奖项,但是后来发现徐荣村没有去,那么他到底是谁? 后来也是通过多次从资料当中证实,一次是我们从一份外文的报纸当中发现有这样一条新闻,后来又从英国小说家狄更斯《王室纪实》这本书当中发现了他详细记录了这幅油画当中的这个情景。所以现在可以肯定地说,中国人参加了第一届世博会。

图 1　1851 年世博会开幕式

　　那么这个中国人到底是谁呢？是当时人们把他叫做希生，广东老爷希生，广东话叫希生，英文名也叫 Hesing。他 1846 年随着"耆英"号这艘船离开广东，先是到了南非的好望角，然后到了美国的纽约，最后到了英国的伦敦，到英国伦敦的时候是 1848 年的 3 月份。由于船上有很多中国的工艺品，所以当时每靠一次岸就会有大量的当地人士上船来参观。在英国，英国女皇和作家狄更斯都参观过这艘船，当时有人把它叫做"水上博物馆"。因为 1851 年是英国举办的首届世博会，那个时候有 25 个国家参加，中国送去了展品，但是没有人去，所以希生就被邀请参加了这届世博会的开幕仪式。对于这幅油画上的情景，当时是这样记录的：希生站在达官贵人和外交使节的人群当中，当唱诗班唱起亨德尔的《弥赛亚》之《哈利路亚》这个合唱曲时，希生情不自禁地从人群当中走了出来，来到女王面前，非常优雅地向女王行了礼。所以现在已经完全证实了，中国不仅参加了首届世博会，不仅展品参加了首届世博会，而且中国人也参加了这一届世博会。这位广东老爷，他到底是个商人还是官员？现在我们还需要资料去进一步地证实，因为很多人在记录当中是说他是四品官五品官，但是我们认为当时"耆英"号的出海没有得到朝廷的准许，他作为官员是不应该出国的。我又问了上海艺术研究所的所长高申明，他也说从希生的服装来看，穿的是官服，但是从当时的情况来讲，他不应该是一个官员。当时清廷腐败，朝廷允许民间花钱捐官,所以当时只要是花了钱,就可以穿上和这个品位相等的官服。大家知道油画上可以看到他的这个官服,明清两代,官服是非常容易辨认的,因为它是前胸后背都有这个"补子",不同的图案就代表着不同的官位。所以我们猜测他是一个商人而不是一个官员,当然世博研究的过程也是一个解谜的过程,我们还需要进一步搜集资料来证实他到底是一个官员还是一个商人。

早期世博会我们几乎每一届都参加了,比日本肯定要早。因为有一份资料是这样说的,是一个研究日本武士道的一个欧洲人,他说当时日本也是较早地参加了世博会,但是中国一开始就有展区,日本是没有展区的。所以,日本的部分展品是夹杂在中国展区和其他国家展区当中的。我们中国政府正式地参加世博会是在1904年,溥伦亲王率团参加了美国圣路易斯的世博会。1915年这一届世博会规模相当的大,因为当时美国比较早地承认了"中华民国",所以为了致谢,我们是举全国之力来参加这一届世博会。这一届世博会我们送去的展品有两千吨之多,当时我们获奖的数量也非常多,这一届一共获得有1 211个奖项。所以我们现在知道的茅台酒、张裕,包括我们镇江的这个醋都是在这一届上获得的奖。这一届获得的奖形成了一本目录,所以我们在各地进行巡展的时候,我们所看到的各地在世博会上获奖的奖品,基本上都是1915年这一届上获得的。新中国成立以后,我们开始参加的世博会是1982年这一届,在美国举行的洛克斯维尔世博会,这是一届以能源作为主题的世博会。

那么大家要问了,世博会到底是什么?我经常跟大家讲,我说世博会可以用6个字来表达,全球时代关注。所谓全球是从空间上来讲,它是一个全世界的;时代,就是表明这个时期的;关注是什么呢?这是这个时期的主题。早期世博会处在工业革命时代,人家送展的都是什么呢?都是蒸汽机、发动机这些,反映机器革命成果的这些东西。那电气革命时代,人家送展的是什么呢?是电灯、电话等发明的东西。但是我们送的是什么?我们基本上送的都是一些手工艺品,比如说丝绸、陶瓷、漆器、折扇、茶叶等。世博会都有主要的馆叫 Main buildings,我们基本上都找不到中国的地位。

那么中国是什么时候有申办世博会念头的呢？是在 19 世纪的 90 年代，那个时候郑观应写了一本书叫《盛世危言》，这本书当中，郑观应已经把上海要举办世博会写在其中，他是这样说的："欲筹赛会之区，必自上海始。"但是那个时候只是梦想，我们希望来举办一届世博会，但是我们还没有实力、没有能力来举办这样的世博会。到了改革开放以后，也就是说 20 世纪 80 年代，我们国家实力逐渐增强，那时候我们的 GDP 增长速度基本上已经接近两位数，90 年代以后，我们连续十几年保持了两位数的增长。20 世纪 80 年代，上海前任市长汪道涵先生，曾经提出上海要办世博会，为什么提出上海要办世博会呢？他认为一个城市或者一个地区、一个国家要保持可持续的增长，必须要有一种体现内力的东西。当时他认为内力一个是科技，一个是金融，这两个方面一定要上去，所以他在考察了日本等一些国家以后，就提出上海要申办世博会。他曾经说过这样一句话，他说广交会是战术性的，管一年，世博会是战略性的，管 50 年。1993 年 5 月 3 日，国际展览局通过决议，接纳中国为其第 46 个成员。也就是说，我们申办世博会的条件已经逐渐地成熟了。到 1999 年底，中国正式宣布申办上海世博会，2002 年 12 月 3 日，我国成功赢得了 2010 年世博会的举办权。在发展中国家举办这样规模的世博会是第一次，中国也是第一次。

那么大家可能要问了，云南的昆博会是什么样的一个性质？云南的昆博会也属于世博会的一个范畴，但实际上它是一个外围组织，也就是说它是由国际展览局认可，由国际园艺师协会他们来着重举办的。它可以纳入世博会的范畴，但不是一个世博会主要的一个大型博览会，所以上海世博会是首次在中国举办，首次在发展中国家举办的这样一届大型的博览会。

世博会创办至今已经有 158 年的历史了，158 年来，历经风雨寒暑，它始终保持了同样的信誉。那说明什么呢？当中肯定有一条，可以把所有的世博会串联起来的一条主线，这条主线是一个文化，我把他归纳成为 6 个字：进步、创新和交流。我们首先来说，"进步"这个价值观。大家知道早期人们的历史观是以循环论为基础的,也就是说在工业革命以前,那个时候认为世界不是循序渐进地,不是向前发展的,而是周而复始的。随着地理大发现——新航路的开辟,工业革命以后科学技术不断进步,人类理性不断提高,尤其是后来,在达尔文进化论思想的影响下,"进步"这样一个价值观逐渐成为引领整个社会的价值观念。所以当时有很多的名人,比如狄更斯提到英国的时候说,这是一个"进步"的国家。说到英国国名的时候,经常会说到这是一个"进步"的国名。所以说"进步"这样两个字,大家碰到都会谈到这样一个词汇,这说明"进步"在当时是一个引领社会发展的重要的价值观念。阿尔伯特亲王,他创办了这一届英国的世博会。他是谁呢?是英国女王的丈夫,他当时希望通过举办一届大型的博览会,来弘扬人类文明的进步。他当时做了两件大事,一个是搞了个水晶宫,这是一个现代的功能性的建筑。水晶宫,是大家在图上(见图2)可以看到的。还有一个是搞了一个分类体系,他把世界分成四大部分:原材料、机器、制造和美术(或者说艺术)。也就是说,很早他就把艺术这样一个要素纳入了世博会。他认为,这个世界要完整地去看,应该是从这样4个方面来看:原材料、机器、制造和艺术,所以阿尔伯特亲王等于是为世博会定了一个基调,就是每一届世博会,要完整地体现人类文明的进步。所以艺术,一开始就被纳入了一个关注的范畴。

每一届世博会一开始都是关注,早期的世博会一开始都关注两个

图2 水晶宫外景

世博文化解读 吴建中

方面：一个是工业方面，一个是艺术方面。我这里要讲一讲"工业"这个词汇，"工博会"，实际上当时的"工博会"跟我们现在"工博会"的含义不一样。因为早期都叫"工博会"，这个工业是"Industry"。这个词汇有两层含义，一个是表示产业，另外一个是表示什么呢？是劝业，就是勤奋的意思。所以大家是否记得，我们早期翻译"Industry"这个词汇的时候，把它翻译成"劝业"。所以大家知道南京在1910年举办了一届规模宏大的近代博览会叫"南京劝业会"，南京的这个"南洋劝业会"是中国早期最大规模的工业博览会，这个工业博览会是指的什么呢？是"领风气开工商"，就是通过工业和商业，来引领整个社会的发展，所以当时都叫做"工博会"。早期的"进步"的价值观，是通过工业和艺术这两个方面来体现出来的，因为那个时候工业和艺术是人们认识世界的两个重要的方面。当时欧洲人有这样一种观念，看一个国家是不是发达，主要是看其工业是否发达，艺术是否发达，只有两者都发达了，才是一个健全的完整的发达国家。所以那个时候世博会肯定要把工业和艺术两方面都能够很好地展现出来，我们可以看到早期世博会名称当中都有工业和艺术两个词，后来世博会的重心逐渐地向教育文化转移。大家知道，大众教育是在工业革命的推动下发展起来的，1889年这届世博会把教育推到一个顶峰。当时巴黎的世博会上，搞了一个教育馆，那个时候主办方法国就希望通过教育馆的展示，让大家来认识这个"第三共和国"对教育是多么的重视。此后很多届世博会都把教育放在了非常重要的位置。如果只是一般的工业博览会的话，就不会把教育放在这样重要的一个位置上。

到了20世纪，20世纪是科学技术的世纪，我们讲是科技的世纪，世博会肯定要反映科学技术方面的成果，所以那段时间的世博会基本上都关注科学技术。尤其是到了1933年芝加哥世博会，还专门搞了一个科学馆。这届世博会是很有影响的，从这届世博会开始有了主题。这个说法不是很完整，但是至少表明从1933年开始，大家就更加关注世博会某一方面的成果了。另外美国人认为，一届世博会不可能把人类文明所有的成果都容纳进去，所以要通过某一方面的进步来看整个世界。

于是美国人就改变了过去传统的展示方法,过去传统的展示方法是什么呢?面面俱到,所有的东西都展示,所以连茅台酒、张裕葡萄酒都可以得奖。但是到了1933年,世博会逐渐地关注一个方面的主题,所以现在每一届世博会都是关注一个主题。不管是综合性的世博会也好,专题性的世博会也好,每一届世博会只讨论一个主题。这个方式到1994年最后确认了,1994年国际展览局作了一个规定,就是每一届世博会只讨论一个主题。所以这次上海世博会,我们讨论的是"城市让生活更美好",也就是城市发展的主题。每一届世博会只讨论一个主题的方式是从1933年开始的,这一段时期因为整个世界关注点在科技,所以当时所有的世博会都是关注科技的,当时认为科技是进步的决定性因素。但是到了20世纪的下半叶,卡尔森出版了《寂静的春天》这本书以后,整个世界开始对可持续发展进行思考,对过去的那种以科技作为动力的这样一种进步方式开始反思。卡尔森《寂静的春天》讲的是DDT,讲的是工业公害这些问题。后来日本开始出现了公害问题,比如水俣病等。那个时候大家已经开始意识到,科技可以给人类带来进步,但同时也可以给人类带来巨大的破坏,所以世界渐渐地进入了一个可持续发展的时代。

1972年,在斯德哥尔摩举行了一届"全世界人类环境大会"。这是人类历史上第一届以环境和可持续发展作为主题的一个大会。到了1974年,人类环境大会之后的第三年就举办了一届斯波坎世博会,这一届世博会是在美国的斯波坎市举行的,以环境作为主题。1982年,举行了一届以能源为主题的世博会,然后后面的好几届世博会,都是跟可持续发展有关的:如1998年里斯本的以"海洋"为主题的世博会;2000年汉诺威的以"人、自然、科技"为主题的世博会;2005年日本爱知县的以"自然的睿智"为主题的世博会;2008年西班牙萨拉戈萨的以"水"为主题的世博会;以及2010年在上海举办的以"城市"为主题的世博会。我们现在举办所有的世博会都延续了可持续发展这样一条主线,所以这一点非常重要。2015年,要在意大利的米兰举行一届世博会,这一届世博会的主题是什么呢?是养育我们的地球。它的关注点在营养,人类的营养方面，食物方面，所以这也是一届与可持续发展主题有关的世博会。

所以，我们从世博会158年的历史中可以看到，它不是一般的多国会，不是一般的具有商业性质的博览会，它是一届人类文明的盛会，这点非常重要。我这里插一句，我在网上看到有一个美国人写的这样一句话："2008年北京奥运会，中国人是主人，做给我们看，2010年上海世博会，我们是主人，做给中国人看。"意思是什么呢？2010年世博会是价值观的博览会，文化的博览会，在这样一个博览会上，140多个国家和国际组织将以他们自己的一种文化价值观来谈论城市问题，所以他们认为，他们要给我们上课。所以如果我们还是用过去的观念，认为这是一个商品的博览会、一个旅游的博览会的话，那么我们就会真正地输给他们。所以我们要强调，这一届世博会，是一个文化的竞技场、价值观的竞技场，我们绝不能小看这样一个世博会。我开头就说到了，上海世博会是见证中国走上世界强国之路的世博会。如果说，我们还是以过去那样一种观念，什么酒可以得奖，什么东西可以得奖，还是沉浸在这样一种理念下的话，我们就跟不上世博会发展的一个潮流，跟不上世界发展的潮流。

我们从本世纪初开始，强调了"科学发展观"这样一个理念。当然，科学发展观的英文翻译，是不是很确切？翻译成科学发展的观念，也就是说是"科学观"。实际上，科学发展观表达了两个层面的意思。一个是什么呢？可持续发展，我们的科学发展观是全面协调可持续的，所以我们关注了世界的主题，可持续发展。另外一个方面是我们中国的特色，就是和谐。所以科学发展观是一个非常重要的观念。这一届世博会我们就是要全面地推进和实践科学发展，所以这是一个非常重要的契机，千万不要把世博会仅仅看做一个商业性质的博览会。

第二个价值观就是创新，创新是世博会的灵魂和动力。早期世博会的展品，基本上各个国家都把一些创新的展品拿来，爱迪生的很多发明就都拿到世博会上来进行了展示。最突出的是埃菲尔铁塔，这个埃菲尔铁塔既可以说是一个创新的展品，又可以说是一个标志性的建筑。当时要建埃菲尔铁塔的时候，很多人提出反对的意见，说，这样一个笨重的铁塔,怎么能够放在高雅的巴黎城市中央? 所以很多人反对,像著名作家莫泊桑就联合了几百人写信说不能让这个笨重的铁塔建成。你们要知道,1889 年是什么年? 1889 年是 1789 年法国大革命一百周年纪念,当时欧洲其他国家都是什么呢? 君主制度、封建制度,资本主义制度的还很少,所以 1889 年,是宣扬和弘扬法国大革命的一个年头,所以他们一定要弘扬这个革命,弘扬革命通过什么呢? 埃菲尔当时就说,第一个,他说要建一个金属的凯旋门,所以他说:"我这个铁塔就是一个金属的凯旋门。"第二个,他说:"法国已经成为工业革命的中心了,所以我们要让世界看到工业革命的中心在法国,我们要让每一个人都能够爬上去,能够亲身体验工业革命伟大的成果。"高度是多少呢? 300 米,就是1 000 英尺高,世界上最高的一个铁塔。当时,埃菲尔就是希望人们能够通过体验这个工业革命的伟大成果来感受到,法国已经是世界的最高位置,是工业革命的中心,所以这是具有革命意义的。一般来说展馆最后都是要拆除的,但这个埃菲尔铁塔保留了下来,永久地保留了下来,它的钢铁已经全部换过了,埃菲尔铁塔已经成为巴黎城市的骄傲,成为法国精神的象征了。

说到创新肯定要说到评奖,说到评奖,1851 年的时候有 5 000 多个奖,我们中国也有几个展品获奖,以后越来越多,1862 年到了 7 000 个,1867 年达到 19 000 多个,到了 1905 年,达到 46 000 个奖。奖品是越来越多了,但是这样一种评奖的方式,已经开始背离世博会的价值观了。当时已经出现什么呢? 一种贿赂,就是贿赂评委,希望评委能够给一个奖,或者是用某种独特的方式来引起评委的关注,等等。实际上那个时候评奖已经开始逐渐庸俗化了,所以到 1933 年,美国芝加哥这一届世博会放弃了评奖,他们认为这样一种评奖的方式已经背离世博会的价值观了,就彻底放弃了。到 1967 年,蒙特利尔世博会就再也没有这种评奖了。一直到 2005 年,日本爱知世博会又搞了两个奖项,一个是"爱地球"奖,一个是"自然的睿智"奖。停了 30 几年,日本重开评奖体系,但日本重开评奖体系以后,评的什么呢? 评的不再是过去的那样一种具体的技术或者展品,而是评思想评理念的东西。我们举个例子,有一幅反映蒙特利尔世博会的图，图的右下方是个欧洲人，他在介绍自己获奖成果，这个获奖成果是什么呢？是一个没有空调的民居。这就是一种理念，不再是什么茅台酒啊，什么荣记湖丝啊，或者是什么什么常州梳篦啊，不再是这些东西了，而是一种理念，与可持续发展有关。

我经常跟一些记者讲，我说："其实我们宣传这些具体的，像什么酒什么壶的这种东西，实际上我们不是应该值得骄傲，而是惭愧的一个东西，在工业革命的时候，人家送的是蒸汽机，引领这个时代的发展；电气革命的时候，人家送的是电灯、电话等一些发明。我们送来送去都是一些什么呢？都是些手工艺品的东西。这不是我们值得骄傲的东西，我们不要再对这些东西进行宣传。某一些展品获了奖表示什么呢？我们参与了，我们以积极的态度参与了这届世博会，并不是说这一个展品会带来什么样的作用。"在今天这样的场合，我有必要说一下，2005 年、2008 年都有颁奖，但是 2005 年以后，中国没有获得过一个奖，而且 2005 年颁了几百个奖，2008 年也颁了很多的奖，但是没有一个是来自中国的奖项。2010 年上海世博会，我们要颁三个层次的奖项，我们非常希望能够获得奖项或者获得更高比例的奖项。过去我们是获得了很多的奖，这些奖都是什么呢？都是一些手工艺品啊这些东西。现在人家是评理念、评思想、评跟可持续发展有关的技术和文化的东西了，我们如果不能得奖的话，我们怎么能说在这个世界上有我们的地位呢？

第三个价值观是交流。交流这个价值观是非常重要的，国际展览局一直在探讨这样一个问题，因为世博会大家都非常期望参与，过去人们走进世博会看到的是整个世界，现在通讯技术相当发达，多媒体技术相当发达，我们上网就可以看到整个世界了。一个新的发明或者发现，一上网就可以第一时间传播到世界各地，我们是不是还需要有这个物理空间的世博会呢？这就是我们，或者是国际展览局一直在研究的一个问题，就是世博会作为一个场所的价值，是不是依然存在？有一个学者说得好，他说："人类本性深处蕴藏着一种欢庆节日或者共鸣的这样一种激情，这一种激情是需要某一种场合环境来给他激发出来的。"就和我们还是要到电影院去看电影，到足球场去看球赛一个样，比如说，买一个碟片在家里听音乐,跟在剧场听音乐的感受是不一样的,在剧场听音乐,你会感到自己和台上的演奏者进行交流,会感到自己和周围的观众在互动,这是一个现场感,但是在家里就没有这样一种感受。所以人和人之间哪,还是要进行交流,世博会还是要提供这样一个人和人进行交流的场所,让各种不同文化背景的人都能够在一个场合进行交流,这就是世博会非常重要的价值。

　　我是学日语的,和日本人进行过一些交流,有几个参加过1970年大阪世博会的日本人一说起这个世博会,眼睛都发亮了。为什么呢?因为那届世博会对他们成长影响非常大,当时日本几乎每一个人,只要能够来到大阪的人,基本上都参观了这一届世博会,日本当时一到两亿人,整个世博会参观人数6 000万人。因为世博会主要是给年轻人,给孩子看的,因为走进世博会就觉得已看到了整个世界,所以大家都希望能够走进这个世博会。那届世博会,对日本影响非常大,我碰到一个大学校长,是一个女士,她说:"一开始就盲目地跟风,一看怎么都穿着超短裙,她们小时候就开始穿超短裙,还吃西餐,意大利的通心粉,就感到很稀奇,慢慢慢慢使他们增强了一种社会责任感,尤其是国际责任感,他们渐渐会觉得日本很小,日本很小,日本要冲出去。"所以我们可以看到,很多日本的建筑师,现在都是国际大师,我们国内很多建筑师确实跟日本的一些建筑师不能比。就是1970年这一届世博会让他们打开了眼界,打开了胸襟,使他们看到了整个世界,所以我觉得世博会是一个非常重要的交流舞台。我到镇江来,我也看到镇江人对这个世博会的热情也是非常高,到上海两小时的距离,大家都应该去看一看这个世博会,应该说是相当了不起的,我们这一届世博会是来的国家或者说参展方最多的一届世博会,241个国家和国际组织参展。这个是相当不容易的,这说明中国是相当强大的,美国一开始还是有一点勉强,最后还是选择了要参加这一届世博会,能不能够参加这一届世博会就是能不能走在这个世界舞台上,关系到能不能在这个世界舞台上发声音的问题,所以这一届世博会,我希望大家都能够去看一看,带着亲戚带着家属,能够到那里去看一看。当然我们更希望,中国在这一届世博会上能够展示我们伟大的成果。

我下面就要讲到,世博会到底是什么? 世博会有三大要素,第一大要素是展览,展览是世博会的主要素。一开始世博会是一个建筑,所以我们把它叫做什么呢? 叫罗马大剧场结构,叫 Colosseum,就是一个罗马大剧场结构,就是说整个世博会就是一个建筑,周围是各个国家的建筑,中间是综合的展品。1867 年规模大了,但也是一个椭圆形的展馆;到了 1873 年,世博会的功能就更加扩大,以前是一个展馆,现在两百个展区要展览,怎么样安排好呢? 大家知道,世博会是一个外交的舞台,你不能说你这个国家大,我给你放在大的地方,你的国家小,我把你安排在非常小的一个角落,这都是不允许的,这都是要有一定规则的。当时给维也纳出了一个难题,就是如果要搞成一个庞大建筑的话,就要有一个设计。当时他们就开拓了思路,用麦卡托投影法,现在实际上就是麦卡托式的平面图,他们的概念是什么呢? 就是把这个地球仪投射到圆柱体上,然后把它剖变成了两半,他们就是用这样一种方式把整个世界的各个国家给公平地分类,搞了一个长形的展区,最东面顶头的,是中国和日本两个国家,日本那个时候是政府正式组团,我们以前是什么呢? 中国政府组团是 1904 年,1904 年以前都是外国人帮我们代办的,尽管每一次都参加,但是实际上我们应该反省一下。日本在 1873 年第一次正式组团参加以后,整个国家就发生了很大的变化。1873 年,维也纳世博会,现在在日本参展网站上,可以看到大量的文章,这些文章都反映了这一届世博会给日本近代社会发展带来了多么巨大的贡献。我话再说回来了,中国和日本在顶端,然后是土耳其啊,等等。中间这个地方是什么呢? 是维也纳,然后再旁边是德国,然后英国,然后最后最远的地方就是美国和巴西。当时德国不愿意了,德国说,你怎么能把我放在角落,放在你的旁边呢? 德国人说:"你在中央我在旁边,如果你这样安排,我不参加,我抗议,我不参加。"大家知道,当时普法战争刚刚结束,统一的德意志帝国刚刚形成,而且德国又开始强大了起来,所以德国这样一说,维也纳,奥地利,妥协了,最后奥地利是这样说的:"我给你专门搞一个馆,德国馆。"所以这一届世博会开始,有了功能上的区分,有了德国馆,后面还有 4 个主题馆,是什么呢?是机械馆、园艺馆、农业馆和艺术馆。后来开始有了国家馆,有了整个主题馆,然后慢慢地世博会开始更庞大起来。

费城这届世博会有地区馆,因为美国制度不一样,是联邦制度,联邦制度早期他们就作了这样一个规定,就是不能用整个国家的联邦资金来参与或者举办世博会,所以他们的参展都是每个州自己独立的,所以那个时候开始有了地区馆。然后到 1933 年的时候,有了企业馆,所以慢慢慢慢世博会开始变成一个庞大的一个园区了。1958 年这一届世博会,开始有了什么呢?主题区。其实我觉得做得非常好的,是 1970 年大阪世博会。大阪世博会现在这个原址还在,大阪世博会确实非常成功,一方面,大阪世博会的主题选得非常好,什么主题呢?叫"人类的进步与和谐"。那个时候已经提出了和谐两字,为什么呢?那时候公害已经形成,所以大家已经开始关注可持续问题,关注环境问题,所以提出了"人类的进步与和谐"这样一个主题。这一届世博会的设计者是一个非常有名的建筑师,他对整个园区进行了整体的规划。有一天他出去的时候,突然看到一棵大树,来了灵感,他认为这个园区应该有一个整体的设计,所以他就把这个园区看做一棵大树,红色的部分是主题区,叫树干,走道是树枝,然后每一个馆,是树叶或者花朵,他就把整个园区看做一个有生命的这样一个系统,这就是当时的一个设计思想。我们现在还可以看到这个太阳塔,太阳塔是一个日本的艺术家设计的。当时围绕太阳塔有三层建筑,底下一层表示人类的过去,中间一层是人类的现在,最高一层表示人类的未来。世博会结束以后,所有的建筑都拆除了,周边的建筑都拆除了,留下了这样一个太阳塔,所以太阳塔成为世博会的一个非常重要的标志性的建筑。

说到我们上海这届世博会,就像大家图上(见图 3)看到的那样,中间是黄浦江,这次是在黄浦江的两岸建世博园,总的建筑面积是 5.28 平方公里。上面这一段是浦西,下面这个大的部分是浦东,浦东部分分成三个区域,围绕这个红色的建筑,就是中国馆,中国馆是 A 区,当中两个大的建筑,这个部分是 B 区,B 区是主题区,主题区是世博会的核心场

图3　上海世博园地图

馆,也就是说,是代表世界理念、代表世界语言的,然后是 C 区,C 区基本上是其他国家展区。再说一遍,A 区是中国馆,也就是亚洲区,B 区是主题馆,再加上一些大洋洲区,C 区是国家的场馆,各个国家的场馆,这是浦东部分。浦西部分也分成两个区,D 区和 E 区,D 区正面面对的这个部分是江南造船厂,江南造船厂有很多保留建筑,建了 16 个企业馆,然后是最远端的 E 区,E 区是一个城市最佳实践区,这是这届世博会的创新。

　　大家知道所有的世博会,都是由国家作为主体参加的,但是这一届世博会,除了国家为主体参加以外,我们也有城市为主体参加,所以这一次城市最佳实践区上有 50 多个案例要在那里进行展示。这就是整个世博会的一个园区规划。有人会问,有哪一些场馆是需要保留的? 我们现在正式对外公布的是什么呢? 是一轴四馆,中间这个是轴,大家知道,轴是中国建筑文化当中非常重要的一个概念,所以这个轴是把 4 个场馆正好链接起来的一个建筑。左上端是中国馆,中国馆是何静堂院士设计的,中国馆的外形看起来像一个"斗冠","斗冠"的概念是什么呢? 就是屋檐上所有的力量通过柱子,传递到下面,所以我们讲叫承上启下,这就代表了承上启下的一个作用。这次胡锦涛同志在哈佛大学演讲的时候曾经讲到："中国是四大古文明当中唯一没有中断的文明。"到现在为止没有中断的、一直延续下去的文明，那就是中华文明，所以中华民族的五千年文明通过这一个中国馆承上启下很形象地体现了出来。右上端那个是主题馆，主题馆是一个世界馆，所以是一个世博会的最核心的建筑，"城市让生活更美好"的几个主题点都在这里进行展示。左下方是一个演艺中心，我们知道，这一届世博会有两万多场演出，我想镇江也会有部分的演出要在世博会上举行的吧。右下方是世博中心，它是一个会议中心，一个永久性的展馆。尽管很多国家都向我们中央领导提出来，他们的场馆要变成永久性的场馆，但是到现在为止我们得到的信息是，依然是一轴四馆保留，其他所有的，要么是拆除，要么是转移地方，这个地区将成为上海的文化和会展中心区。

第二个要素是论坛。每一届世博会都有论坛，论坛是1873年开始逐渐地形成的，之后慢慢地增多，具体的我不多说了，我介绍一下上海世博会的这个论坛。上海世博会论坛分成三大层次，第一层次是高峰论坛，就是说最高级的论坛，是在世博会闭园的最后一天举行，在世博会闭园的时候、高峰论坛结束的时候，我们要发表《上海宣言》。第二层次是主题论坛，这个主题论坛有6个，江苏省承办三个论坛，一个在南京，主题跟环境有关；一个在无锡，主题跟科技创新有关；一个在苏州，主题跟城市文化有关。6个主题论坛，整个江苏包了三个，那说明我们江苏省在文化上还是有实力的，江苏省在世博的参与上，力度也是非常大。第三层次是什么呢？是大众论坛，我们这一届世博会将有几百场的城市论坛。

第三个要素是什么呢？就是娱乐活动。一开始世博会是排斥娱乐的，不允许这种娱乐活动放到世博会当中来，因为当时世博会是很严谨的，就是一种文化的展示、知识的展示，但是大家知道美国这个国家跟其他国家不一样，我们现在经常听说，说奥运会他们是商业运作，他们不是由国家来运作，世博会他们是商业运作，他们不能由国家来运作，为什么呢？联邦法规定，不能用公共资金来举办世博会举办奥运会，所

181

世博文化解读

吴建中

以他们这些国际性大型活动,都是通过商业运作来进行的。如果要商业运作的话,只有通过什么呢? 通过让更多的人走进世博会这样的一种方式,来增加门票的收入。所以在这个 1893 年的时候,搞了一个娱乐大道,我把它翻译成大道乐园,当中有一条世博大道,这个大道就有娱乐公演,娱乐公演是芝加哥的首创,这一届世博会他们搞了很多的娱乐的项目。比如说,大家可以看到,有一个非历史大转盘(见图 4),这个大

图4 1893 年芝加哥世博会大转盘

转盘了不起,高度是 80 米,有 36 个车厢,每个车厢可以坐 40 个人,还可以站很多人,一天下来,2 000 多个人,所以一下就把很多人吸引到了世博会,所以这一届世博会是盈利的世博会,很多世博会都是亏空的,这一届世博会是盈利的,所以商业运作也有它的道理。但是一开始这只是一种探索,后来慢慢地娱乐公园开始向主题公园转化,我们现在外面看到的很多主题公园,实际上就是从娱乐公园这个概念来的。

说到娱乐公园,说到主题公园,我们不得不提迪斯尼,迪斯尼是对世博会作了很大贡献的,他们在 1964 年的时候,为 4 个馆做了设计,其中有一个馆叫"进步的旋转木马"。大家知道,旋转木马表示对未来的梦想,因为旋转木马转的时候啊,始终看着前面在走,后面在跟上,但是一下子又摸不到,所以这是对未来的始终的一种梦想,这是旋转木马本身词汇的含义。进步是一个世博会的价值观,所以"进步的旋转木马"就成为当时迪斯尼为通用电器馆做的一个设计。大家知道,世博会是不能做广告的,我们在世博会有 16 个企业馆,你不能说,我这个企业馆就做我这个企业的广告、我这个企业的产品。连你这个企业的产品都不能拿出来,怎么做呢? 通用电气就跟迪斯尼商量,说你能不能给我做一个剧目? 迪斯尼为他们设计了一场戏,这场戏是什么呢? 有 6 个幕、6 个片段。这 6 个幕:第一幕是序幕,最后是尾声,实际上当中就 4 幕。舞台是旋转的,也就是说,观众不用动,舞台在动,舞台动完以后整个就结束了,所以就搞了一个 4 幕的剧。这 4 个幕,每一幕都表示一个时代,所以最早的时候是洗碗机,然后是洗衣机,等等,这样就形成了一个模式,后来"进步的旋转木马",成为迪斯尼也成为世博会的一个重要的遗产。现在我们去看迪斯尼乐园都会看到"进步的旋转木马"这样一种形式,迪斯尼对世博会的娱乐活动起到了非常重要的推动作用。现在每一届世博会,都会有娱乐活动,我们这届世博会有两万多场演出,这是非常庞大的。

　　大家知道,我刚才已经讲了三个要素,展览要素、论坛要素和娱乐活动要素,这三大要素都不是随便搞的,每一个要素都要什么呢? 写主题陈述报告。我的工作是做什么呢? 我的工作就是给每一个主题陈述报告打分审核。如果我们这个专家组不同意的话,就要退回去重来,我们这种情况见得多了,很多国内的一些展馆他们提交的方案,都是有问题的。要么就是什么呢? 还是用某一个产品,过去世博会上获奖的东西,不指哪一个了,还是用这个东西为主体,然后提交上来。我们感觉上还是什么呢? 还是一个旅游世博会,不是一个文化的世博会,不是一个可持续发展的世博会。论坛也好,活动也好,每一个要素,都要跟世博会

世博文化解读

吴建中

的主题"城市让生活更美好"有关,跟"城市让生活更美好"主题没有关系的,都不能拿到世博会上来,所以这么多的演艺活动都要能够体现这个主题,那是相当不容易的。这届上海世博会我们有几百个场馆、几百个论坛、两万多场演出,大家一定非常关注,上海世博会到底看什么?怎么来看?我觉得这个问题是非常重要的。

首先我来讲讲世博会精神层次的问题。我们刚才已经讲到物质遗产,世博会物质遗产就是一轴四馆。今后每一个人,走到中国馆或者走到世博会这个园区的时候,都会油然而生一种爱国主义的激情。为什么呢?中国曾经在这里举办过一届成功、精彩、难忘的世博会,它对整个国家的发展、对国民士气的提升一定会起到很重要的一个作用。同时不能忘记,还有一个精神遗产,精神遗产非常重要,我把它叫做和谐城市,我认为和谐城市就是一个非常重要的精神遗产。大家知道,每一个世界论坛,大家都会展示不同的观点甚至吵架,我们就讲在 2008 年南京举办的"世界城市论坛",大家也有争论,我看南京"世界城市论坛"的资料就发现不同的国家都讲不同的语言,不同的话语体系,同样讲一个城市,但是各个国家的关注点是不一样的。我举个例子,欧洲或者欧美发达国家,他们对城市关注什么呢?低碳问题、环境问题、自然问题,他们的关注点在这些方面;发展中国家,他们的关注点是什么呢?在平等问题。所以现在出现了一个新的词汇,叫 Urban Divide,意思是城市鸿沟。城市鸿沟是什么意思呢?就是在很多国家有富人区,有穷人区,包括发达国家也有富人区,有穷人区,按理说,一个城市如果是和谐城市的话,不应该有专门的富人区,也不应该有专门的贫民窟,应该是要和谐的,现在就提出了这样一个词汇——城市平等,所以和谐城市这样一个概念,就是城市平等的一个非常重要的概念。

我再说发展中国家,尤其是非洲,非洲这一次展示的主题,更多地是什么呢?农村。我们一开始有的同志就指出来了,他说"城市让生活更美好"这个提法不好,为什么不能说农村让生活更美好呢?为什么说"城市让生活更美好"?其实我们这一次聚焦的是城市,我们先不说这个主题。那非洲人为什么要说,为什么要从农村来看城市呢?因为非洲在城市发展的问题上吃过苦头，他们处于早熟状态，也就是城市发展太快，更多的农村人口盲目地向城市流动，流动过快了以后，就造成了贫民，而一个国家又没有力量来解决城市贫民的问题，就造成了贫民窟的大量产生。所以我们可以看到，《联合国千年宣言》当中有一句话就是2020年要解决一亿人贫民窟的问题，这就是非洲国家、发展中国家更加关注的问题，发展中国家、非洲国家更加关注平等问题。像南美国家更加关注什么呢？不仅关注和谐问题、平等问题，还关注什么呢？都市农业问题、生物多样性问题，等等等等。也就是说，每一个国家的关注点是不一样的。我一直跟我们一些搞研究的同志说，我们不要用我们的一个话语体系去影响大家，这是一个论点，比如说，我们有一句话，我不大同意的，说"城市化是社会发展的强大动力"。中国可以说呀，因为中国在2010年的时候，城市人口已经占全国总人口的47%了，城市化率已经达47%了，以后还会快速地增加。其他国家，他们可能更加关注的是什么呢？是怎么样提高生活质量，而不是让城市化过分加快，甚至提出什么呢？减缓城市化的进程。如果说我们在宣言当中说出："城市化是社会发展的强大动力"，那我们就是强加给人家，人家可能不是这样想的，特别是在非洲，非洲说要减缓城市化，要让农村办得更好，所以非洲提出什么呢？他们说办好农村，办好农业就是对城市的最大贡献，他们从这个角度去说。也就是说每一个国家的关注点是不一样的，我们要考虑到这个问题。

这一届世博会，中国人展示了什么呢？我觉得中国有很多值得骄傲的地方，我们自己可能没有感觉到，我举个例子，有个美国人在参观了上海世博会园区以后非常感慨地说，中国在解决住房保障体系方面是成功的。为什么这么说呢？大家知道，卡崔娜飓风以后，整个城市人口大逃跑，现在还有很多人没有回到城市，而这个城市大量的贫困人口还没有解决正当的住房问题，所以这个美国人就觉得中国在和谐城市的发展方面作出了很大贡献，中国在城市人人平等方面正在作很大贡献。我们要看到中国在城市发展上还是有很多问题的，但是有很多成功的经验。"和谐城市"这个理念体现的是什么呢？我们要告诉世界，城市的发展不是以牺牲大部分居民利益为代价的，而这个是城市化发展的通病；城市化发展也不是以牺牲自然和环境为代价的，这也是大部分城市化发展的通病。我们要致力于解决这个问题，而且我们要向世界宣告或者说宣誓，我们对城市化发展抱有积极的姿态，城市的繁荣完全可以和城市化发展同步。我们对城市的发展是积极的态度，这就是我们这届世博会要表达的思想。但是我们这届世博会要表达的思想当中，这方面还不是很强化，所以我说，我们镇江人可以做什么？我们远离了上海世博会可以做什么？我们有很多很多成功的东西。我觉得我们可以挖掘一下和谐城市方面，让城市更美好方面，能不能形成一种论坛？能不能写成一些文章？让世界人们更多地看到，甚至让国外的游客来到镇江看到在城市发展方面中国人的独特的贡献？

我们要做的事情真的很多，这就是什么呢？这个就是世博会的看点，世博会的看点非常重要。我们来看看，其他国家怎么做的？挪威，挪威这个国家在第一次提交主题城市报告的时候，提交的主题是"挪威的自然"，后来第二次提交的是什么呢？叫"自然之力"，英文叫"Power by Natural"。用自然来推动城市发展和城市建设，这是一场非常了不起的转变，为什么这么说？因为没有用技术之力，没有说 Power by Technology，而是"Power by Natural"。2005 年的世博会叫做"自然的睿智"，"自然的睿智"是什么概念呢？向自然请教，尊重自然，和自然共存。其实这是中国人的观念，中国人最早的一种观点，我们这种理念，现在世界非常流行，这是非常了不起的转变。日本的爱知世博会，结束以后全部拆除，每一个房子、每一个场馆全部拆除，还原到原来的山，一座美丽的山，这是日本在做"自然的睿智"，一个是提出了承诺，另外一个是做成一个榜样："我们这一届世博会，每一个展馆都是一个史像。"挪威人的思想是这样，他们说："我的发展不是靠技术推动，我的发展是靠和自然共存。"这就是他们的价值观。当然这个展馆蛮有趣的，就是用 15 棵树的外形构成，里面则是表现挪威人在城市发展当中怎么样和自然和谐共生。

我们再来看德国，德国这个国家也蛮有意思，在做这个主题的时候，我翻译成"和谐城市"，实际上他们是"平衡城市"，德国人说一开始不能理解我们这个概念,他们说:"我做一个给你们看看什么叫和谐城市。"他们用了两个单词:一个叫平等,Balance;一个叫 City。然后这两个词相加,变成 Balance City。这个词汇,就是和谐城市,他们说我做一个和谐城市的榜样给你们看,他们强调的都是什么呢?和自然的关系,和环境的关系,特别是把低碳城市的理念很好地表述了出来。另外,每一届世博场馆,每一个世博场馆,都有一些镇馆之宝或者有一些震撼的东西,德国做了一个"动力之源"。这个"动力之源"是什么呢?是一种人和金属球可以对话的东西,他们说"动力之源"是展馆的磁场,它生成的能量维系着都市的生命力。这是什么呢?这就是他们对"城市让生活更美好"的一个诠释,每一个城市都有诠释,每一个城市都有精彩的控制线。大家知道阿曼,阿曼用的是什么呢?《一千零一夜》的故事。《一千零一夜》的故事其中有个辛巴达,他们就从辛巴达航海故事里的阿曼古城苏哈尔,到尼兹瓦古都,到现代首都马斯喀特,再到将于 2020 年建成的蓝色都市,然后每一个人坐上了魔毯降落到上海,你看多么的精彩。还有我刚才讲的非洲的一些展馆。比如说,几内亚就提出留住流动人口就是对城市的一个贡献,等等。他们从农村的角度或者说城乡互动的角度来看城市的发展。还有一些,比如说新加坡,新加坡就提出了一种很好的展示方式,新加坡的国花是兰花,他们在实验室专门为上海世博会培育了一种兰花叫石斛兰,他们说这个石斛兰就是上海世博会的新加坡花。这是一个什么含义呢?这一个非常好的形式主线,把中国和新加坡很好地联系了起来。

　　总而言之,这个世博会是一个以"城市让生活更美好"为主题的非常精彩的一个主题公园。办好世博会,是我们每一个中国人的责任,每一个中国人都应该以主人翁的姿态来办好这一届世博会。让我们携起手来,奋力拼搏,畅想更美的城市,更好的生活,更绮丽的旋律,为把这届世博会真正办得成功、精彩、难忘而作出我们应有的贡献。

(2009 年 9 月 19 日)

阅读经典 感悟成长

于丹

于丹
Yu dan

北京师范大学艺术与传媒学院副院长,影视传媒系主任,影视学、文学博士,教授,博士生导师。现为中国电视艺术家协会会员、中国视协高校艺术委员会秘书长、中国视协理论研究会特邀研究员、中央电视台研究处客座研究员、澳大利亚新闻集团首席顾问。主要著作有:《于丹〈论语〉心得》、《于丹〈庄子〉心得》、《于丹·游园惊梦——昆曲艺术审美之旅》等。

谢谢在座的各位朋友,谢谢美丽雄奇的镇江,给我一个再次相逢的机会。就像刚才张局长说的那样,在一年之前的5月的"母亲节",那是一个周末,也是在这里,也是面对大家期待的眼睛,我们大家共同去温习了那样一段温情,历史中关于慈孝的一些观念。

从5月到现在,不过是一年多的时间,十几个月过去了,我们共同经历了很多事情。这一年半的时间,世界风云变幻,中国经历了许多辉煌的传奇,但也有苦难。谁都不会忘记,就在"母亲节"的第二天,就是汶川大地震的日子。我还记得在这里,在母亲节上,我们看到最多的鲜花是康乃馨,那是最美丽的母亲花。但是,在四川,有很多母亲的康乃馨还没有开败,她们就永远地失去了自己的孩子。5月11日是一个周日,我记得在这里大家其乐融融,享受着中国人伦理亲情中那份最淳厚的温馨。但是谁能想到,就在今天这样一个极尽繁盛的时代里,仍然会有一些原始的、近乎野蛮的苦难会猝不及防地来临。我们谁都无法去预知,面对这一切,人们首先是一种错愕,觉得我们的那种狂妄、我们凭借的物质的力量、妄自尊大的那种心迹,被击垮了。我们看到了很多的伤痛。我们今天的传媒其实也放大了很多东西。5·12大地震之后到今天,我们共同经历了什么呢? 大地震之后我们迎来了中国举世辉煌的奥运会,而奥运之后的9月又出现了"毒奶粉"事件。接着,藏独势力的干扰还没有完全平息,今年又出现了疆独势力的干扰,而且出现了全球性金融危机。

我们一步一步走到今天,窗外是一个金色9月,可以说这是一个最美的季节,万物开始转向浓郁芬芳与它们的成熟。而我们,我跟大家分别16个月,再次来到这个地方去梳理中国,其间我们经历了这么多事情。我上次来到这里的时候,宣传的一个主要命题是改革开放30年,而到今天呢,我们主要的命题是新中国成立60年。为什么要提这一段背景? 是因为我们每一个人生命的座标都没有办法摆脱历史的环境,每一个人其实都在历史的风云之下,让我们的生命接受涤荡,无论主动还是被动,我们要信任历史正在从我们的生命中穿行而过。人生是一件短暂的事,但是区区16个月我再来到"文心讲堂"的时候,我刚才所说到的这一切,是中国和世界共同面临的,是一些大事。过去我们总是说人生苦短,但其实你看看 16 个月,不到一年半的时间,我们见证的大事已经有多少个了呢?我们在这样一个前提下,来走进今天的题目。

为什么要阅读中国的经典,为什么要感悟生命的成长,因为我们自己不选择一个博大的坐标,我们就无法去适应一个浩瀚的历史;我们自己不建立一个伟岸的生命格局,我们将无法面对这个急剧变化的世界。学习文化不是我们生活里的孔雀毛,它不是用来锦上添花点缀的,它是一种雪中送炭,它是一种生命气象的建立,它让我们面对一个匆急的、变化的、充满惶惑的世界而能够气定神闲。刚才张局长在开始的时候讲到,"关乎人文以化成天下",这句话是出自中国最古老的一本书——《周易》。《周易》教我们什么呢?观天相知四时,是自然的归宿,观人文化天下,这是社会人生。什么叫文化?中国对于文化最早的解读就在这句话里,文而化之。先要观察世间百态,聚敛起来观念和价值,再去氤氲化生、透入人心。这就叫文而化之。大家都在说我们是文明古国,几千年厚重的文明积淀下来,我们缺少"文"吗?也许我们从不缺少,但是我们缺少的是"化"。中国的文化现在有一个很严重的问题,是什么呢?是文而不化。大家可以看这是一座图书馆,有很多的典籍,这是一个令人肃穆敬仰的地方,但是典籍仅仅是那些静默的文字躺在发黄的册页之中吗?它是我们生命的信念吗?它是人与人之间的爱与善意吗?它能够让我们面对未来可以说我从容不迫吗?如果一切典籍上的文字真正与你的生命风云际会变为这样一场缘分,这就是文而化之。所以我很喜欢在这个地方跟大家沟通,因为这个地方不仅有文,而且我们做的事情应该就是化生之境,这也是为什么一开始我要先说我们正在面对历史。

我们走过的这两年,坐标都很大。去年是中国改革开放 30 年,今年是新中国成立 60 年。一个人的生命能见证几个 30 年,几个 60 年?都让我们赶上了。我们以为这都是国家的事情吗?这是每一个人的事情。如果每一个人仅仅看自己的脚下,可以说你的生活会遭遇种种的困扰,会受一些劳碌、奔波、困顿、疲惫的折磨,但是怎么样去对抗这一切呢？文化是什么？文化并不能推迟地震或者海啸的来临，它也不能瞬间改变金融危机的现状，文化给我们的是面对这一切的生命态度，文化能够改变的是每一个人的内心如何去面对这个世界。世界是我们人人面前的一道命题，但每一个人在世界中如何被选择，成为什么样的状态，取决于自己。我曾经看到过一个很有意思的预言，说你可以做一个试验，社会是什么？社会生活就好像是你眼前滚开滚开沸腾的水，没有哪一个职业、行业会因为对你存有脉脉深情而让你进入这锅水的时候变成温泉，你一定是要受煎熬。问题是，你以自己什么样的生命之力去与这锅水相抗衡。我们来做一个试验，假如眼前有三锅滚水。第一锅水里面投进去一个生鸡蛋，第二锅水里面投进去一个生的胡萝卜，第三锅水里面扔满干茶叶，同样的煎熬，同样的时间，最后来看，三个锅中的结果一样吗？生鸡蛋本来是流动的，鲜鲜亮亮的，就好像我们每个人刚进社会时候的那颗少年心，它是青涩的、充满梦想的、容易信任的。但是煎熬以后会怎么样，煎熬来煎熬去最后这颗心就变成一块硬邦邦的石头。你去看看那个熟鸡蛋，剥了鸡蛋皮鸡蛋清是硬的，剥掉鸡蛋清鸡蛋黄还是硬的，里里外外硬邦邦。我们经常会见到被生活煮硬了的人，你去跟这种人交流，他习惯于以偏概全，习惯于怨声载道，他认为这个世道生活都是艰辛的，人心都是丑陋险恶的，前途都是渺茫无望的。这些人抱怨已经成为一种习惯，而这种抱怨就类似空气中散发的一种腐烂水果的味道，使人充满了不快。那么再看第二锅，生的胡萝卜本来是有款有形、鲜鲜亮亮的，但是煮起来，经过很久的煎熬，你会发现这是被生活煮软了的一种人，只剩下烂摊摊的一摊胡萝卜泥。这些人往往也善良，可能在单位大家一问："你有什么样的愿望啊，还要提什么建议啊？"就会说："我跟随大家好了，听大家的意见，大家说怎么样我就去服从。"在家里说："你有什么发展的规划啊？""哎呀我们这个岁数了有什么规划呀，只要孩子好孩子学习好这就是我的全部价值了。"这样的人是在生活中习惯妥协的人，他已经在生活的煎熬下失去了自己。那你想一想，除了被这锅滚水煮硬或煮软之外，还有第三条路吗？第三个锅里的干茶叶，最早都是干巴

阅读经典 感悟成长 于丹

巴的，但是在水中煎熬沸腾之后，叶片变得滋润、丰美、舒展，它自由地起伏，同时它把这锅水改变成了芬芳的茶，这就是人与社会相处最好的方式。也许我们不能够去选择社会为我们每个人减低沸点，但我们可以选择自己生命的质地和与世界相处的方式。我们怎么样去选择，一个人生命的质地怎样铸就，这是文化的力量，这就是我们说的文而化之。

怎么样去化生自己的人格呢？《庄子》里面有一句话说得很好，特别简单的5个字，叫做"外化内不化"。这5个字我以为是人生一个至高的境界。"外化"就是指我们的生活一切外在的东西，要尽可能地融化在生活中。比如说人人都要进入职业的岗位，那就一定要爱岗敬业、忠于职守，包括牺牲一些个人的意志，要服从规则、遵守秩序，这都是必须的。再比如说，逢年过节，可能你会觉得人与人之间的礼俗是繁文缛节，没什么意思，但中国就是这么重伦理，所以礼尚往来，你也要应酬。随和的人总是受人欢迎的，这就是"化"。所以从职业到个人生活，一切你都得去承担，这就叫"外化"。但是更重要的还有三个字叫做"内不化"。就是你的生命、自我一定还有所坚持，还有一些梦想，没有因为人的成长和成熟而放弃，内心还有一种永恒的光芒，能够去抵挡这样一个世界上种种妥协你的力量。一个人可以坚持独立与尊严，一个人可以崇尚自由和舒展，这就是内心的"不化"。你想，这5个字，中国的哲人为什么了不起啊，人家用5个字就能把人生的状态说明白，就叫"外化内不化"。我想我们每个人的生存其实可以分成两个层面，就是外在的生活和内在的生命。一个人在生存层面上要尽可能去融化，在生命层面上要尽可能去坚持，只有这样的人，他的内外才能够形成一个大的平衡。你可以看看刚才我们讲的那个故事，像那个鸡蛋，它就是内不化，内心很坚定，但是它外也不化，根本不进入社会规则，跟谁都磕磕碰碰，那谁去接受它呢？你看那个胡萝卜，是外化了，但是内也化，完全没自己了。但是茶叶是什么？茶叶是内不化，煮来煮去，那个叶子还在，但是外部一定是融化的，它才能释放能量，去改变这锅水。所以，中国的哲学给我们的态度，不是教你一味简单地忍让、妥协，而是以一种达观的态度选择进入世界，热爱并且去改变它。所以我想中国文化的力量，是一种隽永的生命力量，它让人笃定安闲地向前走，它能够给你建立一个生命的格局。

　　为什么说要有格局？我们平时总在说一个词，谁的思想有局限性，谁的生活有局限性，何为"局限"呢？局限，就是一个人格局太小，所以为局所限。局限性这个东西，不是你的对手给你找的麻烦，一定是你出不了自己的局，就像我们说下棋看5步，你去看一个棋盘，你知道天元在哪里，你知道四角的谋篇布局可以怎么去挂子吗？不在乎你当下做什么，而在于一个人的眼中有全局。每个人的生命都是一个局，你的局大局小决定了当下你如何去支配自己的生命。我再说一个特别有中国味道的故事，一个禅宗的小故事。一位弟子捧着一碗大米去找他的师傅，他说："师傅请你告诉我一碗大米它有多大的价值。"他的师傅说："一碗米看在谁的手里。如果交给一个家庭主妇，她加一点水上锅蒸一蒸，10分钟拿出来，一碗米饭那就是一块钱的价值。还是那碗米，泡一泡，发一发，分四五堆，用粽叶裹一裹，卖四五个粽子，那就是四五块钱的价值。还是这碗米，往里面加酒曲，发酵，加温，经过一个长长的酿造过程，最后得出来一瓶酒，这瓶酒就是二三十块钱的价值。"所以说一碗米有多大的价值是因人而异的。我们大家想想吧，为什么人需要有眼界有格局，因为我们每个人的生命不过就是一碗米。一碗生米和一碗米饭之间形态最接近，这是常规性的思维、常规性的产品，兑现时间最快，也最不承担风险，但同时它价值最低。一碗米和一瓶酒之间，形态差异最大，酒里一粒米都找不着了，这个生命要经过千锤百炼，它的技术含量最高，加工时间最长，承担失败风险最大，但最后它实现了自己全部价值。不是每个人都敢拿自己的生命去酿这瓶酒的，绝大多数人说："我知道米酿酒，我宁可成米饭，因为我熬不起那个风险，我耗不起那个时间。"成为米饭这件事基本是不承担风险的，这是绝大多数人的选择。为什么开始我要讲，历史正在我们的生命中穿行而过，中国在整个国际文化圈中正处在上升地位。中国变得举世瞩目，并不仅仅是因为金融危机我们打了漂亮仗，还因为整个的文化环境。中国人的思想观念现在受到关注,我们真的能让这些观念变为自己的一种生活指导吗？一个人真的能够建立一个天高地广的大格局吗？那就要追问我们的古典有什么样的源头。

我从来不认为中国的文化源头是单一的,我们是儒、道、释三家共融共存的。大家可能说儒、道、释多么复杂呀,我们都不是搞专业研究的,我们哪有时间去学习儒、道、释啊。我用最简单的话概括来说这三家是干什么的。儒家教我们认知人与社会之间的关系;道家教我们认知人与自然之间的关系;佛家教我们认知人与自我内心的关系。这三种关系大家想一想,你就是不了解儒、道、释你也会面临这种命题的困扰。谁不进入社会跟人打交道？谁没有看到宇宙自然跟自己的关系呢？包括自己的生老病死。谁没有内心的惶惑迷茫？如果你真的想去解决问题,也许中国文化会给你一个思维方式,中国文化的好处是它不提供标准答案,它提供一条探寻的路径。就好像我们在镇江,你去审美,爱山的人有北固山,爱水的人可以去看滔滔江水,爱山林风物一切的人在这个地方皆有所得。爱英雄豪气的可以登上北固楼去想一下那种落日楼头江南游子的金戈铁马,而爱浪漫传奇的人可以在这里去追寻许仙和白娘子。一个好地方给人提供的永远不是最终的答案,是它的多元性,是一个人的自由。文化应该是一个释放,而不是一种束缚。文化不是象牙塔,它不给你一种约束而给你一种自由探寻的路径。所谓仁者见仁智者见智,多元化的好处就是你内心只要有这样一种向往,每个人皆有所得。所以我说儒、道、释其实是一个坐标。什么样的坐标呢？中国人开天辟地有一个古老的故事,那就是盘古跟天地的关系。《三五历纪》这本很古老的书上说:"天地混沌如鸡子,盘古在其中。"这个小人跟天和地是一团蒸汽含混在一起,不会是像西方神话中,一个英雄抡着一把大板斧"哐"地一下,瞬间就开天辟地了。这个不是中国式的,中国人讲究的是渐变式的生命成长。所以,天日高一丈,地日厚一丈,盘古日长一丈,也就是说天和地在长,人也在长,而且大家保持着完全相同的成长速度,这样长从容不迫。传说盘古这个人"一日九变"。这4个字让我很感动。"九"在中国数字中吉言其多，一日九变，一个人的生命就在这种从容不迫的成长中，每一天有无穷无尽的心灵变化。我们今天还能体会这种变化么？这种变化如果发生在一个七八岁、十四五岁的孩子身上，大人会很欣慰地说，这叫成长。而长成后呢，我们习惯说"人过三十不学艺"，我们习惯于说"人到四十天过午"。这些话都是什么意思？就是说我可以不变化，我拒绝成长。而一个人真正的衰老，就是你自己的内心开始拒绝变化。你如果看到一个七八十岁的老奶奶，孙子上学去了，打开电脑，玩孙子的游戏；孙女儿不在家，把孙女儿的裙子穿出来在镜子前绕个圈；或者自己上街买块花布回来，趁儿女不在把窗帘、沙发罩都换了；或者到外边吃了顿饭，回来再把厨房里弄得乌烟瘴气，非要给大家做一做。你会觉得她衰老么？你仍然会觉得她烂漫天真。这就是因为她在追求变化。一个七八十岁的人，已经不需要为了一份工作再去考一个文凭、拿一个学历、找一个执照，也许生活中某一件着装或者饮食的变化就是一种生命的成长。

我们怎么才能像盘古那样，一日九变，保持着这样一种从容的、泰然的生命的变化，跟随天地氤氲之气，一长长多少年呢？"万八千岁，天地开辟"，是说一长就长了一万八千年，长得天和地终于分开了。到了那个时候，"天数极高，地数极厚，盘古极长"。一个人的尊严，生命的辽阔，是在一万八千年中逐日逐月地累积起来的。到那个时候形容他的人格，有这样一组词，叫做"神于天圣于地"。我相信"神圣"这个词我们大家听得很多，但何为"神"？何为"圣"？它并不在一个层面上。"圣于地"就是指人在大地上，在社会中，像儒家所提倡的那样做一个圣贤。"神于天"就指人飞翔在自由朗空之中，心接万物，像道家所提倡的那样做一个神仙。如果你再加上第三个境界，那就是顶天立地的这个人，"诚于心"。中国人的佛是立地成佛的顿悟，心中有觉悟，那么你就"诚于内心"。"觉悟"这个词是个佛家用语，什么叫"觉悟"？大家看看中国字写得很有意思，觉字头下面是"看见"的"见"；"悟"字呢，竖心旁一个"吾"，什么是"觉悟"？"觉悟"就是"见吾心"。真正的觉悟不是要求去了解整个互联网时代的高等的那些物理、化学、生物的学问，而是一个人有反躬自省、透视内心的能力。知道我心何在，何去何从，了解内心并且能够把握自我，这就是立地成佛。所以我们可以想一想，儒、道、释三家无非是一个人"神于天、圣于地、诚于心"，就是这么一个过程。如果每个人都能在大地上像圣贤那么承担责任，那么他就是不愧今生的；每个人都能在天空上像神仙那样独往独来，他的生命就是自由的；每个人的内心都有一份清澈的觉悟，他就是不迷失的、从容微笑的。这三层境界统合于一个生命之中就是中国人的"封神"。所以我说什么是"文而化之"？真正的化身之境，就是把一套一套几千年传下来的学理体系的东西变为自己的生活方式。不要以为这是一件很难的事情，人人都可以做到。变为你的生活方式，你就多了一份依据。什么叫做"圣于地"？大地去做圣贤。

儒家教给大家什么？你看中国儒家，《论语》总共不到两万字，但是其中有一个字提了190多次，那就是"仁爱"的"仁"字。怎么理解这个字啊，老百姓有一个特别通俗的说法，叫做"二人成仁"。也就是说，单立人加一个二。什么意思呢？每两个人之间的关系就构成了是"仁爱"还是"不仁爱"。说白了"仁爱"就是一种人际关系。所以我说儒家教人认知，教人跟社会打交道。我们多少人困扰于人际关系呢？什么是人际关系呢？"仁爱"教人的无非就是这样一种与人和谐相处的办法。孔子的学生曾经问过老师，什么叫"仁"？孔子就回答两个字，他说"爱人"。好好地、发自内心地、充满善意地对别人好，这份爱就叫做"仁"。学生听了以后不知道怎么去做，需不需要"博施于民而能济众"？是不是广博地把我的能力、钱财、事业接济到众人百姓，我就做到"仁"了？孔子摇摇头说，你说的这种境界太难了，谁有那么高的能力啊，那是圣贤的境界啊，"仁爱"不用那么难。孔子接着就说了很朴素的一段话，他说："己欲立而立人，己欲达而达人。""己欲立"，我们为什么从小要读书，长大了要工作，人人不都想早点在这个世界上安身立命，让自己的价值确立起来吗？"而立人"，你想立，别的人也想立，自己想立，就搭把手，帮别人一起立起来，那一旦立住了以后呢？第二步就谋求发达，"己欲达而达人"，你想发达，别人也想。所以中国儒家的道德标准从来没有高尚到要求"己不立而立人,己不达而达人",牺牲自我成就他人,那对于一般老百姓来讲是做不到的。它要求的无非是将心比心,推己及人,就如此简单。所以你说什么叫"仁爱"?"仁爱"无非就是那样一种态度变成的行动。所以孔子很喜欢的一个学生曾子,曾经概括说:"夫子之道,忠恕而已。"意思是说我老师的道理说一千道一万,最后概括起来就两个字,一个是忠诚的"忠",一个是宽恕的"恕",就这两个字。我今天看到来了很多位大爷大妈,我估计年纪大一点的都还记得"批林批孔"的时候,批忠恕之道,批得很厉害。但其实怎么理解这两个字,为什么说这两个字就是孔子的核心价值呢?到了朱熹先生解这两个字的时候,解得非常朴素。朱子就是给我们拆字,他说"中心为忠",上面一个"中国"的"中",下面一颗"心",这个字就念忠诚的"忠"。这话什么意思呢?就是说,这个世界上真正的忠诚,不是有一个外在的规章制度,要求你忠守于职业、忠守于一个人、忠守于一种约束,真正的忠诚只有一种,就是自己良心的底线,在你心里面。老百姓说的"摸着心窝子办事,你良心过得去就这么做吧",这个"忠"字就在这里,这叫"忠心为主",看得见自己内心的良知,并且按照这个良知去做事,这叫"忠"。那什么叫"恕"?朱子接着拆字也很有意思,他说"如心为恕"。人怎么样能够宽容,不是要求你忍气吞声,自己忍了算了,这叫宽容吗?想想不行,而是站在对方的角度,站在他的立场,跟他换位思考、将心比心。在一件事里,当他人心如我心的时候,你自然就能宽容一点,这叫"如心为恕"。拆完这两字后,朱子又说了两句话。他说"近己为忠,推己为恕"。一个人好好尽到自己的心,那尽了人事还得知天命,不见得事事都能做成,但你尽心了,这就叫"忠";再把这颗心好好推到别人身上,就会变得宽恕。

为什么曾子要说"忠"、"恕"这两个字是核心呢?因为人这一生,如果能做到对自己忠,对他人恕,对事情忠,对人恕,那这一辈子的坎坷、困顿一定会减少的。说得很简单,但这种简单里面呢,也蕴涵了一个道理,就是这两个字又有一个相同的密码,它们都有一颗心。为什么在今天要说这个话，因为我总觉得今天是一个过分技术主义的时代，我们崇尚用脑子去判断，而更少用心灵去生活。今天是个大脑发达但是心智又不会减弱的时代。但是你想想中国人，我们说思想活动在中国字里头它底下都是一颗心呐。中国人说的感恩，这种美好的情怀，下面都有心。什么是"恩"字，恩就是因心而起的那种情愫。我们说的慈悲这两个字下面都有心。去年"5·12"大地震之后，全国都在做慈善，网上大家会看到很多争论，就是一些大企业家捐多少钱才算慈善，其实这里面我们有一个误导，就是"慈善"是慈悲之心决定了善良之行，数字这件事只是一个行为，你能看见这颗心有多少吗？一个人如果忽略了他心灵的动机，那么在做事上是没办法评判的。所以我们在今天给心灵还留了多少空间呢？中国人做错了事，那种反省叫做"惭愧"，"惭"和"愧"都是竖心旁。中国人负面情绪，那些"忧思"、"恐惧"、"迷惑"，这些字的偏旁都有心。一颗心你要是拿个大门把它框上，这个字就念"烦闷"的"闷"。谁给你开门，文化就是这把钥匙，它为我们每个人的心开门。你要看得到一颗心在，这个心就能做很多事情。这就是《论语》中为什么要讲究人的那种自我成长和心灵的反省。孔子说"君子日三省乎己"。每天都要反省，反省好多遍。大家觉得累吗？你再看看他反省的都是什么事？这话也是通过曾子的嘴说出来的。说了三件事，我们今天看看有用没用。第一件事叫做"为人谋而不忠乎？"人人都有自己的社会角色，有自己的职业操守，你今天出来为社会做事，但你做得忠诚吗？尽心吗？这是我们每天要问自己的。第二句话叫"与朋友交而不信乎？"朋友之间的承诺你要么就别答应，答应了就一定要做得到，你今天才守信用了。第三件事叫"传不习乎？"传播是外在环境的事情，学习分析是个人生命成长的事。"传不习乎？"就是说在一个大传播环境里面，今天听新闻，明天看报纸，各式各样的知识信息都在这，但是你学习了么？变成你个人生命的成长了吗？他问的这三句话，我们要转化成今天的坐标，第一"为人谋而不忠乎？"拷问的是每个人的职业人格；第二"与朋友交而不信乎？"拷问的是每个人的伦理格；第三"传不习乎？"拷问的是每个人个人的生命人格的成长。就是每天都问自己，是否对事业都能做到忠，对亲人、朋友都能做到信，对自我能够做到不断成长。所以我为什么说文化是一个生活方式，你真正这么想一想就不觉得他很迂腐，他其实是可以变成你自己的一种态度和行为的。

那么，既然都有一颗心在，"仁爱"就是一件可以身体力行的事情，就要扎扎实实地往下走。所以孔子的学生也问他说："我怎么样才能做到'仁爱'？"孔子是一个把道理讲得深入浅出的人，他有许多行为的例子，这就是我说的"化成天下"那种行动的力量。所以"仁爱"有"五者行于天下"就算做到了，我可以给你指点 5 个方面，你试着从 5 个方面去做，就算是做到了。今天我们在座的各位也可以听听想想，看看这 5 个方面离我们自己的生活有多远。第一个字是恭敬的"恭"。孔子说"恭则不侮"。什么叫做"恭则不侮"？用今天的话来说，你越是做到对他人毕恭毕敬，你自己的生命就越不至于招致侮辱。这是一个简单的逻辑，因为世界上别人的面孔都是你自己表情的镜子，你对人和颜悦色，别人就对你笑语春风；你对人怒目而视，别人就对你怨气冲冲。一个人怎么样能够有自我的尊严呢？就是实实在在对世界、对他人抱有一种恭敬的态度，这就叫"恭则不侮"。可是恭敬这件事情为什么现在越来越难了呢？这是因为这个世界上的空间越来越小，越是精英，每个人需要的能量越是在不断地扩大；越是精英越要求自己的生命是完美的；越是精英越容易剑拔弩张。所以恭敬他人是内敬才有外恭，也就是说到底一个人，可能先要把内心放得松弛、柔软，才能避免掉很多的冲突。什么是真正内心的松弛？我看到一个很有意义的预言故事。有一个武士，一位大英雄，行走在街上，偶尔路过一家弓箭行，突然看见橱窗里摆着一口样品弓，非常漂亮。那个弓张得满满的，弓弦上面绷着一支箭，从木质到雕花一切全都符合他完美的理想。这个武士就冲进去跟老板说："我要买你那个样品弓。"老板说："你看我后面墙上挂着的弓，随便去看，要哪个都行。"他就去看着挑，那些弓没有拉起来，松松垮垮地挂在那里，一个一个看下来都不漂亮。所以这个武士犹豫了很久，最后回来还是说："你这些弓都不漂亮，我可以花重金加价钱，一定要买你那个样品。"老板这个时候就笑了，他说："样品就是样品，样就是我不要的一个废物，你想想一口弓 24 小时老是在那绷着，你相信它还能有韧性吗？那就是没用了，摆在那做招牌的。你看我后面卖的那些弓，看它们松松垮垮的，这就是处于涵养、陶冶那种柔软的状态，真等你用的时候，搭弓上箭，轻轻一射就是百八十米。"所以老板说："你跟一个没用的样品叫什么劲呢？"我们的生活里常常会陷入一种误区，就是一个精英把自己绷成了完美的样品，失去了生命的柔韧，内心就会真的没了恭敬。因为每天都在绷着，绷得这个人没弹性了，绷得这个人不柔韧了，绷得这个人从架子上拿下来就没用了，所以他就永远在架子上绷着。什么叫做"恭则不侮"？想完成对世界的恭敬，光靠说服自己有教养是不够的，要在生活方式上把自己从架子上拿下来，该涵养、柔软着就去柔软着吧。这样的话才可能保有自我的尊严，然后才能够去谈对世界的爱。所以孔子放在第一点的叫"恭则不侮"。

第二点叫做"宽则得众"。谁宽厚、宽容，谁就容易得到众人的爱戴，叫做"宽则得众"。大家固然都会觉得宽容是一种美德，但大家有没有想过，宽容其实是一个人先宽而后乃容，这其实是两个阶段。也就是说一个人在没有事的时候先把自己涵养养宽了，有事来的时候才容得下。如果一个人本来就很窄，有事让你现撑宽了是做不到了，所以宽容是一个颐养的过程。什么是"宽"？"宽"说白了无非就是人看世界的一种态度。什么是生活啊？生活，通俗的说法就是，眼前半瓶红酒，乐观的人永远欢天喜地，说："天哪，这么好的酒，它还有半瓶子呢。"悲观的人唉声叹气，说："唉，这么好的酒也就剩半瓶了。"其实你想想看，这种天壤之别说的是同一件事。生活并不会因为你欢天喜地而对你多出来一滴酒，也不会因为你怨天尤人而真的就减了你一滴酒，但它在你心里的感受、含量一定不同。关键是乐观的人永远看有的那半瓶，悲观的人永远看空的那半瓶。可事实上每个人的生活都是半瓶酒啊。世界上不会有一个幸运儿从生到死都是满满的一瓶酒，正如世界上没有一个倒霉蛋从生到死都是一个空瓶子。所以你如何评价你的生活,你的眼界决定了你的宽与窄。

　　这个世界上最挑剔最苛刻的人不一定是那些生活最不好的人,而最快乐最幸福的人也并不一定是坐守金山银山的人。前两年估计很多人都看过一部电视剧叫《贫嘴张大民的幸福生活》,你可以想想看张大民这个人有什么可幸福的? 一个下岗工人,妈妈有老年痴呆症,动不动就走丢了,妹妹得了癌症,几个弟弟闹着分家,他们家小破院里头分他一间小平房,床中间长着棵树,所以生个儿子就叫张小树。你说他们家能幸福到哪儿去呢? 但你看了觉得他真的很快乐。他的秘密就在两个字,他是"贫嘴张大民"。"贫嘴"是什么呢? 它是解构苦难的一种方式。就是一种苦难在眼前,我不把你当回事,我拿你当个笑话,他就真变成了一个笑话,这就叫"宽"。宽和窄其实是一个人内心态度在眼睛里的折射。镇江人都很熟悉苏东坡,他在扬州呆了很长时间,大家也都记得他的好朋友佛印,这两个人经常坐在一起参禅,坐着坐着苏东坡累了,就睁眼问:"你看我坐在这像什么?"佛印看看说:"你端端正正坐那当然像尊佛呀。"苏东坡哈哈大笑说:"你个大胖子往那一堆,我就看你像一摊臭牛粪。"说完以后觉得占了很大便宜,回家就跟自己那个才女妹妹苏小妹炫耀,说:"我今天占便宜了,佛印说我像佛,我说他像一滩臭牛粪。"苏小妹一听就冷笑,她说:"哥哥,就你这个悟性还参禅呐,你不知道佛家讲'身是菩提树,心如明镜台'吗?"什么叫"心如明镜台"? 就是明心而见镜,人心里面有什么眼睛里就能看得见什么。所以苏小妹说:"佛印就看你这么个凡夫俗子说你像佛,你说人家的心修炼得多好啊。一个内心包容、慈悲、柔软、善良的人,看谁都慈眉善目,他才能说出别人像佛。这就是生活里经常赞美别人的人。"苏小妹继续说:"你倒好,你说他像牛粪,那得问问你心里面到底有什么啊。"其实我估计这么多朋友在那笑,你们就是想身边一定有那种看谁都像牛粪的人,你一定会发现即使在镇江这么好一个地方也会有人不断地挑剔,觉得气候不好,环境建设不好,走到公园里地上还有垃圾,一定会有这样的人。就算一个多年的老朋友不见,10 年、20 年的同学聚会,如果进来一个红光满面、意气风发的人，大家可能都冲上去说："哇，你气色真好啊，你这一看好日子都在脸上啊。"习惯挑剔的人本能地就会想："哟，你看，年纪轻轻肯定得高血压。"所以什么叫宽与窄呢？有的时候抱怨和挑剔会成为一个人的习惯，当抱怨成为习惯的时候，这个人不管得到什么，都不会再得到真正的幸福和快乐，你想谁愿意当这种成天抱怨的人的朋友呢？所以这种人就没朋友，这就是圣人说的"宽则得众"，多么朴素的道理。这都是《论语》上的话，大家不会觉得太难懂的。

做到了"恭"和"宽"，生活态度上会好一些，但靠这个做事不行，做事是要有原则的。所以孔子说的第三个字是"信"，他说："信则人任焉。"这是一句特别实在的大实话，"人"就是"他人"的"人"，"任"就是"任用、任命"的"任"，"焉"就代指守信用的这个人。什么叫"信则人任焉"呢？用今天的话来讲就是，你越守信用别人就会不断地任用你、任命你、给你职业晋升的台阶，就这么简单。守信用是一个公民基本的良知、准则，不守信用，以后就没有好的职业潜能，越守信用，别人就越任用你。大家可能会有这个感觉，一个单位年年都分来大学生，刚来的一两年，专业尖子特别扎眼，因为他专业好，恃才傲物。等在这个单位的岗位上工作了十年八年甚至十几二十年，你再看，发展最好的几乎都不是当年的专业尖子，而是那个专业资质平平、为人笃诚守信的。就一条，能做到用自己的名字守住信用，领导不管什么事交给他不用再问第二遍，一遍做到。你看吧，他是不聪明，但是在十几二十年的后劲里，他的发展却会最好。今天是个知识不断更新换代的时候，也就是说，一个人是可以在成长中不断去学习的，但是守信用这件事，老百姓有句话说得好，叫"金碑银碑不如口碑"，人要是口碑毁了，一辈子没有未来。什么叫信誉？从一个公民的信誉到对一个国家的信仰。

"信"字有多重要呢？孔子的学生子路有一次问了老师一个大问题，说："老师，你教教我怎么样从事政治。"这个命题我们今天要写得写好几本书，但孔子就说了简单的三句话，做政治有三条就够了，第一句叫做"足兵"，就是得有足够的国家机器，得有兵力；第二句叫"足食"，起码得吃饱肚子有物质基础；第三句是"民信之矣"，老百姓从一个人要有信誉，到对这个政权要有信任，这是个简单答案。子路又刁难老师，说："此其三，必去其一。去何？"老师，三条还多，您再给我去一条，老师说"好"，去"兵"，那就不要国家机器了。子路说："此其二，必去其一。"您再给我去一个，孔子说"好"，去"食"，那也不要物质基础了。接着孔子说了一句话，他说："自古皆有死，民无信不立。"去了"兵"、去了"食"，人大不了就是一死，自古而今谁还没个死呢？但要没了这个"信"字，"国民不立"，就立不起来啦。这就是孔子"信"字的位置。他说过一句大实话，叫做"人而无信，不知其可"。一个人活着要是连个信誉都没有，那就真不知道他这辈子凭什么活着了。所以什么叫"信则人任焉"？一个人要想安身立命，守住信誉是个起点。光有信没效率也不行，不能仅凭虎干、蛮干甚至傻干，要想有效率就是第4个字，敏锐的"敏"。孔子说："敏则有功。"就是谁敏锐、敏捷地思考，谁就能建功立业，这叫"敏则有功"。怎么才能够做到"敏"呢？"敏"其实就是调用你的智慧，在这样一个混沌的、喧嚣的、嘈杂的世界里永远去抓到效率。但是光有智慧不行，你还要有达观的心态。不是说人人在奋斗着、努力着，就诸事皆成。人做的事总是失败的居多，成功的是少数，但是什么是失败？我们可能都听到过生活中有人抱怨，说："生活对我们不公平。我这么辛辛苦苦地努力，我这么勤勉善良，却给了我这么一个不公正的结果。"其实，"结果"这两个字是不能够轻易出口的。当一个人说这是结果，就意味着已经认定它已经结束了，而不可更改后果了。我们难道没有明天吗？不一定每个日子都有这么璀璨的阳光，但是刮风下雨难道不是明天吗？此刻不管是大喜过望，还是忧苦伤悲，都是阶段性的状态，到了明天都会转换，这都是阶段，不是结果。所以一个人不要轻易对自己说"结果"，用敏锐去改变，这件事情就不会终止。

　　我看到过这样一个故事，有一对弟兄，以做手工陶艺为生，每年辛辛苦苦烧出一百多个大陶艺罐子，然后满满地绘上手工釉彩，每个都不一样，非常漂亮。每年一次，把一百多个大罐子装上船，漂洋过海去一个大港口城市卖掉，换来一年的口粮钱，回来再这样工作。但是有一年满载着罐子的大船快到岸的时候，海上突然起了狂风恶浪，弟兄两个挣扎着靠岸的时候，回头一看一百多个罐子全都打烂了，一个完好的都没有。哥哥当时就号啕大哭，他说这么好一个大城市谁家买破罐子，我们这一年的口粮钱可怎么办啊。他在对着结果哭泣的时候，弟弟就上岸考察去了，他在岸上转了一大圈，发现这个城市比他哥哥想象的还发达，房地产业蒸蒸日上，所以弟弟回来的时候手里拎着一把大锤子，一上船就抢起锤子"咣咣咣"把破罐子砸得稀烂稀烂。哥哥说："你受刺激了啊，回来还砸呀。"他弟弟说："我们不卖罐子了，改卖马赛克。"因为整个城市忙装修啊，所以把这些烂罐子都砸成了不规则大小的装饰瓷片了，卖了一船马赛克，比卖罐子还高了很多利润。这是一个好故事，它告诉你不为结果而哭泣的时候，一种极端性的敏锐思维有可能创造另外一种新的价值。什么是"敏"？人生苦短，敏锐就提升了你生命的效率，给了你更多种可能。印度诗人泰戈尔说得好，如果你因为失去月亮而哭泣，那么你就快失去满天的星星。你要相信上帝为你关上一扇门的同时，一定为你开了一扇窗。看你自己能不能够敏锐地意识到并且去行动，所以敏锐是一种判断也是行动的能力。

如果一个人恭、宽、信、敏都能做到，那么这个人差不多就该带团队了。所以孔子关于"仁爱"的最后一个字，第五个字是恩惠的"惠"，这个字是说给带团队的人的，也就是我们今天做领导的人的。他说："惠则足以使人。"就是说，一个人如果有仁惠之心，就足以调动和使用他的每个下属的积极性。关键是什么叫"惠"？小恩小惠大家都能理解，发个奖金啊，鼓励鼓励啊，但大的恩惠是什么？一个最好的领导就是能够看见下属每一个人的不可替代性。中国的老话叫"寸有所长，尺有所短"，每个人天生我材必有用，关键是领导能不能识别你。为什么中国古人，战国四公子养士的时候，养鸡鸣狗盗之徒。满腹经纶饱学之士平时对这些人多么不屑啊，可是国家真要有危难，那些满腹诗书的人可能束手无策，只有鸡鸣之徒惟妙惟肖叫开城门，主人才能逃生。狗盗之徒更厉害，从狗洞出去把重要文件发出来，发兵救国。

所以说鸡鸣狗盗也是核心竞争力，因为不可复制。我们现在教书都要考 MBA、EMBA，都是批量复制。你发现一个人的核心竞争力了吗？什么叫好领导？好领导永远是发现一个人的价值空间，而不仅仅给他立体空间。人为什么是有尊严的？就是他需要鼓励和肯定。真正的恩惠，"惠"字下面也是一颗心啊，就是心对心给他价值肯定。有句谚语说得好，世界上没有废物可言，所谓废物只不过是放错了地方的财富。我们套用这句话说，什么叫好领导？好领导就是把别人认为的废物能放对了地方让他成了财富。什么叫差领导？差领导就是把大家公认的财富永远放错地方，这一辈子终于让他成了废物。所以什么是真正的"惠"？这件事情光有一个仁慈的心还不够，还要有真正的判断。

孔子说"仁爱"这件事怎么做啊？咱们得从 5 个方面做，叫做"恭、宽、信、敏、惠"。这 5 个方面我们按照今天的坐标梳理一下，"恭则不侮"、"宽则得众"这两条说明什么呢？是做人的修养。"信则人任焉"、"敏则有功"说什么呢？做事的方法。"惠则足以使人"，做官的态度。怎么做人，怎么做事，怎么做官，现在人不就面临这点困惑吗？你说古人说什么，不就是一个"仁"字吗？包含 5 个方面，慢慢去做，所以孔子为什么说"仁者不忧"？谁都不愿意忧伤，要真把这些条自己反复地琢磨透，都能身体力行、水乳交融，不敢说你不忧，但你的忧伤会比别人少点。所以文化是这么一种力量，化入你的内心。

忧伤少了就行了吗？孔子还说了第二个他认为的君子美德，叫做"智者不惑"。光有"仁爱"不行，"仁爱"不是无边的，还要有大智慧作为"仁爱"的一种底线。要去判断，这个人才不迷惑。什么叫做智慧？孔子的学生曾经问："老师，何为智？"孔子解释何为"仁"的时候说了两个字，说"爱人"，解释何为"智"的时候还是两个字，"知人"。什么叫"知人"？现在是网络时代，用谷歌，用百度，用任何一个搜索引擎都可以搜到你想要的词根，你可以了解任何一个领域中陌生的知识，上到宇航知识，下到怎么做饭，但是就是没有一个心灵搜索引擎，你还真的不知人。每一个人的此刻都是他所有历史的总和，一个山区长大的人跟一个渔村长大的人习惯不一样；一个留洋回来的企业家和一个乡村的企业家请客的习惯不一样。你顺着人身上的每一条纹路去触摸他那些隐秘的欢喜和忧伤，你就能够在此刻看见他所有的过往，你能够触摸他未来的梦想，这才叫"知人"。所以"知人"不是大智慧吗？

为什么一个人了解了人，掌握了那些方式，在世界上的迷惑就会少呢？你看中国字"迷惑"的"惑"字很有意思，上面是一个"或者"的"或"，下面是一颗"心"。什么叫或者？就是这个世界上我们可选择的东西太多，20世纪60年代大家都没大学上，那就没什么志愿可填，所以就不或者了；70年代大家都是分房，没有商品房可买，就不挑是别墅还是经济适用房啦。那个时候人们反而不迷惑，因为没得可挑。你看现在，从选志愿到选房子、选车子，还是选跟谁离了再跟谁过，你看这世界上的选择那么多，迷惑就是这么产生的，就是心不胜负荷，在这么多选择中被压住了。但是我们不能让世界的选择少了，我们唯一的办法就是让这颗心更大。这颗心靠什么养大？靠智慧，这就叫"智者不惑"。选择还是这么多，但是这个心知道何去何从，那就不惑了。所以这个"迷惑"的"惑"字写得很有意思，就是客观选择和主观判断之间的较量，谁大谁小。孔子给你的智慧就是养大那颗心的内容。

什么叫"智"？知人。怎么样去知人？知人得透过表象去看到真相。一个人真敢说了解自己吗？我估计大家都有这种经历，比如说狂喜过望的时候或者极端愤怒悲伤的时候，自己的一些举动，过后你会很惊讶。这就是一个人在非常状态下，有时候会出现一些陌生的自我。我们真的了解自我吗？大家知道中国有个神医扁鹊，扁鹊当年跟魏文王聊天，魏文王问他："我听说你家弟兄三人都学医，你都已经名满天下了，你两个哥哥怎么没学明白呢？"扁鹊应声而答："你错了，我们家医术最高的是我的大哥，其次是我二哥，我是最差的。"魏文王不相信，那怎么可能呢？扁鹊说："因为我大哥医术高到可以防患于未然，一个人病还没起来呢，他一望气色便知，用药用气就给理顺了。这人的病没发出来啊，所以所有人都认为我大哥根本不会治病。我二哥能治人初期的病，不管人以后要得多大的病，刚有一点征兆，他就治好了，结果他的事迹仅闻于乡里，大家认为我二哥只是个会治小病的大夫。我因为在三个人里学习最差，我看着一个人病了，就得眼睁睁地看着他的病发出来，他一直到病入膏肓了，奄奄一息了，我再下虎狼之药，起死回生。天下人才会说我妙手回春是神医啊。"所以扁鹊说："像我大哥二哥那么治病，元气不伤，像我这样把命捞回来是元气大伤，你说我们谁医术高啊？"这个事情放在今天哪个精英的身上，都是不大容易发生的。我们今天往往把历史的偶然都归结为个人英明的判断，一个精英的传奇往往都是在他成功以后加入自己的想象编造出来。老子有四句话说得好，叫做"知人者智，自知者明，胜人者力，自胜者强"。"知人者智"就是说如果了解别人、知道别人，说明你有点智慧。"自知者明"，但更难得的是有自知之明。"胜人者力"，你能把人打败说明你有力量。但"自胜者强"，谁能成为强者呢，有智慧还要有行动力。这就是"知人"，从了解自己开始，然后要了解团队，才能去带别人干什么事。

怎么了解团队呢，我们都说现在这个时代浮躁，浮躁的时代容易作出简单的判断。子路有一次将他老师一军，说："子行三军，将谁与？"老师，这一个儒雅的书生，万一有一天要让你率领三军出去打仗，你得挑什么样的人当你的助手啊？大家都知道子路多勇敢啊，估计得挑这样的人吧。孔子说了句话，他说："暴虎冯河，死而无悔者，吾不与。"什么是"暴虎"？就是赤手空拳就敢跟大老虎搏斗。什么是"冯河"？就是河上面没桥，河下面没船，只身游泳就敢过大河，这样的人"死而无悔"。如果说来一个人拍着胸脯跟我："我赤手空拳打老虎，只身泅渡过大河，死了我都不后悔，我勇敢。"孔子说："这样的人，我千万不敢用。"我们今天绝大多数场合下，听见这种话就会热血沸腾，我们往往都爱雇那种拍胸脯立军令状的人，时间有限创造条件，一定要怎么怎么样。最后没成，你还能怎么样呢？孔子说："我不能用这种人。"他说："必也。"如果一定要让我选一个人，我要用什么人呢？他又说了8个字，叫做"临事而惧，好谋而成"。他说我要选就选这样的人。"临事而惧"，面临一件事要知道害怕。大家可能要说为什么我们要害怕，我们不是都提倡勇者无惧吗？害怕有什么好。从小到大，越在乎的事越害怕嘛，小时候的考试，越重要的考试越紧张考到高考开始知道害怕了吧。长大了，建立朋友圈子或者谈恋爱，去见一个特别喜欢、特别在乎的人之前，有点害怕了吧。为人父母，自己的小孩病了，上医院看病打针，心里害怕了吧。这些事为什么害怕？因为在乎。那凭什么领导交代一件事，你就敢拍胸脯下军令状呢？一点害怕都没有呢？这个世界上什么都不怕的人是最让人害怕的。单位有这么样一个人，你就要不断地收拾篓子；家里有这么一个人，那真是灾难。所以人得有一点知道敬畏，知道"临事而惧"。一件事交代下来，如果一个人领导还没到地方就开始拍胸脯说交给我，包在我身上；另外一个人说，让我想想，回去查点资料，做份可行性报告，咱们再往下论证。你看吧，往往是第二个人能成事。可是"临事而惧"没说完，这事不能惧到不干了，还有后半句，叫"好谋而成"。要爱好智谋，好好地谋划，最终把它完成，这叫"好谋而成"。所以孔子说我要选就选这样的人。你看看孔子选人的标准是不是也能给我们一个借鉴呢？这就是智慧，从知道人，到选择人，到用人，而且可以推衍为思想方法。

中国人是重方法论的，尽管有很多人认为儒家不重方法论。孔子曾经说过这样一句话，"子以四绝"。有 4 种思想方法不能要，"勿意、勿必、勿固、勿我"。"勿"就是请勿打扰的"勿"，不要有 4 种东西。第一是"勿意"，"意"是主观臆断，凡事可不敢拍脑袋下结论，一定要崇尚实证研究。没有数据摆在那，没有调查就直接下结论，那是要受到惩罚的，所以千万不能臆断，所以这叫"勿意"。这个大家都可以理解，后面这个就高级了。第二个叫"勿必"，必须的"必"，从小我们老说，人生必须有明确的理想，有明确的目标，必须要坚持。但是这个"勿必"怎么理解？用老百姓的话说，就是别较劲。人可以坚持，但不是为坚持而坚持，人有些事是不能较劲的。曾经有一个大的媒体采访我，他们作了一个大专题，题目叫"坚持是成功的必备前提"，然后他们采访了中国的 8 位成功人士，问的是同一条题目。我当时在国外，所以我回来的时候人家前期的都采访完了，来问我第一个问题，跟大家的一样,说:"坚持是成功必备的前提,请问您做事实在坚持不下去的时候是什么力量让你坚持下去的?"我说:"实在坚持不下去的时候,我就放弃。"然后那个主编说:"你不能这么回答,这么回答我们怎么写,人家7个人都说坚持。"我说我看看都是谁,我一看我前一个是邓亚萍,我的职业跟她不一样,她是为国争光,都打到0比2落后了,她是得坚持啊。我说:"你看,你问我的是实在坚持不下去的时候,该怎么办? 一件事如果坚持的成本远远大于放弃的时候,放弃了这件事,也许意味着更多可能性的开始。因为我放弃这件事不意味着我放弃做所有事,我不过是赢得时间、效率和更多更新的可能,再去做别的事。我为什么不可以选择放弃呢?"所以叫做"勿必",不一定要较劲。比如说,人生必须有明确的目标,这是我们小时候都听过的一句话。什么叫目标啊? 目标有时候会过于精准,目标是一个点。但我认为在今天这个复杂多变的现实中,人生的方向比目标重要。如果我还有这个目标,但是目标向左偏10度,向右偏10度,给自己一个20度的夹角,这就叫方向。我向这个方向走过去,这20度的角之内都是我随时可以调整的次目标,我不一定非得逼自己撞死在那个目标值上。但人生没方向不行,我得确保走到那边去,我的方向在,但我随时可以调整。这其实就叫"勿必",就是我们不要为行事而必须去较劲,而浪费掉很多有效的时间。孔子说的第三个叫"勿固",固定的"固"。如果说"勿必"指的是最终的目标,那么"勿固"指的就是从眼下到达那个方向的目标之间的过程用什么样的方法。中国人关于"方法论"最高的境界是4个字,叫做"法无定法"。当一个人已经说不出什么具体的方法而能把事做成的时候,这事就高级了。中国的诗歌讲究的是"此中有真意,欲辨已忘言"。中国的技法也是一样的。我们小时候学书法,去问先生,在少年宫老师教我们直笔要漂亮,叫"凤眼法",虎口状如凤眼,能托住一枚鸡蛋,稳稳的,这样拿笔最漂亮。先生说:"你那个叫'凤眼法'啊,我看叫'鸡管法'还差不多,你这虎口托个鸡蛋还写得了字吗?"先生说:"你什么时候能写到把笔杆都忘了,你这字就写出来了。"他说:"你别听那野史笔记上说王献之在那练字,专心致志,王羲之过去冷不防一抽笔杆子，没抽动。"他说："我就纳了闷了，这个王羲之是教他儿子练字呢？还是教他儿子练武呢？把笔杆子攥那么死他能把字写好吗？"先生说："你们会骑自行车吗？你现在死死地攥着车把去转一圈回来不是撞大树就是撞到头。"所以这么多年过去，我们自己都做了老师，再想想当年老师的话，通透啊，哪有那么多死方法啊，得于心，应于手，破除了外在的一些东西，人就得了自然大法，所以方法这个东西有三种层次。第一个层次，人是纯练方法，没有境界，练琴的、练画的都练吧。第二层是人掌握了娴熟的方法能够到达这种境界。第三种是最高的层次，是境界浑然天成，方法终被抛弃，到达法无定法。所以什么叫"勿我"？这还不是大思想方法，儒家不是我们想象的那样较劲，而是告诉你一个大境界。如果这三点都做到了，第四层最后孔子说的一个叫"勿我"，你就可以破除自我中心了。人生很多愚昧的错误都来自于自我中心，一个人的喜爱、愚昧、自尊的那种过分狂妄都可以导致坐标的错误，就把自己当成了地球的中心。当你能够做到"勿意、勿必、勿固、勿我"的时候，这个思想方法会使你在这个世界上通达博雅、自由穿行，这就是儒家的"方法论"。

你相信智者可以不惑吗？当然儒家还讲"勇者不惧"，就是说一个人心里如果勇敢就可以没有恐惧，但什么是勇敢呢？《庄子》上曾经记载孔子的一个故事，说孔子带着学生去游学，到匡这个地方，莫名其妙地被一帮宋人给包围了。孔子一个人在房间里弹琴唱歌，子路一看这么多人拿着兵器把房子团团围住，就慌里慌张地冲进来指着老师说："何夫子之娱也？"你老先生还享乐什么呢？你看这么多人围着呢。孔子当时"弦歌不辍"。头都不抬，弹完琴放在一边，跟子路说："来，吾语汝。"过来听着。他说："子路啊，这个世界上有很多种不同的勇敢，一个人在水中穿行不避蛟龙，那他是渔夫的勇敢；一个人陆地行走，不怕犀牛猛兽，那他是猎人的勇敢；一个人白刃相交于前，大义凛然视死若生，那他是烈士的勇敢；但还有一种勇敢，就是一个人每临大事有静气，从容不迫，能做到泰山崩于前而不顺，用自己的心判断是非真伪，从从容容渡过风险，迎接一个光明的结局，这叫做君子的勇敢。"所以他说："子路，你自己少安毋躁，我命有所制。"我的命运怎么样我知道，你就呆在那等着。两个人在包围之下就在屋里等着，等了一会，宋人敲敲门进来作了个揖说："哎呀，我们刚刚明白我们仇人是杨虎，跟您长得特像，我们认错人了，我们现在找他去。"这些人撤兵走了。我看到这个故事就会做另一种假设，什么叫勇敢？子路逞匹夫之勇，一看围住我老师那还得了，拔出剑来不问青红皂白，撂倒十个八个杀出一条血路，一问才知杀错了，那你说是什么结果。我们今天这个世界大到国际战争小到夫妻口角，想想多少事是因为误会，就是一时火气都上来了，打到底是为什么都忘了，很多人是为打架而打架，如同纪伯伦的那句诗叫做"我们已经走得太远，以至于忘记了为什么而出发"。为什么今天这个世界有很多狂躁呢？就是陷入了"忘记了为什么而出发"。我们可以更勇敢，但这种勇敢要有智慧，要有"仁爱"，孔子说了一句很好的话，他说："仁者必有勇，勇者不必有仁。"这话什么意思呢？就是一个真正"仁爱"天下的人他必定是勇敢的，不勇敢怎么去承担，但是一个很勇敢的人，他内心可不一定有"仁爱"啊。所以仁、智、勇这是孔子说的君子三大德。大家都希望做个君子，无非就是"仁者不忧，智者不惑，勇者不惧"。你说儒家的东西很深刻吗？很玄妙吗？如果你把它变成生活方式，你想想看，是不是会比较容易做到呢。

大家可能会说，儒家很好，教了我们这么多朴实的道理，但是我们从小课本上学的道家比较消极，我们为什么要潇然遁世呢？我们怎么看道家？《庄子》里面讲"独与天地精神共往来"，这是我非常喜欢的一句话，一个人生也有涯，如果我们的心可以磅礴万物，那就能做到天地与我共生，而万物合一。我们想要了解比社会更永恒的自然吗？我们想要在宇宙时空上获得那种翱翔的翅膀吗？那就应该了解道家。大家翻开《庄子》都知道第一篇是《逍遥游》。《逍遥游》给我们一个多大的境界啊，那个大鹏鸟趁着海运之风抟扶摇而上九万里长空，"鹏之背不知其几千里，其翼若垂天之云"，那个大翅膀像天边的云彩一样，它"背负青天而莫之夭阏，超绝云气而后图南"，整个青天托举在它的羽翼之上，超绝云气之巅，莫之夭阏，没有任何东西能阻挠他，从北冥起飞至于南冥,跨越人间沧海桑田。谁不渴望有这样的生命,一个人的生命如果能够飞翔、能够远大,他就拥有了真正的辽阔和从容,他就可以摆脱很多困扰。大鹏鸟飞的时候,地下有一堆小鸟在笑话它,那些小麻雀指着它飞,看着它不理解,说"我决起而飞,抢榆枋控于地,时则不至"。咱们也飞,飞起来撞在榆树叶子上吧嗒掉地上,有时候连榆树叶都撞不着,那有什么关系呢?小鸟的原话叫我"翱翔蓬蒿之间,此亦飞之至也。彼且奚适也?"庄子写得多传神啊,"翱翔蓬蒿之间",小鸟说:"瞧,咱们在蒿子秆里也翱翔啊。""此亦飞之至也",咱这飞得不就是飞翔的极致吗?"彼且奚适也?"你看那大个子傻东西,它干嘛去,真不理解啊。所以你看,《庄子》写的也是人间事情,这个世界上永远有麻雀笑话大鹏,永远不会有大鹏笑话麻雀。大鹏没那个时间也没那个心情,也没见过哪个大鹏被一堆麻雀笑话急了,扎到草堆里跟它打一架再接着飞。所以人为什么要辽阔一点呢?辽阔就是超越,让你自己摆脱纷扰,这是生命的境界,这是宇宙长空。但是人怎么能变成大鹏呢?大家再想一想,《逍遥游》刚翻开第一句可不是讲大鹏,是什么呢?"北冥有鱼,其名为鲲。鲲之大,不知其几千里也。"社会就是个大水塘,我们人人都在社会里把自己当一条鱼来看,得先把自己养成大鱼,时代机遇选择你的时候你才能化而为鸟,要是把自己养成池塘里的一条小鱼,机遇选择你,吧嗒飞上去了,就成为那帮燕雀了。只有你先把自己养成为鲲,机遇选择你,你才能化为鹏。文化是干嘛的?文化就是这么养着我们自己的,就是让我们静穆端庄、生命辽阔,等待机遇来选择。

道家给我们什么呢?道家给我们内心的宁静,而儒家给我们一种担当。儒家讲究:"士不可不弘毅,任重而道远。仁以为己任,不亦重乎?死而后已,不亦远乎?"《庄子》说:"水静犹明,而况精神,圣人之心静也,天地之鉴也万物之镜也。"这就是《庄子》教给我们的态度,一个人固然要努力进取,要去承担什么,但是要给自己片刻的宁静。他说"水静犹明",水这个东西我们都说它能照见世间万物,山的倒影、流云的倒影都能照见,但其实它只能在一种情形下才能照得见,那就是它安静的时候。你去看滔滔的海浪，溅起白沫的时候什么都照不见；喧喧嚷嚷的溪流，飞瀑到峭壁上的时候什么也见不着。人的心是一样的，处于一种狂妄的尊大，处于一种特别沉沦的自卑，处于一种跟人冲突、愤怒，所有这些时候，就像那水流喧嚣的时候，什么也看不见。看不见世界，看不见内心。所以人要是让自己心静，就是圣人，所以叫"圣人之心静也"。

心这个东西一静是什么呢？"天地之界万物之镜也。"你就是天地万物的一面镜子，这就是你的心。所以我说道家教我们宁静一些。别以为这事很难，我说一个特别通俗的办法。白天上班 8 小时之内穿职业装，就按儒家那样当个圣贤，晚上下班 8 小时之外穿休闲装，跟亲人朋友游山玩水，就当个道家。太阳底下教人奋进蓬勃，因为太阳永远都是满的，永远都是放出光芒的，这就是儒家的态度，"知其不可而为之"；但月亮底下就当个道家，如果说太阳是人的进取心，永远圆满，那么月亮是人的平常心，阴晴圆缺，月亮告诉你圆到极致了它就开始减，减到月牙了它就开始增，人有悲欢离合，月有阴晴圆缺，此事古难全。这就是平常心，承认生命中的不如意，承认一个人在月光下有时候感伤，有私密的心灵空间，而你能够热爱万物自然，这就是一个人生命的颐养。这不就是儒家和道的境界吗？所以道家给了我们什么呢？给我们一段安静的面对自然山川的态度。《庄子》说："天地有大美而不言，四时有明法而不议，万物有成理而不说。"这个世界上凡事都有已成的道理，不必言述。

你看今天，什么"三高"人群啊，心脑血管疾病啊，统统称为一种病叫"生活方式病"。为什么血压血脂高？看你的饮食结构，看你的作息时间，你自己就会知道，这就叫"万物有成理而不说"。但是关键的"天地有大美而不言"，我们还去看吗？马上就要到中秋了，有几个人在中秋夜还真正去面对一轮天星朗月？我们放假时间越多，各式各样的月饼送礼越多，我们在家睡觉或者出门聚餐，我们少的就是人心和月亮之间的仪式。你不一定烧香拜月，但是你还能看看月光吗？你还能想到张若虚的诗："今人不见古时月，今月曾经照古人。古人今人若流水,共看明月皆如此。惟愿当歌对酒时,月光常照金樽里。"万古明月照到你的杯前,你的心还能从古今沧桑中穿行过来吗?你能听见张若虚的发问吗?"江天一色无纤尘,皎皎空中孤月轮。江畔何人初见月,江月何年初照人。人生代代无穷已,江月年年只相似。不知江月待何人,但见长江送流水。"我们今天有几个人关心过人间的沧桑,几时明月初照,明月什么时候见证古今。我们今天繁忙,就像大家唱的:"城里的月光把心照亮",城里的月光太稀缺了,都躲在高楼大厦后面,我们今天失去的是万古风月?其实我们失去的是能懂得月亮的心情。我们今天老说月亮太难见到了,因为空气污染,所以变得混沌不清。因为我们今天有了高楼大厦,所以它躲在一个个缝隙中不再露脸;因为我们阿波罗十三号登月,所以我们知道它不过是一块丑陋的石头。

其实我们不过是失去了一种懂得的心愿,有句谚语说得好:"山坡上开满了鲜花,但在牛羊的眼里那只是饲料。"我们大家想一想,今天是鲜花少了吗?是饲料的眼光多了。饲料的眼光其实也没错,那叫有用啊。我们今天认为,有用就是人生的效率,审美是无用的,它是不能换文凭的,如果像我提倡的那样,有一个孩子悠然地望着天空的明月,坐上两小时,他妈妈会骂他为什么不去练琴?为什么不去背单词?看月亮能当饭吃吗?可实际上失去明月我们究竟失去了什么呢?当我们在有忧伤的时候,我们会上网去聊天甚至骂人,我们在一个虚拟的空间里面完善自己成为英雄。我们不会像李白那样"花间一壶酒,独酌无相亲。举杯邀明月,对影成三人"。李白自己也知道"月既不解饮,影徒随我身"。但是就是那关心的一刻,"我歌月徘徊,我舞影零乱。醒时同交欢,醉后各分散。永结无情游,相期邈云汉"。你如果愿意相信,人与云月终有一天会在云端重逢,你还愿意相信月亮上面有寂寞的嫦娥吗?月亮上有吴刚一次一次砍而复合的桂树吗?月亮上面有小玉兔和桂花酒吗?每一轮明月光芒洒下来的时候,你还愿意相信"嫦娥因悔偷灵药,碧海青天夜夜心"吗?如果你相信,这段心情就属于你,如果你有苏东坡的多情,"把酒问青天"的一刻,你会挂念"不知天上宫阙,今夕是何年"吗?你会看到"流光普照,转朱阁,低绮户,照无眠"吗?你会替无眠的人发问，"不因有恨，何事长向别时圆"吗？"谁家今夜扁舟子，何处相思明月楼？可怜楼上月徘徊，应照离人妆镜台。玉户帘中卷不去，捣衣砧上拂还来。"这是恼人的月色。李后主"春花秋月何时了，往事知多少。小楼昨夜又东风，故国不堪回首月明中"。这是亡国沧桑的明月。杜甫的"永夜角声悲自语，中天月色好谁看"。那是孤情的明月。孟浩然、王维，田园山水之间，"野旷天低树，江清月近人"，这是照耀人心的明月；"明月松间照，清泉石上流"这是清新爽朗的明月。曹丕看到了"星汉溪流夜未央，明月皎皎照我床"，这是凄楚忧伤的明月。而他父亲曹孟德，幽咽老将求贤若渴的时候，看到的是"月明星稀，乌鹊南飞，绕树三匝，何枝可依"。这是一个"周公吐哺，天下归心"、要举国大定才能看见的明月。千古明月自在人心，人人都有自己的一轮月，南宋张孝祥中秋节过洞庭，看到"洞庭青草近中秋，更无一点风色。玉鉴琼田三万顷，着我扁舟一叶"。一个人在辽阔浩渺的湖泊之上没有孤寂，反而内心有一种爽朗，是为什么呢？因为"素月分辉，明河共影，表里俱澄澈"。皎洁的月光泼洒下来，银河照影，一个人表里澄澈，所以他可以为千古之后的子孙说："悠然心会，妙处难与君说。"你能懂就懂，不懂我没法跟你说清楚。所以这样一轮明月照在身上，"岭海经年，短发萧骚襟袖冷，稳泛沧溟空阔"。我照耀苍天溟海之中稳稳泛舟，内心泰然，即使天空都没有明月，他也能走到"孤光自照，肝胆皆冰雪"。一个人有一份傲岸孤独的光芒照耀自己，肝胆如同冰雪，这就是中国古人讲的"疏瀹五藏，澡雪精神"。这样一个冰清玉洁的人格在明月光环之下，想到家家户户座上都是嘉宾满座，他怎么样？他看到天空北斗七星，地下有西江水，摘下这个勺子舀尽西江，遍宴山川，叫做"尽挹西江，细斟北斗，万象为宾客。扣舷独啸，不知今夕何夕！"一个人叩击船舷，仰天长啸，此乐何极，不知今夕何夕。这是张孝祥的明月。我们想想人人都有自己的明月，诗僧寒山说："圆满光华不磨莹，挂在青天是我心。"但愿我们都在中秋之夜能够看见天上那轮明月挂在青天是我心。

心似明月照耀千古，这是道家的境界，它给你一种万古风月，让你在人间得以穿越，得以永恒。我们光有儒家在世界上是不够的，固然很崇高但未免有点可悲。但是如果你都去当道家，固然很潇洒，但没人来承担使命。所以什么叫"圣于地，神于天"呢？就是脚踩大地去努力，头顶苍天去超越。如果我们能够同时拥有这个坐标的话，那就是一个顶天立地的中国人。可以说山川明月万物都在啊，看不看得见它是我们自己的心情。我们怎么样才能融合古今，用圣贤的教诲在大地上建功立业，用诗词歌赋这种艺术渲染去提升我们自己灵魂的飞升。如果你能够把这一切融会贯通的时候，那你就具备了一个中国人的生命气节。儒、道、释如果真的大通，在一个人的生命中能够融合于什么呢？也许它不是你眼前一张文凭、一个饭碗，但是它让你长久，让你欢欣，让你得到一种信念，就是此际、当下对自我的态度。有一个寓言说得好，一个小伙子，特别不服气料事如神的老酋长，他觉得这个老酋长说什么都对，从来没错过。他有一天就挑衅，手里抓了一只刚孵出来的小鸟，背在身后，他问老酋长："你说我手里的小鸟是生是死？"他想，如果你说它是活的，我手指一拧就掐死它，你要是说它是死的，我手心一张，它就飞了。你不是老能预言生活吗，我就让你说错一次。这个年轻的孩子这么较劲的问题一提，通达的老酋长微微一笑，很宽容，给了他一句睿智的答案，老人说："生命就在你的手中。"我想这就是文化给我们的答案吧。我们拥有镇江这样一处地方，文化是什么呢？在它的一山一水、一花一叶中，在它的青翠、它的流云、它的暮霭中，一个人穿越这样一个地方，如同古人说："沐春风思飞扬，凌秋云思浩荡。"古今风月从你的生命中穿行而过，当我们把中国文化变为一个生命坐标的时候，谁能说此刻我们对自己的生命不承诺呢？不管明天有风有雨，不管今天你的生活有伤有痛，只要你能够带着一种中国人的智慧，一份从容去面对山水、面对内心，在今天微笑告诉自己，生命就在自己的手中，那么，明天、未来、一切应该都在这份把握之内。

我想我们就以中国文化的名义，以美丽镇江的名义，祝福今天在座的每一位朋友，幸福快乐。祝大家今年都能看见自己内心的明月，在明月下照耀一个美丽生命，拥有最好的未来，祝福镇江，谢谢大家。

（2009 年 9 月 25 日）

孟子：道德与革命

鲍鹏山

鲍鹏山
Bao pengshan

上海电视大学中文系教授,硕士生导师;中国作家协会会员。潜心研究先秦诸子数十年,长期从事中国古代文化和文学研究,主要著作有:《寂寞圣哲》、《〈论语〉导读》、《天纵圣贤》、《縠中英雄》、《绝地生灵》、《先秦诸子十二讲》、《说孔子》、《中国文学史品读》等。

首先我对到场的听众表示感谢，今天我们讲孟子这个人物，孟子给了我不少的勇气，因为孟子就是一个特别有勇气的人物，我到镇江来讲什么，我想想还是讲孟子吧，靠孟子给我们打打气，我们今天讲完以后就知道孟子是一个特别有勇气的人物。我们讲课时间可能在一个半小时到两小时之间，我们抓紧时间，早一点进入正题。接下来我们讲大时代、大人格，这两个问题：首先讲孟子的时代，讲孟子的人格理想、人格精神，孟子基本的道德观点；然后讲孟子的理想，政治理想、政治观点；最后还有一个孟子的革命理论，归结为孟子的道德与革命。

孟子处在战国中期，我把它称之为大时代，为什么这样说，因为我们知道战国时代是一个很残忍的时代，是一个很暴力的时代，是一个民不聊生、生灵涂炭的时代，这是时代整体上给我们的感觉。我们讲中国历史的时候，讲到这个时期，给我们的感觉是太血腥了，所以这个时代称为战国，就是因为这个时期能够保存下来的国家都是能战之国，不能战早就灭了，都是好战之国，都是常战之国。所以战国战国，也就是那个时候的国家能战好战常战，战国时期战争规模非常之大，双方投入兵力非常之多，最后死亡人数也特别多。你看孟子这么讲的，"争地以战，杀人盈野；争城以战，杀人盈城"。如果两个国家发生战争，为了争夺土地而发生战争，那么死亡的人把田野给盖满了，如果为了争夺一座城池而发生战争，死的人能够把一座城池给堆满，战争的规模非常之大。我们知道赵国和秦国之间有一次长平之战，双方几乎是倾尽了全力，最后赵国战败了，40多万人做了俘虏，在这之前战死多少人已经不知道了，最后做俘虏的就有40多万人，而且这40多万人只有200多人被放回去，其他40多万人被秦国大将活埋了，你看，一场战争活埋了40万，在这之前战死多少，秦国士兵死了多少，秦国为了打赢这场战争，把国内15岁以上的年轻人几乎全部送上了前线。所以战争规模非常之大，以至于现在西方的学者在读《史记》的时候，对《史记》对司马迁提出怀疑，那个时候战争规模有这么大吗？能死伤这么多人吗？他们怀疑司马迁，但是我不怀疑司马迁，因为有两点：第一，我相信司马迁是一个非常客观的史学家，这一点汉代人就这么认为，在20世纪三四十年代曾经有很多人

孟子：道德与革命

鲍鹏山

怀疑司马迁很多记载有问题，但是这一点包括考古学家，还是认为司马迁是对的，所以我们没有必要怀疑司马迁对于战争的规模、死伤人数的记载有问题，这是第一点。第二点我相信中国那个时候战争确实如此残忍，确实这样，不然我们怎么把它称之为战国呢？这就是战国时代的一副面孔。

战国有两幅面孔，一幅是"杀伐征战，合纵连横"。孟子讲到那个时代还有这样一句话，叫"今夫天下之人牧，未有不嗜杀人者也"。人牧也就是诸侯，就是那个时代的统治者，现在统治天下的那些人，他们没有不嗜杀人的。什么意思呢？杀人已经不再是出于一种政治需要了，而是出于他们自己的心理需要，也就是说他们杀人杀上瘾了，变成了他们的一种嗜好了，没事就要玩一玩杀人的游戏，这就是孟子在那个时代对诸侯们道德上的评价。所以孟子对他那个时代有个总结性的话，"王者之不作，未有疏于此时者也；民之憔悴于虐政，未有甚于此时者也"，那些讲仁义道德的圣王，没有出来，没有像今天这样等这么久的。那老百姓怎么样呢，憔悴于虐政，被暴虐的政治弄得民不聊生，没有比今天更残酷的。我们知道孔子生活在春秋后期，孔子说他那个时代已经是很糟糕了，已经很黑暗了；可是到了孟子，孟子说我们今天才是最黑暗的，这是这一时代的一副面孔。但是同时这个时代还有另一副面孔，那就是"处士横议，众说纷纭"，用我们后来的话说就是百家争鸣。有一个很有意思的现象是什么，就是那个时代的统治者嗜杀人，他们有杀人的嗜好，他们在战场杀人是脸不红心不跳，但偏偏有意思的是他们对于士，对于读书人，对于孟子庄子这样的人，他们却非常非常之宽容。在战国时期，可以说除了韩非子之外，没有一个思想家因为他的言论他的思想获罪而被杀掉。实际上韩非子被杀也是出于政治斗争，就像商鞅被杀也是出于政治斗争一样，先秦诸子思想家里面没有一个人是因为其思想观点不与统治者一样，是有思想罪而被杀掉的，所以他们在那个时代可以说是放言无忌，想怎么说就怎么说。所以，孟子上面有这样的话，"圣王不作，诸侯放恣，处士横议"，那个时代没有圣王了，天子已经不存在了，都是诸侯在当政。天下的诸侯放荡不羁，肆无忌惮，嗜杀人，而同时呢,处士横议。什么叫处士呢? 就是没有做官的普通读书人,做了官就不能叫处士了,就像结了婚不能叫处女一样,所以这个时代两幅面孔就8个字:"诸侯放恣",这是一副面孔;还有幅面孔就是"处士横议"。那些读书人,面对着当时天下的局势他们可以自由地肆无忌惮地发表自己的观点和主张,他们只是一个匹夫,只是一个普通的百姓,只是一个普通的学者,但是他们敢于指点天下激扬文字,还真的敢于粪土王侯。

　　孟子就是在这样的时代出现的,如果没有这样的时代可以说就没有孟子这样的人物。我举个例子,我们看看这个处士当时是怎样的一种精神状态,在社会上是多么的放言无忌,孟子同时代的举两个例子。有一个人叫颜斶,跟孟子同时代,他要去见齐宣王。孟子就在齐宣王手下,一直在一起打交道的。一天颜斶也要来见齐宣王,齐宣王坐在宝座之上,看着颜斶老远的,就说颜斶你走近一点,说话那么老远听不清啊。颜斶就说我要你走近一点,齐宣王就不高兴啦,我让你走近一点,你怎么要让我走近一点呢? 你难道要我从宝座上下来走近一点吗? 齐宣王手下人也很不高兴,齐宣王手下人就告诉颜斶说,我们的齐王是人君啊,你不过是个人臣啊! 人君让你走近一点,你要让人君走近一点,你能这么说话吗? 颜斶说,我当然可以这么说话啦,而且我应该这么说话。假如我向你们的齐宣王走近一点,那就是趋炎附势,是巴结权贵,而假如齐宣王从宝座上下来向我走近一点,就是礼贤下士,是尊重人才,所以你觉得是趋炎附势好还是礼贤下士好呢? 齐宣王本来就有点很生气了,一看颜斶这么狡辩更加生气了! 然后就问颜斶一个问题,你告诉我到底是王者贵还是士者贵,是一个国家的国君尊贵还是一个普通的读书人尊贵? 我想这个问题在座的都要想一下,至少在朝廷上不能乱说吧? 齐宣王想,我这样的一个问题你总该屈服了吧。可是这个颜斶几乎没有一点点犹豫,完全出乎齐宣王的预料,颜斶说士贵王者不贵,读书人才是尊贵的,国王有什么尊贵的! 齐宣王就更加生气啦,他说那好啊,你既然讲读书人尊贵国王不尊贵,那你能不能给我讲出道理来? 颜斶说好,你让我讲我就讲,不过我讲完了你可不要生气。以前秦国进攻齐国时候,秦国的军队打进了齐国,秦国的国王给他的军队下了两道军令，第一道是齐国以前有一个读书人叫柳下季，他已经死了，他的坟墓在那个地方，如果士兵敢于到这个坟墓前50步去砍柴，杀无赦。也就是说一个死去读书人的墓，50步之内，秦王就命令他的士兵不准去骚扰不准去砍柴，这是第一道军令。第二道军令是针对齐国国王的，如果士兵能够把齐国国王的脑袋砍下来，就赏他很多的黄金，封他万户侯。颜斶讲了这个故事后说你看看，一个死去的读书人的坟墓比一个活着的国君的脑袋还要值钱，可见士贵王者不贵。齐宣王今天受了很多的气，说也说不过，这些人就会说啊！后来商鞅讲了句话，他讲读书人唯一的本钱就是嘴巴嘛，所以你说不过他。不过齐王受气不是这一次啦，还有一次受的气更大。这个故事还没有完，齐宣王态度很好，他是一个胸襟很宽的一个人，后来明代李贽就评价齐宣王是一代圣主，一个诸侯被李贽评价为一代圣主，这个评价非常高！为什么呢？因为这个人胸襟很宽。齐宣王什么反应呢，他说你说得太多了，今天我真高兴受到你这番教训而开始幡然醒悟啦，听君一席话胜读十年书。这样吧，你能不能做我的老师，我就聘你做我的老师吧。我给你很好的待遇，给你别墅、小轿车，你家里所有人我都可以养活，你的妻子儿女可以锦衣玉食。你看这么骂还给他这么好的待遇，这不是鼓励别人去骂他吗！如果今天你把某个领导骂一顿还给你个官职，谁都得骂了。可是这个颜斶怎么说的呢？他说我看不上，我到你这做官倒是有房子住了倒是有车开了，可是我没有自由了，所以我还是愿意回家，安步当车，我不要你的小轿车；晚食以当肉，你说吃饭不香，我饿一饿不就香了么；无罪以当贵，我不要做官，我只要没有罪，不犯罪就可以了，让我在这做官做你的老师我还不放心呢，走了，扬长而去，这是一件事。还有一个叫王斗的人，这个人更糟糕，王斗自己跑到朝廷要见齐宣王，侍者去通报，齐王，外面有一个人想见你，齐宣王说好，让他进来，侍者出去传话说国王让你进去，王斗说，你让他出来，齐宣王就生气了，你来见我怎么让我出来呢？王斗讲的这番道理跟颜斶讲的一样，我进去了那不就是我巴结你吗？你出来了显示你有姿态呢！那使者又去传话说，那家伙不愿意进来要让你出去，你说齐宣王怎么反应啊？齐宣王说你赶紧去通报他我马上出去。这齐宣王真是好,真不愧为一代圣王,赶紧从座位上下来,小趋,小步跑着出去。我们说"趋"是什么,趋是古代人的一种走法,古人走路是有讲究的,在长辈面前、老人面前、地位尊贵的人面前一定要趋,趋是小步快走。日本女人走路大家看到过吧,日本女人走路就是从我们中国学过去的,叫趋。那你说大踏步走不行嘛? 大踏步走就不礼貌啦,那慢慢地走不行吗? 慢慢走又碍眼了。所以小步快走,孔子在鲁国的国君面前他一定是这样走路的,孔子是个贵族,是个很有修养的人,他知道一个人在什么样的场合要用什么样的走步。现在齐宣王要出见一个莫名其妙的人,他也是赶紧跑出去,态度已经非常好了,出去以后一把抓住他的手,牵着他往里面走,你见过这么好的国君吗? 这么好的国君只有在《战国策》里面才能看到,而且齐宣王拉着王斗进来的时候很客气地说,王先生感谢你不辞辛苦来这里教导我,那既然你来了,我也想好好听一番你的教导,你想说什么就说什么,不要有什么忌讳,该批评你就批评吧。这态度好吧? 王斗说你说的好啊,你让我不要有什么忌讳我可不敢啊。我生活在一个乱世里,我有一个昏君,我哪敢跟你讲真话? 你说齐宣王是不是触霉头了? 大清早一个人来这么客气地把这个人请进来,第一句话就骂他是昏君,我又没惹你啊,齐宣王不高兴啦,不高兴又没发作,修养非常好,他就不说话了,两个人就这样默默地坐着。王斗看齐宣王不说话了,王斗开始说话了,说我们齐国啊以前那个齐桓公有 5 种爱好,因为他有 5 种爱好最后他干出了伟大事业,做了霸主,很了不起。王斗说你有齐桓公的 5 个爱好中的 4 样了,齐宣王一听高兴啊,他有 5 种爱好做了霸主,我有 4 种爱好了,很高兴。齐宣王一高兴马上就谦虚,你不要这么夸我,我也没这么多优点,然后王斗说我也不是夸你,我只是说一句实话而已。我告诉你齐桓公有哪 5 种爱好:齐桓公喜欢马,你喜欢马;齐桓公喜欢狗,你喜欢狗;齐桓公好酒,你也好酒;齐桓公好色,你也好色;最后一点,齐桓公爱好人才,这一点你没有,前面 4 点你已经有了。这就是王斗跟齐宣王的对话,王斗也就是一个普通的士,什么都不是,连个小科长都不是,就是一个普通的读书人来到齐宣王的宫殿里面把齐宣王戏弄一番走了,现在哪敢做这事。

　　大家都没有发现两点，第一，当时的士也确实太无法无天，但是同时当时的诸侯也太宽容了吧！你今天试一试啊，你到朱元璋那试试呀，你到秦始皇、康熙、乾隆那试试啊，实在不行，你到办公室主任那试试呀。所以一方面，士很了不起，另一方面这个时候的诸侯也很值得令人尊敬，很了不起！不光是齐宣王，我们看看魏国，魏文侯聘请了一个家庭教师，叫田子方，魏文侯的太子叫子击。注意这三个人，魏文侯、太子、老师田子方这三个人是这样的关系。有一天田子方的马车在大街上走，前面来了太子的马车，我们中国人都知道，两者相遇，地位高贵的人先行，太子的马车应该先走。但是，这个太子比较懂事，特别尊重知识分子，一看到老师的车来了，他赶紧让他手下的人把马车赶到路边避开，自己从马车上下来，非常谦恭地站在路边上，拱着手让老师先过去，但是田子方看都不看就高昂着头过去了。这下太子就有点生气了，这事是发生在大街上，老百姓都在看，这个时候太子觉得很没有面子，礼尚往来嘛，我恭敬你你也应该恭敬我，怎么这么傲慢呢？就拦住老师的马车问他，你要告诉我，到底是富贵者可以骄人，还是贫贱者可以骄人？田子方马上就回答了贫贱者骄人，贫贱人才真正有资格傲慢。太子有一点想不通。你跟我讲一下道理，为什么呢？田子方说，很简单，像我这样普通的读书人，我到你们卫国，你的父亲对我好，你对我很尊敬，我待得舒服我就待下去，我待得不舒服我下午就走了，我到齐国去，到哪一个国家都可以。我扔掉魏国就像扔掉一只鞋，你们对我来说就像一只鞋，我现在穿得舒服我就待在这里，但是，你现在不舒服了你可以到哪里去呢？所以贫贱者可以骄人，而富贵者不可以骄人。田子方这个例子实际上说明了一个问题，那个时代那些士们为什么可以肆无忌惮，在我们后来看来为什么有这么大的骨气，是因为有这么几个特点：第一，无产。他没有产业，所以他没有顾忌。我们都记得列宁曾经讲过，无产阶级为什么是最具有革命性的阶级，因为他没有东西可以失去，而他革命后得到的却是整个世界。第二，无国。这点特别重要，士在那个时代是没有祖国的，所以他可以无须爱国，朝秦暮楚就是描述那个时代读书人的生存状态，早晨还在秦国，帮着秦国打楚国，后来觉得秦王不够义气，晚上就帮着楚国打秦国。无国就表明他自由，他们没有国籍。说荀子是赵国人，庄子是宋国人，孔子是鲁国人，我们只是说他出生在这个地方，没有我们今天讲的所谓祖国的概念，都是周游列国的。所以，以前人讲屈原是爱国主义，我觉得这是一个伪命题。像孔子，他是鲁国人，他周游列国跑了那么多国家，到晚年才回去呆一呆，他年轻的时候，自己能干的时候，他跑到齐国，跑到宋国，跑到魏国，他从来不会跑到自己的国家去。他都在帮别人的国家出主意，难道我们可以说他是叛国吗？所以，在那个时代因为无国，所以他们到别的国家去没有牵挂，很自由。当然，光有这两点还不行，即使有这两点，仍然不能说明士为什么受人尊重。普通的老百姓也无国、也无产，为什么国君不尊重他？因为还有一条：有用。有什么用？他们是高级智囊。谁有智慧，他在那个国家就有重量，因为他有更多的智力资源。所以，在那个时代有很多人都在自己的家里养士。我们今天大学生找不到工作，在那时代怎么样呢？恰恰相反，甚至到了最后，这些战国君子们养的很多人都算不上士了，比如说孟尝君，别人跑到孟尝君家说我到你们家来当门客，孟尝君说你有什么专长？我会学鸡叫，也行，那你来吧，然后就去了。突然又来一个人，你有什么专长，我没有什么专长，我偷了几年东西，我会钻狗洞，也行，那你也来吧。鸡鸣狗盗说的就是这些。又来了一个人，问你有什么专长？他说我什么专长也没有，我就会扫地。那好吧，你也来吧。

所以说从这里可以看出，那个时代的士有宽松的生机，才有一种蓬勃向上的精神状态，在这样的空间里面，他们才如此放肆，他们的人格、精神才能够充分地凸现出来，所以这是大时代，有这样的大时代才有这样的大人物。孟子是邹人，学成后到齐国，齐国当时有个学术研究机构叫稷下学宫，我认为是中国最早的由官方办的社科院，这个稷下学宫招揽天下所有的稷下学者，到这个地方做学者，做研究。齐宣王靠什么东西把各国的学者都吸引到这个地方来呢？靠条件，给什么条件？上大夫的待遇。大夫是什么呢？就相当于今天的部长。就好像今天你到北京社科院去，一住下来，别墅给你，轿车配上，每个月按照部长的待遇给你发工资。孟子在齐国出门的时候非常的风光，孟子的车在前面走，后面跟着数十辆车,相当于今天国家领导人的规格。给这么好的待遇需要干什么事?是不是任务很重,给你很多科研项目呢?齐宣王给他们提出了什么要求呢——不治而议论。什么叫"不治"呢?就是没有具体的职责,不用负任何的责任,不用上班,不用打卡,你想来就来,不来就不来。干什么呢?后面两个字"议论",你就天天议论,你就天天发牢骚,你就天天批评,你没事了就天天来教导我。所以,齐宣王一代圣主名号不是虚的,真是很了不起的一个人物。孟子就是在这样的一个环境下被惯坏了,他受上大夫之禄,不任职而任国事,没有职务,没有职责,就是国事批评批评,这就是孟子在齐国享受的待遇。那他应该对齐宣王更好吧?孟子在著作里曾经提到过,齐宣王给他的待遇是每年十万钟,十万钟什么概念,十万钟我大概算了下,这十万钟在那个时代大概可以养一千人,这个可能有点夸张,孟子有些时候有点夸大其词。按说,孟子应该对齐宣王感恩戴德吧,可结果是什么样子呢?结果是孟子天天找齐宣王的茬。所以我对孟子的评价是:端起碗吃齐宣王的肉,放下碗骂齐宣王的娘。这就是孟子在齐国干的事,他跟我在前面讲的王斗、颜斶一样。他为什么这么傲慢呢?因为他一直认为我到你齐宣王这来你给我这些是应该的,你不给我是因为你无知,你给我只是因为你懂事。我到你这来不是来做官的,孟子是不做官的,做官我不就变成你下级了嘛,所以我不做官。我只做卿,我只签到,不安排工作,我的身份是你的老师,我愿意做你的老师说明我看得起你,哪天我不做你的老师了说明你朽木不可雕了。后来孟子真的不做齐宣王的老师了,走了,齐宣王还派人来挽留他,又提出一大堆的条件,孟子说不行,我又不是为了待遇的,说走就走,很了不起。孟子是非常可敬,齐宣王非常可爱,这是中国历史上最难得的君臣关系,最难的道与士的关系,孟子代表道,齐宣王代表士。

我们来看一个故事,有一天,孟子早晨起来,心情好,就准备去见见齐宣王,这个时候,齐宣王派了两个人来,这两个人说,我们的国王昨天就想到你家来拜访你,可是我们的国王感冒了,受了风寒,因此昨天没来,他不知道你今天愿不愿意去上朝,如果你今天愿意上朝的话,齐宣王想见见你。你看齐宣王态度多好,先是说我们齐宣王昨天想见你,但是感冒了不能来，第二是试探性的，不知道你今天愿意不愿意去，意思是愿意就去，不愿意就算了。齐宣王对孟子多么的客气，那孟子本来就准备去嘛，应该就去，可是孟子说我也感冒了，对不起我不去了。"文革"时候不少人骂孟子矫情，但是矫情有时是必要的，矫情有时是一种态度，在孟子看来，如果你今天不派两个使者来，我去是我自愿的，但你派两个使者来给人感觉是什么呢，是你让我去的。我怎么可以让你感觉到我是可以叫来叫去的人呢！我自己去可以，你叫我去就不可以，所以不去。两个使者回去报告，说孟子身体也不好，不来，齐宣王是何等明白的人啊，知道这家伙是借口。到了第二天早晨，孟子又穿戴整齐，有一个人家里死了人，今天去吊丧，儒家是特别重视吊丧的。孟子去吊丧，孟子的学生就跟孟子讲，老师啊，今天你可能不能去吊丧，昨天你跟侍者说你感冒了没有出门，你今天就去吊丧，那人家知道了不就知道你撒谎了吗？孟子说，我昨天生病了今天好了不可以吗？孟子就走了，孟子这边刚走，齐宣王这边又派人来了，派了侍者还把医生带来给孟子看病来了。一到孟子家孟子不在家，这可就穿帮了，所以孟子的弟弟就特别着急，特别紧张就撒了谎，说我哥哥昨天生病但今天好了，而且今天一早就上朝去见你们齐宣王去了，你们现在赶紧回去，他可能已经到朝上了。等侍者走了，弟弟赶紧去路口拦孟子，让他赶紧去齐宣王那，不去就穿帮了。这个时候孟子总该去了吧？可孟子就是不去，他跑到另一个大夫家里去了，大夫讲你怎么有空到我这来啊？孟子就把事情跟他讲了，齐宣王让我去，我不愿意去所以到你家躲躲。这个大夫一听就生气了，孟先生你到我们齐国来，我们的大王一直很尊重你，我们全都看在眼里，可是我们从来就没看到过你尊重我们的王，这个批评确实是很严厉。孟子说，你错了，所有齐国人加起来也没有我尊重齐宣王，仁义道德是好东西，我们一般尊重谁就把好东西给他，你们谁也不会在齐宣王面前讲仁义道德，因为你们骨子里面想这个家伙不配跟他讲仁义道德，跟他讲没有用，所以你们就不跟他讲，所以你们骨子里面是看不起齐宣王的。而我看到你们齐宣王除了仁义道德什么都不讲，那是因为我觉得齐宣王配跟他讲仁义道德，所以这个国家里面只有我最尊重齐宣王。

他这么一讲，很有道理，确实有道理，所以在你尊重的人面前一定要讲正派的话。你在市长面前讲黄色笑话那一定很糟糕，太不尊重他了。所以孟子讲得很有道理，但是，别人就针锋相对了，说国君如果召见大臣，大家没有准备好怎么办？步行去，这表示尊重。父亲如果召见儿子，儿子也不能说好，我马上就来，一句话都不能说，你说好就来不及，这都是有规定的。

这个例子说明孟子是不讲礼的，孔子特别讲礼，后来荀子也特别讲礼，但是孔子和荀子之间的孟子对周代的那个礼是不屑一顾的。虽然有时候他也讲，放在嘴上讲，但是骨子里面是不讲的，他不能说啊，在这个两难选择里不管选哪一种他都输啦。这个时候怎么办呢？孟子好办，孟子的游戏规则是：规则他定，裁判也是他定。所以我们看都是孟子辩赢了，因为最后一句是他说的。为什么呢？因为文章是他写的嘛！现在他就制定了新的游戏规则了，孟子到这个时候就有他的论辩技巧了，他的论辩技巧就是不在你的游戏规则里面跟你玩，你的游戏规则我玩不过你，我把这个游戏规则抛开，我另建一个游戏规则。他说，一个人受人尊重有三个条件：第一是地位高，第二是年纪大，第三是道德和学问高。我跟齐宣王比第一条，地位是他高，他得一分。第二条件，年纪大，我比他年纪大。再看第三条，道德学问高，我比他的道德学问高。三分里面我得两分，他得一分，二比一，我赢了。所以，他怎么能够随便召见我呢？他要到我家里来，我见不见他还是一个问题呢。所以在这个故事里你会发现好几个很丰富的信息，首先对齐宣王的态度可以看出他的一种态度，一种人格，这种精神和人格在后来我们是没有的。我们从中国一般的文化传统里知道，中国从秦始皇开始历来的社会是权力社会，中国社会的所有问题也是这 4 个字的问题。我们任何问题都有权利最后操作，所以我们很难看到在权利之外还有独立的人格，很少看到在权利之外还有自尊。但是我们在孟子这地方看到了，所以我们说这是大人格，这种人格在后来的社会里面是找不到了，这种大人格孟子自己定义为大丈夫的人格。有一天，有一个人跟孟子讲，说现在这个世界上有两个人特别厉害，一个是张仪，一个是公孙衍，公孙衍是大丈夫，为什么呢？

因为他们一怒把天下震动，他一旦发怒，天下就震动，可见这个人多厉害。孟子就说，你这个人怎么这么没有文化，这种人就叫大丈夫了吗？真正的大丈夫是什么呢？"居天下之广居，立天下之正位，行天下之大道；得志，与民由之，不得志，独行其道；富贵不能淫，贫贱不能移，威武不能屈——此之谓大丈夫。"中国古代有好多种人格，孔子是君子式人格，孟子的这种人格理想在中国古代是大丈夫人格。这种人格在我们社会里面一直是缺乏的，而这种大丈夫人格只有在孟子的时代才有可能产生，才有可能生存，在后来的时代确实很难有这样的人格。比如在朱元璋时代，朱元璋说到孟子就很生气，看到孟子的书就摔到旁边去了，说在我的时代我早把他脑袋砍掉了。然后下令把孟子从庙里面撤出来，又命令学者把孟子的书删节，孟子的书被朱元璋删掉一半以上。凡是讲民贵君轻的、士贵君不贵的、革命的、君主不可胡作非为的、人民有反抗权利的全部删掉。所以读孟子也可以看看学者的良知，你是喜欢看朱元璋删掉的孟子呢，还是喜欢看没删掉的孟子呢？我今天讲的就是朱元璋删掉的。

在先秦关于人性问题有4种观点：孟子讲人性善，荀子讲人性恶，道子讲人性无善恶，还有的人讲有的人性善、有的人性恶。比如我们在座的这么多人有的人性善、有的人性恶，这是一个很混账的观点。那孟子讲所有人性都是善的，荀子讲所有人性都是恶的，道子说所有人性没有善恶，善恶都是后天人教的结果，这三个人的观点至少不伤我们自尊心。大家要么一起善，要么一起恶，最糟糕的就是有些人性善、有些人性恶，那是很糟糕的观点。但是孟子讲人性善能不能证明呢？孟子想尽办法来证明人性善，我看过台湾一位作者写孟子十大人性善证明，也就是说孟子花了很多工夫来证明人性善的。但是我现在可以很遗憾地告诉大家，孟子对所有人性善的证明都是无效证明，也就是人性到底是不是善现在还没有结论，我们没有办法从科学的角度证明这个结论。比如孟子用比喻的方法证明，我们的课本里面拿比喻论证，这是很荒唐的，比喻只是修辞手法，无论如何也不能拿来做证明的方法的，它不是一个科学的证明方法。比如孟子证明人性善怎么证明的呢？他和告子两者有个争论,告子讲人性没有善恶,道子用个比喻来说明,道子说,人性没有善恶,人性就像塘里的水一样,你把东边挖开了,它就往东边流,你把西边挖开了,它就往西边流。水没有方向,所以人性没有善恶,主要看后人怎么影响他。孟子接过他的话就讲了,水不分东西呀,水难道不分上下吗? 水总是往下流啊,这一点是不能改变啊。然后孟子有结论啦,水没有不下,性没有不善。你看这个证明有没有问题,水往不往下流是地球引力的结果,这个原因我们不怪他,他不知道,但有个问题我们要讲,他下面讲到"水无有不下,性无有不善",我们把里面的"善"换成"恶"可不可以呢? 完全一样,所以一个证据能证明人性是善的也可以证明是恶的,所以这个证明是无效证明,比喻不能用来证明。孟子还有很多的经验论证,还有很多的举例论证,还有很多的类推论证,所以孟子没有能够论证人性一定善。孟子不是证明人性善,而是提倡人性善,孟子不是说人性善是真的,而是说人性善是好的。这两句话有什么区别,不是在做实事判断,而是做价值判断,是鼓励我们做善事,你的人性是善的所以要做好事,讲到这里我们就要讲一讲道德的问题了。

道德是一个悖论的两点:

第一,道德的行为不能以利益追求作为目的。有利益的追求就不是道德的追求。人的行为分为三种:道德行为、非道德行为、不道德行为。你去做一个志愿者,你帮别人,你捐款,这就叫道德行为。你坑蒙拐骗,你受贿,这就是不道德行为。还有一种是非道德行为,你吃喝拉撒,是道德行为还是不道德行为? 人大多数都是非道德行为。但是,有一条标准,如果有利益的追求就不叫道德行为。上班叫道德行为吗? 不是,因为要拿工资。但是,没有利益的许诺,没有利益的报答,又不能够导致普遍的道德行为,或者说不能够使大多数人都实行道德行为。比如说我们现在很多人做好事,同时我又告诉你,你们可以做好事,但是你们做好事没有什么好报的。意志坚定的人说没有好报我也做,这样的人就是高尚的人。但是,大多数人不能达到这个层次,没有好报我就不做了。所以,要让全体民众都有普遍的道德的高度和水准,还必须要有利益的许诺。可是,有了利益的许诺他又不是道德行为了。这就是悖论。

这个道德的行为就引申到潜道德的行为,比如说,你让我做好人,你反问我为什么要做一个好人,这就是潜道德行为。两个小朋友争一个小皮球,老师来解决这个问题。老师跟一个小朋友说,你要做一个好孩子,你把皮球让给他。小朋友问,老师,我为什么要做好孩子? 这就是潜道德问题。幼儿园老师好回答,他可以说你做好孩子老师喜欢你,老师给你发小红花,一个小红花、一个皮球就把潜道德问题给蒙骗过去了。所以我讲幼儿园是最好的道德培训所,这个培训所不是把人理想化了,而是把环境理想化了,只要做好孩子就一定有好报,老师手里的小红花不知有多少,所以幼儿园永远不会出现道德危机。可是,我们离开幼儿园到了成人世界,做好人是不是一定会发到小红花呢? 那就不一定了。我们发现这个情况可能相反,你做一辈子好人可能什么东西都没有得到,那个家伙什么坏事都干了,但是什么东西都有了。这个时候你会不会对道德有疑问呢? 这个疑问在全社会弥漫开了,全社会的道德会不会出问题呢? 道德必须有有效性,然后才能让大多数人有道德。所以一个好人在这个社会上做好事永远没有好报那问题就大了,道德问题不是道德问题是制度问题。保证道德不堕落的、不崩溃的不是道德教育,而是制度。要有种制度让好人有好报,比如说关汉卿写的一个剧本叫《窦娥冤》,窦娥一辈子就想做个好人,她父亲把她卖给一个蔡婆婆做童养媳,然后又碰到很多不幸,最后为了救蔡婆婆自己去顶罪,被送到刑场。到了刑场被砍头的瞬间,她明白了,但她明白的同时道德也崩溃了。她明白了为善的受贫穷更命短,造恶的享富贵又寿延,你说她明白了吗? 可我们道德就怕明白,一旦明白做好人没好报这道德就要崩溃啦,所以窦娥被杀掉了。坏处是一个好人被杀掉了,窦娥被杀掉还有个好处,如果窦娥不被杀掉,被救下来,那她就是个坏人了,为什么,因为她明白了啊。我们总不能当一个好人明白时就把他杀掉吧,让好人明白了活下去,那结果是坏人越来越多,好人越来越少,这就牵出来一个道德的有效性问题,就是潜道德问题,必须解决这个问题,我们为什么要做一个道德的人,为什么要做一个好人。一个民族不解决这个问题,这个民族就是没有基础和根基的,是经不起疑问的;人类不解决这个问题,人类是不可能高尚的。我们人类都活得很体面，因为我们人类解决了这个问题呀。所以我们很多无知的人总觉得搞这些有什么用啊，好像发明一个机器就有用，但人文科学解决的是人类基础价值的问题。

那么，如何解决道德的悖论，如何解决潜道德问题呢？有两种解决办法，西方最好的办法：宗教的解决办法。在西方，假如有人问为什么做好人？因为做好人将来可以上天堂，可以跟上帝坐在一起吃蛋糕，做坏人要下地狱。很简单，好处在哪里呢？首先，不会有疑问，因为这个疑问要到死后才明白，明白了又不能回来了，活的人都不能明白。所以，永远不会产生道德恐慌。第二个好处，不会我做了一件好事就马上要报答。宗教没有急功近利的办法，你死了以后才来呢，所以永远不会急功近利，宗教的这个解决办法实在太好了，宗教很了不起，很伟大啊。因此，我自己有一句名言，"上帝不是一个事实，但是上帝是一个价值"，这个价值我们不能没有，宗教的办法很好，可是我们中国呢？中国没有宗教信仰，我们后来有部分的人信仰佛教，信仰道家，后来又信仰基督教。但是，在孟子的时代什么都没有，即使有也不是全民的宗教信仰，或者说宗教没有为国家的道德体系提供保障，那就要出大问题了。一个没有宗教的民族一般会出现两个大问题：第一，道德没有根基；第二，民族没有凝聚力。如果按这样的结论，我们中华民族是没有道德根基、没有凝聚力的民族。现在有很多西方人就这么看我们。我有个朋友就说跟西方人打交道很苦恼，他们说你们上帝都不信凭什么让我们信你呢？我说你可以说我们有孔子，我们没有上帝管着，但我们有圣人管着，我们圣人就教我们做好人。我们中国看起来是没有道德根基、没有凝聚力的民族，但是我们这方面做得一点也不差，而且非常突出！首先，我们中华民族虽然不比他们高但我们也不比他们低。他们在有上帝管着的情况下跟我们没有上帝管着差不多，我们自觉性比他们还强，这是道德问题；还有民族凝聚力问题就不用说了。

中华民族是世界上唯一一个从来没有中断过自己历史的、一个文明延续了五千年的民族，而且是这么大的一个国家，幅员辽阔，一定有一个巨大的凝聚力。而且一直做得不差，我们今天是差了点，差就差在我们的传统文化被折腾了几十年,被割裂了践踏了,直到今天还有人在说这个传统文化没有。在有传统文化的时候,在传统文化深入人心的时候,我们的道德一定不比西方低,但是我们不得不承认我们今天的道德水准确实比西方差。中国如何解决潜道德问题,就是"史官文化",我们没有建立宗教是因为我们中国更早地出现了理性的精神,理性精神在宗教退出历史舞台的同时,产生了一个新的东西就是"史官文化"。中国是一个最重视自己历史的民族,我们在很早以前就设立了史官,"左史记言,右史记事",帝王坐中间。左边一个史右边一个史,帝王做了任何事情,史官都记下来,这两个人坐在旁边对帝王形成了巨大的道德约束,就不敢胡说八道了,还敢胡作非为吗?所以这是很现实的政治约束问题。"史官文化"产生了一个流芳千年的作用,就是我们不仅活在今天而且还活在未来,我们现在所做的事情必须对未来的民生负责,我们要追求不朽。我们没有宗教,人死就没了,肉体没了但精神还在。而怎么样才能不朽呢?不朽有三层:立德、立言、立功。我们稍微分析一下:立德是成圣,立言是成贤,"圣贤"的区别就在这。孔子所以称为圣人,因为孔子有德,庄子、韩非子、荀子等为什么成为贤人,因为他们立言。有德必有言,所以孔子也有言,但是有言未必有德,商鞅就是一个贤人。一个人如果立言立德了就可以永垂不朽了,立德是成圣,立言是成贤,成圣、成贤就是"成人"。这个成人是完善的人,道德上自我完全的人。从这个意义上我们就看出来了,"成人"就是人性中善的全面发展,到这里我们就看到人性的重要性了。假如此时此刻我要告诉别人要做好人,我会告诉他做好人是符合你的本性的,你只有做好人你才能够完善自己,你才能完成自己。所以西方的潜道德建立在宗教基础上,而中国的潜道德建立人性的基础之上。

性善论的价值:孟子确立人性善就是为我们这个没有宗教的民族确立了属于我们自己的独特的道德基石。从人性出发,我们照样可以获得崇高与尊严,一样可以实现道德的自我完善。从性善论出发,我们一样是一个受人尊敬的民族,一样是一个活得体面的民族,一样可以立于世界民族之林而毫不羞愧。我们不用上帝,我们有自己的人性保证我们绝不做坏事，我们本性善。那孟子不是没有证明人性善吗？同样道理，上帝也没有证明人性善，所以道德最后的根基不是理性的问题，是非理性的问题。我们现在老讲科学主义，觉得科学是最高的价值，我告诉你科学不是最高的价值，最高价值不是理性，恰恰是非理性。就像刚才所讲，西方的道德建立在上帝之上，上帝就是非理性的；我们的道德建立在性善论之上，性善论也是非理性的，甚至科学最高境界有时也是建立在非理性上的。我举个例子，《几何学》，它什么都可以证明，可以证明三角形是180度等。但有一条就不能证明，那就是两点之间直线最短，请问哪个人能给我证明下？这就是非理性的，没有任何人能证明两点之间直线最短，但是我们要认定两点之间直线最短，不认定这点，几何学就要崩溃了。你往地上扔块骨头，狗都知道直线去抢，不会绕弯去抢，你看，狗都知道直线最短，这就是非理性的。几何学就建立在非理性上，所以科学不能解决所有问题，科学尤其不能解决价值问题。所以孟子不是在证明人性善，而是提倡人性善，孟子不是在说人性善是真的，而是告诉我们人性善是好的。因为没有这个东西，我们没有办法建立自己的道德基础，这是孟子对中华民族的巨大贡献。虽然荀子讲人性恶，但我们国家支持的是人性善，《三字经》一开始就是"人之初，性本善"。

德国的诗人海涅就说过一句话，"我们如果把书斋里面做学问的学者看成是无用的老学究，你就错了"。没有康德的思想就没有法国大革命啊！如果不明白，我们可以讲另一句话，没有马克思理论就没有20世纪的社会主义革命啊；如果你还不明白，我们可以再说另一句话，没有实践是检验真理的唯一标准就没有30年的改革开放啊。这就是理论的价值，就是思想的价值。所以像孟子这样的人文学者，他对于民族的贡献，无可估量。孟子的人性善可以使我们获得对自我的肯定，甚至可以使我们获得对人类自身的信心，然后我们可以给全世界提供一个范例：在没有上帝的情况下，我们仍然可以过一种体面而有尊严的生活。所以尼采宣布上帝死了，但最后结果是尼采死了上帝还在，说明上帝是个价值，不能没有。当时如果把我们中国放进去，中国证明了上帝没有也可以，我们人类可以自己解决自身问题。孟子就给我们解决了大问题了，这是中华民族对全人类的一个贡献，在没有尊严的民族，我们仍然可以有信仰，仍然可以具有伟大的精神力量。一个民族如果没有信仰，没有道德信仰，这个民族注定没有前途，注定是不受人尊重的，如果一个民族只知道追求现实的物质的利益，把所有的道德信仰都抛在脑后，这个民族肯定是失败的民族。我们为什么有几千年的辉煌？我们从孔孟开始，我们中华民族领先了两千年的文明，我们至少明朝之前在全世界是领先的。文化、文明，自然科学也好，人文科学也好，精神文明也好，物质文明也好，一个民族领先世界几千年，太了不起了！美国也不就领先世界几十年嘛，二战以后它才领先嘛。我们要反思一下，一个没有宗教信仰的民族为什么能领先世界这么多年呢？就是因为在这之前，有了孔子、孟子，他们给我们这个民族奠定了价值基础，建立了道德和文化的信仰，建立了伟大的精神力量。有这样的精神力量，有这样的道德文化信仰，我们才能够在那样漫长的时期里面领先全世界。孔子讲"杀身成仁，舍生取义"，孔子没有论证，孔子是一个悟性很高的人，他没有证明人为什么要杀身成仁，这个问题孟子解决了，我们简单看一下："鱼，我所欲也，熊掌，亦我所欲也，二者不可得兼，舍鱼而取熊掌者也。生，亦我所欲也，义，亦我所欲也，二者不可得兼，舍生而取义者也。"这只是一个结论，没有证明，"生亦我所欲，所欲有甚于生者，故不为苟得也。死亦我所恶，所恶有甚于死者，故患有所不避也"。好了，这个地方暂且不说，只是结论，我们看看后面怎么论证去的，通过假设，"如使人之所欲莫甚于生，则凡可以得生者何不用也。使人之所恶莫甚于死者，则凡可以避患者何不为也！"两个假设，如果大家看不懂，我可以用现代话给大家讲：如果我们假定一下，活着是最重要的，死了是最可怕的，那么结果就是只要活着我们什么都可以干。因为不管什么东西跟生命一比，生命最重要，那么只要活着，我们可以无恶不作，我们可以不择手段。这是我们作为极端的一个推论，活着最重要，活着比任何都重要。假设某一天，我们某一个人和自己的一个孩子一起被歹徒绑架了，那个歹徒说，现在我们必须杀你们的一个，你们说我杀谁？没有别的选择，那假如我们认定生命是第一的，其他都不重要，那结果是什么？结果是父亲把儿子推出去，儿子把父亲推出去。假如一个民族都作这样的选择，这个民族还有精神力量吗？这个民族在道德上还有自尊吗？这个民族不就彻底地堕落了嘛！所以必须要确定有一种东西比生命更重要。那同样，假如没有一种东西比死更可怕，那么我把我的孩子推出去，我自己活下来，这个行为比我死好得多，我死比我把孩子推出去更可怕，所以我可以把孩子推出去，让他死我活着。你想象，假设我们是这样的民族，这样的民族是什么样的民族？一定是道德堕落的民族！所以孟子用这两个假设就证明了一个东西，即在关键时候"生而有不用"，我可以活下来但我不活，可以不死我死。一个民族必须确定这样的精神，所以最后的结论："所欲有甚于生者，所恶有甚于死者"，必须确定有一种东西比生命更重要，那就是"义"；必须确定有一种东西比死亡更可恶，那就是"不义"。于是结论是"舍生取义"！文章写得真好，有人问我怎么写好文章，我告诉他：读《孟子》。为什么呢？第一，孟子讲的是堂堂正正的道理；第二，孟子有富有激情的语言来讲这个堂堂正正的道理。内容有了，艺术也有了。孟子就用这几百个字证明了重大的伦理学的问题。所以我可以毫不夸张地说，中华民族一直以来一直活得有自尊，活得有尊严，我们是一个舍生取义的民族，我们是一个高贵的民族，就靠这几百个字，这就是我们民族文化的核心。

我们举个例子，文天祥我们都知道，他被蒙古人俘虏带到大京（北京），在牢房里关了两整年，期间从丞相到皇帝都亲自来劝降，并且允诺他只要投降丞相就是你的。文天祥毫不犹豫选择了死亡，为什么？"舍生取义"啊。并且留下一句话："人生自古谁无死，留取丹心照汗青。"文天祥在刑场就义后，我们注意这个词，一个英雄死叫"就义"，"就"就是靠近，靠近"义"，选了个"义"，这就叫死，选择死就是选择义。文天祥死后，人们在他的衣袋上发现了这样几句话："孔曰成仁，孟曰取义，唯其义尽，所以仁至。读圣贤书，所学何事？而今而后，庶几无愧。"天地之间的正气啊，这就是我们中国人心中的正气啊，这也就是我们中华民族的民族精神啊。所以我说假如有一天，有一个外国人用挑衅的口气问你,你们中国人连上帝都不信,我凭什么信你的时候,你把文天祥取出来,你告诉他,我们文化里有文天祥这样的人。这就是我们的光荣,文天祥用他的死给我们这个民族增加了丰富的遗产,道德的遗产,所以死要有价值。司马迁说,死有轻于鸿毛,有重于泰山。什么是重于泰山呢?也就是说要用自己的死给这个世界留下价值,文天祥就用他的死证明了他的价值,他让我们增强了民族信心,我们一想到文天祥就有信心,让我们中华民族感到自豪,我们就用这个例子证明我们民族是有精神的,是有道德信仰的,我们是高贵的,是体面的,是不堕落下流的。文天祥狭窄的牢房里面有 7 种气,有臭气、晦气等 7 种臭气,但是他说我身体这么差,牢房待了两年,我身体还很健康,我不奇怪,因为我身上有一种气——正气,有一个气就抵其他的 7 个气。然后他写了首诗,叫《正气歌》。正气这个概念哪里来的? 孟子给他的,孟子说,"吾善养吾浩然之气",这个浩然之气就是正气。鲁迅讲过"我们自古以来,就有埋头苦干的人,有拼命硬干的人,有为民请命的人,有舍身求法的人,这就是中国的脊梁"。为什么没有宗教的民族还有这些人呢? 因为有这些人就证明中华民族有精神力量,没有精神力量就说明这种力量不是来自宗教,那么这种精神力量来之于什么? 来之于我们的传统文化,来之于孔孟,来之于老庄。

我们简单讲一下第 4 点:孟子确立了中华民族的政治理念。孟子讲人性是善的,所以一国的统治者本性也是善的,如果统治者把善发扬光大,就可以修身为圣。之后,把自己的爱心和善心推广到国家的政策上就叫推论,体现在国家的政策上,推广到老百姓身上就是仁政。所以孟子提出了王道的理想,实际上是把孔子的仁政完全理论化了,他希望所有的统治者能都实现仁政,而基础就是"民贵君轻"理论,这句话也是朱元璋特别痛恨的。假如统治者不实行仁政怎么办? 孟子说好办,两个办法:第一,你自觉自愿下台;第二,人民赶你下台。所以孟子太厉害了,中国人在孟子以后哪个敢讲这样的话呢。我举个例子,孟子和齐宣王聊天,他说,齐宣王,假如有两个好朋友,其中一个离开齐国到楚国旅游,家里就交代给他朋友了,希望关照他的家人,可是等这个人旅游回来后,他的朋友根本就没有关照他的家人，这个人很不够朋友。然后孟子问齐宣王，对待这样的朋友你应该怎么办呢，齐宣王特别忠厚老实，说这个人不够朋友，断交，孟子说回答正确。孟子再提第二个问题，假如你手下一个地方官，把这个地方没有治理好，老百姓流离失所，怎么办？齐宣王说撤职，孟子说回答正确。那第三个问题就来了，假如一个国家的国君没把国家治理好，怎么办呢？齐宣王环顾左右而言他，装作没听见。所以前面两个是陷阱，一步步把他往坑里引。他逼着齐宣王实行王道。有一天他跟齐宣王说我们来看看王道的问题，齐宣王说我能实行王道吗？齐宣王的意思很明白，齐宣王想你总是看不起我，觉得我道德不够高，所以你平时总让我实行王道，我现在问问你，我能实行王道吗？按照平常对我的评价，觉得我道德不够不能实行王道，那我就实行霸道，齐宣王就这个思路。齐宣王在道德上说，你别给我带道德的高帽，我无所谓。齐宣王问，实行王道，我行吗？孟子说，行。齐宣王就生气啦，你凭什么说我行啊？然后孟子就证明齐宣王是有善心的。齐宣王很着急啊，有一天孟子跟齐宣王说，你要搞王道啊，齐宣王说我道德不高啊，我就喜欢搞霸道，喜欢打仗，好战。孟子说你好战也没关系，你为人民而战不就可以了嘛。齐宣王一听着急了，说，我还有一个毛病，我贪财。孟子说你让人民有财不就行了嘛。齐宣王一看这两条路都没走通，想干脆我更狠一点，我好色。孟子说好色也没关系，你知道人民也好色，不要人民妻离子散就行了。你们看这两人对话特别好玩，齐宣王不受孟子摆布，一盆一盆屎往自己头上扣，给孟子逼得走投无路，结果孟子还是说不行，你还得跟我弄王道，不搞王道就下台。所以有一天，齐宣王又问孟子一个问题：你跟我谈谈卿的问题。孟子说卿有不同的种类，有贵气之卿，有异姓之卿，齐宣王叫孟子谈谈贵气之卿，孟子说，国君有大过，大夫就劝他，如果反复劝他不听，这帮贵族就会换王了。齐宣王一听勃然变色，没想到这还要换王位。齐宣王问了孟子一个问题："汤伐桀，武王伐纣，有诸？"商汤伐桀，武王伐纣汤，齐宣王问有这样的事嘛？孟子说历史上有这样的记载，确实如此。那齐宣王就问了下一个问题："臣弑其君，可乎？"这是一个非常非常严厉的问题，孟子这个人真了不起，他解决了好多好多不得不解决的问题,这些问题不解决,历史都要出问题的,解决了历史就没问题了。

　　刚才讲了道德问题,现在讲革命问题,这个问题真是太大的问题了!因为儒家特别讲忠,臣子现在忠于国君呀,弑这个词,孔子在写春秋的时候用得出神入化。弑和杀不是一个概念,杀这个词只是表示一个动作,而没有给这个动作一个评价,杀人,杀无辜的人是不好的,杀敌人就是好的,杀人不好但杀猪就没问题,杀这个词没有道德含义。但是弑就有问题了,弑不仅是一种行为,而且是一种罪行,不仅是一种罪行而且是一种缺德。只有儿子杀父亲,大臣杀君主,才叫弑。所以这个词放在这个地方,这是一个罪行,只有大臣杀国君才叫弑,因此齐宣王问这个话是很有意思的,难道大臣可以杀君吗?孟子这个时候两难啊,说"可以",这个秩序没有啦,和孔子思想就相反啦,所以不能说可以;但如果说"不可以"呢,那结果是一国的国君可以胡作非为,而人民只能永远服从,后来真有一句是这么说的。汉代有一个叫黄生的人,就提过这样一个理论:国君就是帽子,臣民就是鞋子,帽子再破也只能戴在头上,鞋子再好也只能穿在脚上,所以国君再坏,他也是国君,你也只有忠诚他;臣民再贤良,有才干,道德再高,你也只能老老实实做臣民。这是一个混账理论,照这个理论我们中华民族现在还是秦始皇时期呢!所以孟子面临两难选择,不能说可以也不能说不可以,大问题!但孟子解决得特别好,他绕开这个话题,"贼仁者谓之贼,贼义者谓之残。残贼之人,谓之一夫"。他首先驳斥了商汤、夏桀的天子地位,两个人当时确实是天子,但是天子不光是一个位置,天子是一种道德。只有有道德的人才有资格做天子,一个人如果没有道德了,就没有资格做天子了。商汤、夏桀他们伤害了仁,伤害了义,伤害了仁的人谓之贼,伤害了义的人谓之残,虽然他们还在天子的位置上,但是他们已经没有资格做天子了,他们是残贼之人,是一夫。一夫就是跟全国人民划清界限,孤家寡人,就是一个混蛋,为什么呢?因为他残害了仁义,虽然此时还在这个位置上,但是个篡位者,是一个霸占在这个位置上的人。因此孟子说,我只听说周武王讨伐了那一个独夫(商纣王),我可没有听说周武王弑君啊。为什么呢?

因为商纣王已经没有做天子的资格了。这个理论太高级了,所以这个时候人民起来革命就不是弑君的问题。孟子解决了大问题。

你知道人们是怎么评价陈胜、吴广起义的吗?他们推翻了秦朝之后,汉代建立,司马迁开始著作历史,写《史记》,司马迁写《史记》的时候,离陈胜、吴广起义才几十年,司马迁给陈胜、吴广起义什么评价?首先把陈胜列为世家,陈胜把自己列为楚王,司马迁认可了。后来就有人敢于起来造反了。虽然我们这个民族在专制统治时期生活了几千年,但我们这个民族没有灭亡,我们中华民族不会在沉默中灭亡,只会在沉默中爆发。为什么呢?因为我们有孟子和孔子给我们的革命理论,孔孟的理论就是革命的理论,孔子也是赞成革命的,为什么呢?孔子最崇拜的圣王是商汤、周武。他们在孔孟的心中就是造反的王,就是革命的王,就是对残暴的执政者说不的王,所以孔孟的理论就是革命的理论。我们中华民族生生不息,最终推翻了三座大山,毛主席说过一句话,"哪里有压迫哪里就有反抗"。谁给了我们反抗的权利啊,是孔孟。孔孟给了我们反抗的合理性,没有这样的理论可能就是奴隶之邦,有了这样的理论我们就可以不断反抗暴政,不断焕发出民族生机。

我们今天就讲到这里,谢谢大家!

(2009 年 12 月 6 日)

诗词人生境界

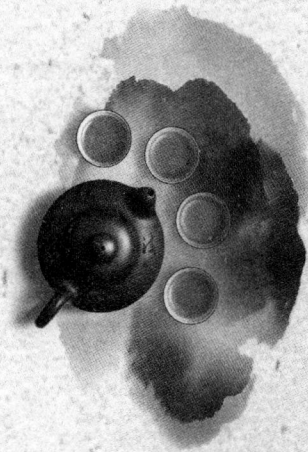

康震

康震
Kang zhen

　　北京师范大学文学院副院长,教授、博士生导师,中国李白研究会常务理事、中国王维研究会理事、北京高等教育学会理事、唐代文学学会会员、中国韵文学会会员。曾任北京师范大学文学院中国古代文学研究所副所长、北京师范大学文学院党总支副书记。主要研究领域为中国古代文学、中国古代诗词散文、唐宋文学。主要著作有:《康震品李白》、《康震评说李清照》、《康震评说唐宋八大家·韩愈》、《康震评说唐宋八大家·柳宗元》、《康震评说诗圣杜甫》等。

各位朋友下午好。一到镇江，我就想起了王安石的诗"京口瓜洲一水间，钟山只隔数重山。春风又绿江南岸，明月何时照我还"。这首诗大家都很熟悉。虽然以前很熟悉王安石的这首诗，但是的确从来没有来过镇江，所以今天能在镇江和大家分享一点关于古典诗词的感受，我自己觉得非常的荣幸。

古典诗词对大家来说应该一点都不陌生，从小学一直到大学，或者到工作岗位，其实每个人都或多或少地要跟古典诗词发生点关系。可能我们会认为，经过了几千年之后，古典诗词也许早就被扔在古代，也许我们当代人跟古典的诗词，跟古代的文学关系已经不怎么密切了。但是事实上，每个人都离不开古典诗词。比如说，当你自己在工作上取得一定成绩之后，你还想要进一步地进取的话，也许你就会在本子上写下"欲穷千里目，更上一层楼"；也许你出去游玩，到异地他乡去采风，你看到奇趣的风景，登上了巍峨的高山，你可能就会说"会当凌绝顶，一览众山小"；当你自己流落他乡没有朋友的时候，突然碰到了一个镇江人，那你可能就会跟他有"同是天涯沦落人，相逢何必曾相识"的感觉，或者有"海内存知己，天涯若比邻"的感受。古典诗词跟散文不一样，它要表达的是一种很微妙、用一般普通的语言很难表现的一种情感。这种情感是如此细微，以至于在日常的生活当中，甚至都不易觉察。但是，当你遇到了伤心事，当你遇到了欢喜的事，当你在人生的历程当中，不断地经历着一个又一个让你感动或者让你落泪的时刻时，这些诗词，就会涌上心头。这个涌上是如此自然，连你自己都提防不到，比如说，"一片冰心在玉壶"这样的诗，当我们站在金山上远眺芙蓉楼的时候，你何曾想到过王昌龄当年就在这个地方写下如此会性的一首诗。所以我说这些原因在哪儿呢？就是在当代，或者再往后推一千年，古典诗词依然会在人们内心里生发出它应有的感人的魅力。

中国古典诗歌史上有很多大家，我们对他们其实都非常的熟悉，他们写出来的诗流传千古，但是我们是否真的了解这些诗呢？往往并不是如此。我们是不是很认真地了解过这些诗人呢？往往也不是如此。我们一般认为，一个诗人写一首诗，他的个性、他的品格可能跟他的作品是完全一致的。有句老话叫什么呢？叫诗格或者文格就如人格。一个人的文风跟一个人的做派，是相一致的。比如说李白"李白斗酒诗百篇，长安市上酒家眠"。李白说"君不见黄河之水天上来，奔流到海不复回"，李白又说"安能摧眉折腰事权贵，使我不得开心颜"，我们就觉得李白是一个狂人，是一个傲慢的人，是一个浪漫的人。在他的眼里，不要说是一般的权贵，就连皇帝也就那么回事儿。杜甫曾经写过一首诗："天子呼来不上船，自称臣是酒中仙。"按我们的理解，李白这个人已经狂妄到这种程度，天地之间的圣君、圣人，无论是谁，都不在他的眼里。想当年唐玄宗邀请李白进入长安做自己的翰林供奉，李白说："仰天大笑出门去，我辈岂是蓬蒿人。"用现在的语言就是，我抬着头，大笑地走出门去，我岂能跟你们这些茅檐底下的小人物一同为伍呢？我这辈子干的事情很大，我的理想你们连想都想不到，正所谓"燕雀安知鸿鹄之志哉"。那么大家都在想，这么一个人，傲慢成这个样子，诗仙啊，甚至有点不食人间烟火。但其实大家对李白是根本缺乏了解的。

　　诗人写诗，是为了表达情怀。但是诗人写诗除了表达情怀之外，他也有别的目的。有首诗大家再熟悉不过了，第一句是"李白乘舟将欲行，忽闻岸上踏歌声"，最有名是后两句，"桃花潭水深千尺，不及汪伦送我情"，大家因此也对这个汪伦有所了解。如果翻开我们的中小学教材，翻到这首诗，底下只有一个注解，就是在汪伦的旁边有一个注解"汪伦：桃花潭村的村民"。很多人都把这首诗作为李白非常亲民的一个象征，但是李白是什么人呢？是人民的诗人，是属于老百姓的，他愿意和老百姓打成一片。他见了身份特别低微的老百姓呢，会写《赠汪伦》，原因很简单，他要走了。那汪伦怎么样呢，来送他，他说了"桃花潭水深千尺"，不及汪伦送我的情意深哪。可是大家了解汪伦是个什么样的人吗？我们知道桃花潭村在什么地方吗？在安徽省的泾县。那么汪伦是个什么人？汪伦的四世祖，他往前数第四代的爷爷，叫汪华。汪华是谁呢？汪华就是现在黄山地区歙县那一带的，用过去的话叫什么呢？叫山大王。唐太宗和他的父亲平定天下的时候，久攻歙县不下，后来设计收复了汪华,采取了以夷制夷的方法,就让汪华依然管理着这个歙县地区。汪华这个家族,就是那个地区最庞大的一个家族体系,汪伦本人也做过泾县的县令。李白为什么会去那么偏远的地方?去桃花潭呢?大家有没有去过桃花潭我不知道,我去过。我告诉大家,这个桃花潭镇已经成立了旅游开发公司,那个地方现在开发得还挺不错。但是交通不太方便,做旅游大巴车去的话得走不少的时间。住的条件也还可以,但是比较偏远。现在通了高速公路都这么偏远,李白当年坐着牛车或者驴车,因为这是唐宋时候主要的交通工具,大家不要以为李白穿着洁白的服装,腰下挎一柄长剑,然后骑着大白马,飘逸地飞到了那儿。我告诉你,这是不可能的,就是牛车,很慢。也就是今天这么热的天,他就去了。那么偏远的地方,他为什么要去那么远的地方?难道就是为了写这几句诗?难道就是为了见汪伦?那绝对不是啊。那汪伦我们只了解他前半生,李白写完诗他就走了。但是,汪伦送了他很多礼物,送了他十匹很名贵的马。大家要知道,马在现在当然没这么值钱了对不对?除非专门养马的,养那种很纯种的马,赛马。但是在中国古代,马首先不是耕作的工具,而是非常重要的战备物资,一个骑兵部队就有点类似现在的机械化部队,所以对于一匹名贵的马,李白有首诗怎么说来着?说:"五花马,千金裘,呼儿将出换美酒,与尔同销万古愁。"一匹普通的马,我这儿说的是很一般的马,在唐代要卖多少钱呢?卖一万钱,一万贯铜钱。如果是五花马、汗血马、黄骠马的话,不止这个价钱。咱们打一折,就算一匹马只有五千文,十匹马值多少钱?五万。你说一个桃花潭村耕地的农民,他哪来的五万闲钱送给李白呢?这还不止,他还送了几十匹的蜀锦,四川的锦,几十匹啊,同志们,出手很阔绰啊。我告诉你,李白写诗从来都不是白写的,他说"天生我材必有用,千金散尽还复来"。为什么呢?他有底气,他太有才华。

李白去长安见了唐玄宗。唐玄宗当然很欣赏他,但是这两个人呢,弄不到一块儿去,为什么呢?对于李白来讲,他去长安的目的是什么,大家应该很清楚。是不是去写诗的?肯定不是。李白这辈子就想干一件事儿,就想当宰相,但是这不是他想当就能当得上的。唐玄宗为什么觉得他不能当呢？有很多的原因，其中有一个很重要的原因，我刚才说了，诗人写诗，你光看诗是不可能了解他的。你看他，"君不见黄河之水天上来"，你感觉李白就像黄河水，滔滔而来，滚滚而去，潇洒人间不留痕迹。在现实中间他也要喝粥，也要喝茶，也要掏钱买墨买笔买纸，对不对？他要做宰相又不乐于参加科举考试，就是咱们的高考，怎么才能做到"三年不鸣，一鸣惊人"呢？得通过非常之渠道，按大家的理解，李白这么浪漫的、看不到权贵的、一生就像一阵风一样飘过的人，他怎么屑于做那些苟且之事啊？告诉你他在这方面是个高手。他在《将进酒》里面说的好，说"岑夫子，丹丘生，将进酒，杯莫停。与君歌一曲，请君为我倾耳听"。这两人都是他的哥们儿，跟他一块儿喝酒。这个丹丘生者就叫元丹丘，这个人是唐代非常著名的资深的道士，和李白有30多年的交情，这个人在河南的嵩山和长安的华山，都拥有大量的土地和庄园。唐代的道士不像我们现在的道士，唐代的道士都很自由。李白呢，跟他很熟，这是第一。第二，这个元丹丘，他有一个师妹，或者师姐，是谁呢？叫持盈法师。持盈法师没出家之前呢有一个称号，她叫玉真公主，她是唐玄宗同父同母的妹妹。基本上你就开窍了吧。这个李白呢跟元丹丘是朋友，这元丹丘跟玉真公主是道友，玉真公主的哥哥，是当今圣上唐玄宗。你想啊，李白会放过这样的机会吗？他不可能放过的。他说"天生我材必有用"，后来元丹丘就把李白推荐给了唐玄宗。在唐玄宗的眼中，推荐李白的人的身份有个共同特点是什么？是道士。李白又是大诗人，所以在唐玄宗的眼中，李白的定位是什么？是一个著名的道士，还是个著名的诗人。这样的人到皇宫里面来，是来跟他谈国家大事吗？不是，是来给他助兴的，叫什么呢？御用文人。比方说看见牡丹花开了，"云想衣裳花想容"，写点儿诗。可是李白是想做什么的？李白是想做一番大事业。所以这两个人啊，就不对付了。不对付也没事儿，李白这个人，他绝对不会苟且的。他前面苟且过一回之后，他觉得这边不对他脾气了，他就要走。唐玄宗说你走可以，我送你一笔钱，史书上记载叫"赐金放还"，给你一笔钱，让你回家当作家。皇上要给他钱，那就不是一小笔钱。这是举一个很小的例子。

李白这样的人在唐代就是一分钱工资没有,他也会过得很好。我举个例子,白居易大家都知道,大诗人,对不对? 白居易有个很好的朋友,叫元稹。"曾经沧海难为水,除却巫山不是云",这首诗的作者就是元稹。《西厢记》大家总该知道,《西厢记》最早的版本的小说,就是元稹写的自传体小说,就是他自己的事儿,他跟崔莺莺之间的事儿。元稹和白居易都是中唐时期的大诗人。两人关系异常好,并称"元白"。元稹死得早,死了之后,唐代的宗族必定请当代名人给他写一段墓志铭,元稹的家里人就请到了白居易。"你们俩关系这么的好,给老元写一个墓志铭吧。""写吧。"但是有讲究,元稹的家里人就说:"那我们得给你钱啊。"白居易说:"这钱我不能要,元稹是我多年的好友,我这是义务,就算是义卖了。"往复者三,相互推让三次,最后找了个折中的办法——他们送给了白居易一些财物,没有直接送钱,送了一些有价证券这些东西。这些东西值多少钱呢? 值 60 万。大家注意这些数字,60 万,就是铜钱也很多啊,白居易用这钱干什么呢? 白居易不收这钱,把这些东西变卖了之后,用换来的 60 万钱干了两件事情。第一,把河南洛阳的香山寺重新翻修了一遍;第二,洛阳龙门当时有一个小型的水利枢纽,把那儿修理了一遍。你看多值钱啊,白居易在当时的身价很高,李白也不低,所以桃花潭水的确是深千尺,汪伦对他的情谊也很深,但是汪伦要不是拿出这些玩意儿,这诗也写不出来。

我为什么要讲这个故事呢? 就是说明我们所认识的浪漫主义诗人,他要有基础才能浪漫,没有基础他怎么浪漫呢? 李白写诗是表达情怀,但是这不妨碍他在现实的人生当中有多算计和多精明,人是很复杂很多元的,李白一生如果不精于算计,他在诗里面就飞不起来,一个人如果想让他的理想腾飞,必须有非常坚实的基础,这就跟飞机一样,不能老在天上飞不下来啊,那成啥了? 那就跟断了线的风筝一样。所以要想飞得高,要想飞得潇洒,要想飞得绮丽飞得自我,必得有这种强大的基地和基础。这就像毛泽东说的一样,一个人的两条腿就是出去打游击,一个人的臀部就是根据地。光有两条腿会累死,光有臀部,出不去,也是一个死。所以一个人必须有臀部有两条腿,这就是根据地和游击战的关系。同样的，中国古代的这些优秀的诗人，莫不精于此道，用李白举个例子。

还有我们很熟悉的王维，大诗人王维。王维给我们的印象呢，比较特殊。为什么特殊呢？因为大家知道王维有许多诗写得非常的美，他是著名的田园诗人。"人闲桂花落，夜静春山空。月出惊山鸟，时鸣春涧中。"在一个有月的夜晚，山里边一片的寂静，一个人都没有，空山，空山不见人嘛，这时候万籁俱寂，什么也没有什么也听不到。突然一轮明月从山间升起，这山里本来已经处于半睡眠状态的鸟儿，全部都惊醒了。这些鸟儿惊醒之后，发出的鸣叫充满了山涧，就像音乐一般。王维田园诗写得非常好。"空山不见人，但闻人语响。返景入深林，复照青苔上。"所以后代把王维奉为田园诗的第一人。王维本人信佛教，他自己上班的方式很奇怪。他当时在长安城里上班儿，但他在长安的郊区修了一个小型的庄园。这庄园不是那种特大的 house，就有点儿像咱们现在到农村去修一个小的茅草屋，盖一个小瓦房。每到周末，王维就开着车在那儿度周末。当时有一个词儿叫半官半隐，我一半时间来做官，一半时间来做个隐士也不错。这么一个信佛的人，写如此温馨的安逸的田园诗，同时又有着半官半隐的悠闲的状态，我们会想这个诗人一定是一个非常超脱的人、很安静的人。但是你要知道，王维之所以能够这样安闲，那是有强大的基础的，什么强大的基础呢？王维跟李白基本同岁，他俩差半岁不到。但是你要知道，李白在长安的时候已经 40 岁了，他说的仰天大笑出门去，到长安时已经 40 岁了，可王维在 21 年前早就火了。也就是说等到李白来到长安的时候，王维虽然跟他基本同岁，但王维已经是个什么呢？是一个老牌儿的作家了，已经火了 20 年了。为什么？因为王维考科举早。

你要知道在唐代，一个知识分子要考科举非常艰难。昨天我和镇江的一些朋友聊天，他们说江苏省这高考特别难，说北大清华在咱们这录的人特别少，有的才录 20 多个人、30 个人。的确难！但是你要知道唐代的科举考试啊，咱们这儿真不算什么。唐代，一共延续了 290 多年不到 300 年，在这不到 300 年的时间里，录取的进士有多少呢？不到一万人,可唐代的人口是多少呢?唐代人口最多的时候,是 5 000 万人,就是"安史之乱"以后,人口锐减到极点,也有 1 600 多万。你算一算,这个很好算啊,就算是一万人,在 300 年的时间里,每年录取的人数,平均来看也就是二三十人,而每年参加科举考试的人,有一千到两千人。你算算这是什么比例,这说的是平均数,有一年录得多一点 40 来个,有一年录得少了就十来个。大家可能以为考中进士,金榜题名、洞房花烛都有了,书中自有颜如玉、黄金屋、千钟粟,是吧?我告诉你,没有,啥也没有。唐代规定考中进士之后不算工资,也没有编制,没有正式的官职,还要考一科,就是吏部的博学鸿词科。这个什么科啊?吏部就是我们现在的人事部,人事部高级公务员考试,把这个考过了才给你发工资。这个考试录取率更低,大文豪韩愈,参加这个考试三次都没过。他考试那年有 30 多个人参加,最后只录取了两个人,韩愈最后放弃了这个考试,去干别的了。我说的意思你们听明白了?唐代的科举考试,很难考中,所以这是一条独木桥,有的人一生都在参加考试。唐玄宗那时候,朝廷若打了一次胜仗,皇上特别恩典,说今年考试放宽,放宽的结果是什么呢?有 5 个老头考中了,这 5 个老头年龄最大的 70 多岁,最小的 60 多岁,叫"五老榜"。多少贫寒的考生考到什么程度呢?有一个人考试,在长安一待就是十多年,离开家乡的时候他跟夫人不过结婚一周的时间,结果十多年过去了,杳无音信。人说发个短信邮件什么的,人当时没有啊。我刚才说了,有钱的人也许可以骑头驴或者弄个名车什么的,没有钱的穷考生,什么都没有,只能等待。这个本来新婚的媳妇,十年过去了,都成老媳妇了。她想念她的丈夫,以为丈夫死在京城了,就骑了一头驴,沿着京城的路去找她丈夫。这一天,她走到一个驿站,远远地看见对面有个人也骑了一头驴往这走,她怎么看都觉得这个人很眼熟,可是不敢认,就托旁边的一个行人说:"你去问一下那个人,是不是哪个县哪个镇哪个村的某某某。"结果呢,果然就是她的丈夫。

我说这个故事啊,绝非虚言,而是告诉大家,在唐代一个读书人十年寒窗要混出来,很困难。但是王维居然在 21 岁的时候就考中了状元,这里边道道就很多啦。我要告诉大家的是,一个诗人不是成天满天飞的,在一个诗人成功的背后,付出的代价可能比一般人更多。王维是唐代诗人里面少见的全才,为什么？第一,他的书法非常好,他擅长隶书;第二,他是著名的画家,王维的画是文人水墨画的重要代表;第三,他精通音律,他精通音律精通到什么程度呢？我们知道有一首曲子叫《霓裳羽衣曲》,据说是唐玄宗做的。有一次王维到他一个朋友家,他的朋友很有钱啊,家中墙上挂了一幅壁画,这幅壁画画的是一支乐队正在演奏某一支曲子。王维看了以后就说,这个曲子是某一个曲子的第几节的第几拍,那朋友不相信,把他们家养的乐班子叫出来,当场就乒呤乓唧地开始演奏,演到墙上这一幕停下来,果然就像王维说的,某一节的某一拍,他是一个大音乐家。第四,王维还是个造诣深厚的佛教徒。他的造诣到什么程度呢？我举一个简单的例子,我们知道,现在大家对佛教最熟悉的是哪一门？禅宗,说来说去最熟的就是禅宗。在唐代,禅宗分为"北秀南能",北边的代表人物是神秀,南边的代表人物是慧能,这两人是师兄弟。神秀这一派在唐代前期占主流,"安史之乱"以后,慧能这一派占据了主流,当年王维在长安的时候跟神秀是好朋友,"安史之乱"结束以后,神秀去世了,慧能的大弟子神慧特别邀请王维为他的老师慧能撰写墓志铭。你可以想想,慧能作为一代宗师,他的弟子邀请王维为他撰写墓志铭,这是非常高的待遇,充分说明了当时这个佛教的领袖对王维的佛教造诣是相当认同的。这样一个人,他怎么才能考中科举呢？他得动脑子。杜甫有诗说"岐王宅里寻常见,崔九堂前几度闻"。这个岐王叫李范,是唐玄宗的一个儿子,也是一个王子,王维跟这岐王特别好,岐王是个文艺人才,喜欢跟文艺界打交道。王维就跟他说,我明年要高考了,你看能不能给我想想办法？岐王说:"我没有办法,但我姑姑有办法。"他的姑姑就是唐玄宗的妹妹,据说此人叫九公主,具体名字已经无从可考。他说:"明天我就到姑姑家里拜访她,我带上我的私人乐队,你就假装成第一吹箫手。"这就去了。当时王维不过20岁,风流倜傥,李范跟他姑姑说:"我的乐队排了一首新的曲子,这首曲子的名字叫《郁轮袍》。"那第一"小提琴"演奏得非常好,演完之后公主非常的喜欢,就问王维说:"这曲儿是谁写的?"王维说:"是我写的。"公主说:"我以为是古人所作，没想到今儿跟你见上面了。"这王维说曲儿写得好也没用啊，不能当饭吃。"岐王就说："他明年就要考科举了，你看这个……"九公主说："这个没有问题。"马上打电话给秘书："现在就安排！"绝非巧合，第二年王维就考中了进士，并且中了状元。

王维这种请托还是靠着真本事的，但李商隐那就不是这么回事儿了。李商隐的老师叫令狐楚，令狐楚的儿子叫令狐绹，父子二人都是宰相。李商隐家境贫寒，考不中进士，没人认识他。后来他认识了令狐父子，开始考了两次都没考中，第三次的时候令狐绹决定帮他的忙。当时的主考官叫高锴，跟令狐家族为世交。令狐绹上班的时候碰见高锴，高锴就问他说："你今年有人吗？"令狐绹说："记住。"连说了三遍："李商隐，李商隐，李商隐。"下半年李商隐就考中了。

大家说这是污蔑古代科举制度，我告诉大家真没污蔑，唐代是中国科举制度的发展阶段，宋代是中国科举制度完善并趋于定型的阶段，明清时期科举制度进一步走向完善和成熟，直到清末走向没落。唐代的知识分子普遍就像李白说的，"天生我材"也许有用，但是只有那些既读书同时又善于打通关节的人才能够出人头地，这太困难了。

杜牧，"小李杜"，著名的诗句为"清明时节雨纷纷，路上行人欲断魂"。他写《阿房宫赋》的时候是什么身份呢？杜牧当时在朝廷开办的太学里读书，有点儿像京师大学堂的学生。你要知道，唐代的学校跟我们现在的学校是不一样的，现在呢不管你交不交钱政府总能让你有学上，但是唐代你要入太学，最高的学府，你的家族里边儿必须得有人是某品某品官以上，比方说，入太学的人的父亲必须是五品以上的官员。杜牧入了太学，他的老师，吴老师，杜牧写了《阿房宫赋》以后给吴老师看，吴老师看了以后特别高兴——你不要认为唐代太学的老师就是一个大学教授，无权无势，错了，这个吴老师在朝廷里面有很深的人脉。他看了《阿房宫赋》为杜牧的才情所打动，就去找这个主考官，当时的主考官姓崔，是副宰相，他找了这个姓崔的就把《阿房宫赋》拿给他说："你看看，这有篇文章写得不错，你感觉怎么样？"这姓崔的呢，虽然是做官的人，但也是当时很有名的文章家，看了《阿房宫赋》非常的感动，觉得真的是批判潮流的第一等文章："这文章太好了,你哪儿弄的这文章?"说:"写这文章的人就是咱们太学的学生,他叫杜牧,字牧之。""那不挺好嘛。"说:"这人马上要参加科举考试,你给他个功名吧。"这崔宰相说:"第一不行,已经有人说过了,就第五吧。"这个吴老师说:"第一不行那就第二。""这第二也有人说过了,你真的来晚了,就第五吧。""别第五了就第三吧,别烦了。"果真就中了第三名。

　　注意啊,我这里说的请托的风气,并不是说此人没有才华,硬要请托,而是不管他有没有才华,在当时的条件下,必须有得力的人推荐,他才能够焕发出更加耀眼的光彩。这种风气为什么在唐代如此的盛行呢?那就是因为唐代依然是一个重门阀重门第的时代,重到什么程度你们想象不到。唐代有几个姓是比较重要的。第一,在座有没有姓崔的?如果有姓崔的,镇江姓崔的没用啊,你祖宗三代姓崔也没用,如果你的祖先是河北博陵人士姓崔,赶快打电话查,上网查拼命查肯定能找出蛛丝马迹,这是唐代第一大姓。不是李,因为李是皇族,当然是第一,在这平民百姓中的第一大族,崔姓。第二大族,如果祖上在山东滨县,姓高,如果你家是山西太原人,姓王,也可以查,如果你们家是山西人,姓柳,柳宗元的柳,也可以查,如果你祖先是河南荥阳人姓郑,也可以查,如果你和我一样住在西安也就是过去的长安姓韦,韦应物的韦,或者姓杜,那更得查,为什么呢?长安有句老话叫"长安韦杜,离天尺五"。如果你在长安姓韦或者姓杜,离天只有一尺半,跟皇帝的关系很近啊,大家听出这些道道来没有?我说的这些大姓,都在长江以北,因为唐代的时候,中原地区是贵族的聚集区,这些贵族盘根错节啊。大家总以为他们又有钱又有势,对不对?错,唐代的这些贵族,无钱无势,既没有经济也没有政治势力,就是声誉好,为什么声誉好?就跟现在人说的那样,哟!咱们家闺女要在清朝,这就是个格格,为什么呢?他姓爱新觉罗,就是他的姓名好。这个名儿对唐代的读书人来说非常之重要,连皇帝都很重视。为什么?我举个小例子。唐代后期有一个皇帝叫唐宣宗,唐宣宗有个闺女死活嫁不出去,因为脾气太大了,跟他爸爸吃饭的时候动不动就摔筷子,是这么一个人。唐宣宗就想把闺女嫁给一个特别有清誉的一个高门，看中叫郑浩的一个状元，这个郑浩呢，人家早就有了心上人，并且考中状元之后呢，正在去河南的路上迎新娘子，结果唐宣宗命令宰相白敏中说："你赶紧把这人给追回来。"白敏中去了就把郑浩捉回来了，披上红袍反正就给弄得结婚了。结婚了以后啊这个公主很不把郑浩家人当回事儿，郑浩的弟弟病得快要死了，皇上心里记挂——这个是驸马爷的弟弟啊，就问太监说："现在咱们家的公主在哪儿呢？"说："在大慈恩寺大雁塔看戏呢。"唐宣宗大怒，叫人把他闺女绑回来，骂她说："难怪那些高门望族不愿和我们联姻，摊上你这种嫂嫂简直是倒霉，你立刻回去照顾你的小叔子，不然你以后都不要来见我。"白敏中后来不做宰相了，到外地去做官，怕得要命，跟唐宣宗说："因为要帮你的闺女弄这婚事儿，我把郑浩得罪了，他最恨的人就是我。我在朝廷做宰相他奈何不了我，现在我要外出做官了，他肯定会说我的坏话。我求你了，你一定别听他的。"唐宣宗安慰他说："我要早听他的，你早没用了。"然后拿出一个大箱子来说："这些年他就没少说你的坏话，他的奏章都在我这儿压着呢，放心地去吧。"白敏中把这个箱子领回家，放在祖宗的牌位前，天天供着它。

我讲这个故事，你们立刻就能体会到皇帝对于高门望族是如何的重视，这些贵族把持着很多的领域，他们让这些真正的读书人无法出头，所以在唐代，像李白，像杜甫，像王维，很多的大诗人，我们之所以在今天还能了解他们的诗，我们还能了解他们的生平事迹，那不知道经过了多少千言万语的努力。刚才我讲的这些，大家感觉这不就是走后门嘛，是的，但是他们走后门是因为有大量的无才无德的人同样在走后门，而他们跟他们唯一的不同在哪儿呢？就是他们有真才实学。如果他们不用这样的潜规则，他们的才气、他们的作品就永远无法让后人知道，这样的情况到了宋代，才有了根本的改观。

宋代是一个平民的社会，何以见得？我告诉大家一个例子就明白了。宋仁宗即位的时候，宋代已经有100年历史了，宋仁宗即位之后开科举考试，当时的主考官是欧阳修，大家都知道欧阳修，也是唐宋八大家之一，宋代的大文学家，诗词文都很擅长。欧阳修主持科举考试，考生很多,大家都在答卷子。宋代科举有一个制度比唐代要好,第一,和现在一样,你看不到名字,你知道为什么唐代请托那么容易吗?卷子是开卷,就是什么名字什么籍贯都在上面儿写着,很好找到。到了宋代,把卷轴都糊起来,什么都看不到。第二,做得更绝,所有的卷子答完之后交上来,我请人把所有卷子抄一遍,这样一来,你用的纯蓝墨水儿,他用的碳素墨水儿,我用的红墨水儿,对不起什么墨水儿都没用,我们这儿一水儿的黑墨水。这边我写的颜体字,他写的柳体字,也没用,到我这儿,谁抄的就这一个人的字体,这样在一定程度上回避了作弊。卷子交上来以后,欧阳修有个副考官,叫梅尧臣,就叫老梅吧,看到一个卷子写得非常好,就去给欧阳修推荐,说这个卷子非常好,我觉得可以点状元,欧阳修看了以后有些疑问,为什么呢?卷子是好,但是卷子里引用了一些典故,不知道是从哪儿出来的,但是又觉得写得好,仔细一想又觉得这个文章非常熟悉,这个文风啊非常的熟悉,就暗自里猜想说,这文章会不会是这个人写的,是谁写的呢?欧阳修有个很器重的学生,此人姓曾名巩,曾巩。大家背唐宋八大家的时候,全都能背下来,背到第八个人的时候背不下来了,就是曾巩,最容易被遗忘的一个人。但是希望大家能牢牢地记住曾巩这个人,曾巩的文章文风潇洒,挥洒自如,欧阳修觉得这个文章特别像曾巩,他就想,如果真的点曾巩,将来卷子一亮出来,一看是曾巩,哎呀,麻烦,将来会说,你看,你是当老师的,你怎么把自己学生点成第一名呢?所以思前想后,再加上这文章的一些典故他觉得出处不明,也怕引起争议,就跟梅老师商量把这个卷子定为第二名。卷子一开,眉山苏轼,这篇文章的作者是苏轼,也就是后来的苏东坡。如果是在唐代的话,苏轼就被点了第一名了。宋代科举制度渐趋成熟,最重要的是宋代读书人,在宋代的社会当中,门阀门第的陋习和成见已经不复存在,尊重的不是血统,是知识,原来以血统为高贵,现在是以知识为高贵。好了,翻出来是苏轼,真没想到,原来苏轼的才华该得第一的,现在得了第二。

但是刚才说了,这篇文章里头有些典故来历不明,为什么来历不明呢?欧阳修就去找苏轼,因为凡是考中了之后啊,这些考中的人都要去谢自己的老师,谢师宴一样。苏轼就来拜访欧阳修,欧阳修就问他说,你这些典故我不知道从哪儿出来的,当时的作文题叫《刑赏忠厚之至论》,翻成白话文就是说,作为一个君王,他惩罚你要尽可能地宽大,他奖励你要尽可能地多,这才是一个仁慈的君主,换句话说,要当个仁慈的有同情心的领导。苏轼在文章里面用了哪些典故呢,他说,尧舜禹的时代,尧很仁慈,尧手下有个法官叫皋陶,皋陶把一个人判了死刑,报给尧帝。尧帝说:"算了吧,不要杀这么多人,判个无期算了。"前后三次尧帝都说要赦免。苏轼说由此可见,他是一个仁慈的君主,就这么个典故。欧阳修问:"你这个典故从哪儿来的? 我不知道,我没见过。"欧阳修和王安石这样的人,都是宋代数一数二的大学问家,读的书都非常多。苏轼说:"这是有来历的,你可以到《三国志》孔融的故事里去找。""融四岁能让梨。"欧阳修就去找了,找找找,没发现啊,没有啊。苏轼说:"你肯定找不到嘛,他就是没有嘛。这个故事啊,是我想当然编的。"但是孔融这儿有一个故事:曹操打败了袁绍,就把袁绍的一个儿媳妇送给了自己的大儿子曹丕。孔融知道了这事儿,就赶来跟曹操说:"我告诉你,当年周武王灭商,就把商的那个宠妃妲己赏赐给了周公。"曹操说:"我没听过这事儿啊,这不是胡说吗? 没听说过这个事儿。"他说:"要是你今天做这事儿,那周武王也能做得出来的。"苏轼说:"按照尧帝这么伟大的君王的逻辑来推理,想必他也会做出这样的事儿,所以我就想当然地编了这么一个故事。"要是换成我们今天的老师听了这事儿以后一定会觉得很难接受,现在我们大家都在笑,是因为在听故事,但是如果你有这么个学生,写议论文瞎编证据,那你会有什么态度啊? 很不严谨嘛。欧阳修怎么想? 欧阳修后来给别人讲:"苏轼这个人不得了,为什么不得了?第一苏轼这个人会读书,第二会用书。"这知识如果老去阅读它的话,它永远都不是你自己的,苏轼之所以敢编这个故事是因为历史上没有人"想当然耳",历史的真相到底有多少是我们知道的呢? 所有的知识都是人创造出来的,历史也是人创造出来的。对于苏轼这样一个当时只有 19 岁的少年来讲,能在欧阳修面前说"想当然耳",这需要巨大的勇气,这勇气来源于什么? 来源于对知识的自信。欧阳修说他善于用知识，是什么意思呢？举个很简单的例子，天天吃肉，中午吃的猪肉，晚上吃的羊肉，第二天又吃了鸡肉，我就问你，你身上哪块肉是猪肉？哪块肉是鸡肉？哪块肉是羊肉？你说昨个我吃的这块到大腿了，这块是猪肉，前个我吃的是鸡肉，往脑部走了。我们身上哪块肉都是咱们自己的肉，你吃进去的肉已经不再是原来意义上的肉了，变成了你自己的肌体。所以，阅读知识的前提，就是全面地否定你原来的知识，只有全面地否定了原来的知识，才能变成你自己的知识。你吃猪肉是为了让所有的营养变成自身的营养，而不是把猪肉吃进去里边儿还是猪肉，你天天在肚子里揣一块猪肉，那是很难想象的。所以学习的前提是要善于否定，这非常重要。苏轼很年轻就懂这个道理，他为什么敢说这个话，因为在宋代像他这样，爱读书、善于读书、善于用书的人非常多。这个事情要发生在唐代他就歇了，他肯定完了。但是在宋代不是苏轼敢要这么做，而是欧阳修理解他为什么这么做。欧阳修给别人说："我读苏轼的文章啊，头上冒汗，老夫当为后生让路，好让他出人头地。"欧阳修又给他的朋友写信说："近来多读苏轼的文章，觉得三十年后无人知道欧阳修，但都道得苏轼也。"30 年以后没有人再知道我了，大家都会去谈论苏轼这个人，但是大家知道当时的苏轼才不过刚刚 20 岁，要知道当时的欧阳修已经 50 多岁了，他对这个 20 岁的年轻人给予了超越一般的相当高的评价。这种评价是基于什么呢？是对于知识和人才的最基本的评价。我们讲到唐代的那些人固然很有才，但是同时由于我刚才所说的那些原因，使得他们的成长环境相对比较恶劣。但是宋代解决了这个问题，为什么到了宋代文学家的数量要大大地多于唐代？而且在宋代有一个非常著名的现象：宋代大文学家一般都做过大官。比方我们说李白，李白一辈子没有做过官，杜甫一生所做的最大的官不过八品。大家知道，七品就是芝麻官了，八品就不知道什么官了，很小很小的官，是吧？唐代的李商隐、杜牧做官都不大，但是在宋代，凡是大文学家一般都做过大官，原因在哪儿？因为宋代对于知识对于读书人是非常尊重的。

所以我们说呀，不同的时代不同的风气，就会产生出不同的人才、不同的诗歌和不同的境界,在唐代一个诗人想要出名,必须要做出特意的举动。大家知道有一个诗人说:"前不见古人,后不见来者,念天地之悠悠,独怆然而涕下。"这是谁啊,陈子昂。陈子昂是哪儿的人呢?是四川人。四川这个地方,物华天宝,真的是一个天府之国。但是,四川这地方是没有贵族的,远离中原,更远离江南,他们有的只是钱,但是呢,他们是富而不贵,家里没有什么声望,所以陈子昂跑到了长安和洛阳求功名考科举,都不中,门儿都没有。急得要命,怎么办呢?就想一绝的。他到街上去转悠,看到街上有卖胡琴的,相当于咱们现在的钢琴一样,胡琴是少数民族传过来的乐器,非常昂贵,价值百万,但无人问津,因为大家不会演奏嘛,不识货。陈子昂在街上转了三天,最后耗巨资,把这把胡琴买下来了,这个举动就好像你现在跑到镇江市中心一口气买了一辆宝马汽车一样,围观的人就特别多。陈子昂就告诉他们说:"明儿个,咱们到那个最有名的某某某某酒店,我给大家当众演奏这个乐器,都去啊。"当时都传遍了,说有一个四川来的特蠢的商人,花了那么多钱买一把胡琴说到哪个哪个酒楼去招待大家。第二天陈子昂一看人山人海,去的人很多,说:"现在开始演奏。"就当着众人的面就把这个胡琴给砸了。砸了以后他就说:"我现在才知道,长安人是只重钱不重人的。"就好像你刚买了宝马车,大家都来看,你开一段看看行不行,就把车给砸了,很轰动啊。趁这个轰动的当口,陈子昂把他平时所写的一些诗文复印了好多份散发给大家。一天之内他身价百倍。我不是鼓励大家现在砸宝马,我的意思是说为什么唐朝的很多人行为举止特别不同寻常,因为环境决定了这一点。

到宋朝,像苏轼这样的人他的成长环境就不需要如此,为什么呢?因为他生存的环境,成长的环境非常的顺利。苏轼在宋代的官员当中已经算贬得很厉害的了,他40多岁的时候被贬黄州,50多岁的时候贬到广东的惠州,60岁的时候又被贬到海南岛。所以苏轼自己说:"问汝平生功业,黄州惠州儋州。"你要问我这辈子干了几件事儿,就干了三件事儿:第一件事儿,被贬黄州;第二件事,被贬惠州;第三件事,被贬儋州。但是我还要告诉你,他被贬黄州的时候,是宋神宗贬的,宋神宗把他贬到黄州,因为苏轼反对改革变法。为什么贬到黄州?让他闭嘴,不要再写这么多的诗,不要再讲这么多的话。虽然把他贬走了,但是宋神宗经常想念他,想念他到什么程度呢?据后来的宫女和太监回忆,这个宋神宗每天吃晚饭的时候啊,如果一边儿吃一边儿在看一本书,那肯定是在看苏轼的书,他经常是一边儿看书一边儿吃饭,最后就不吃饭了,就把书放下,仰天叹气说:"苏轼真是少有的奇才。"苏轼被贬黄州,他的罪名是什么呢?是诽谤变法,诽谤朝廷,甚至诽谤圣上。审判他的人叫李定,相当于我们现在中纪委的副书记。这个人负责审讯他,株连了很多人,所以这个人上朝的时候呢,都没人敢站在他身边。这一天李定去上朝,照例身边没有人。他实在难受,他要找话说啊,他转啊转,一边转一边自言自语说:"苏轼真是少有的奇才。"大家不知道他的这个话是什么意思,就等着他下面一句。他闷了一会儿接着说,他在审讯苏轼时要在他的诗文里面找漏洞是不是?所以就让苏轼一首一首把他20多年前写的诗和文章背出来,苏轼把他20多年前写的诗和文章都一首一篇一篇地背了出来,抄了下来,一个字都不差。李定说:"果然是个奇才。"贬他的宋神宗、审讯他的李定都称赞他是天下奇才,这个时代其尊重知识、钦佩人才的风气到了什么样的程度?这是一个人生存和生活的大环境,这个大环境非常重要。在宋代只要是一个读书人,只要经过刻苦的努力和学习,就一定有可能出人头地。在唐代,一个有出众的诗文才能的人,只要像我刚才所说的,遵从某种规则,经过艰苦的努力,他也许能出人头地,但是由于其生存环境的恶劣,往往这种努力坚持和奋斗显得特别变形,所以唐代的这些人在我们看来都比较的奇怪,比较的狂傲。而宋代的人呢,在我们看来都比较亲切,比较亲近,比较正常。

在唐代,一个人为了求取功名,可以不择手段的。我举一个很偏激的例子,这个人大家也许不熟悉,这也不重要,关键在于他是怎么做事的。这个人的姓比较特殊,姓员,这个人名字叫员半千,他考了很多次科举都不中,他也没有那么多关系,那怎么办呢?他就给唐高宗写了一封信,唐高宗久病在床,政事全要由他的夫人武则天料理。武则天看到了这封信。这封信提了一个建议,他说请陛下选天下才子三五千人。刚才我说了，每年参加科举考试的人也就一千到两千人，他说要选三五千人——让他们和我一起比赛写作文，六种不同的文体：第一测是否有才华，有没有文采；策，策论，比方说南京地区镇江地区房地产价格比较，这就叫策论，当代的政策评论；判，判是什么呢？判词儿，法律文书；笺，公文，人事部给财政部的公文；表，奏章，大臣给皇帝的奏章；论，论是理论文章，《论党的建设》这就是论文。说招三五千人和我一起测这几种文体，规定字数，如果有一个人超过我，"陛下斩臣头，粉臣骨，悬于都市以谢天下才子"，陛下您就把我头割下来，把我骨头细细地锉成粉，然后把我的头挂在城门楼上，向天下才子谢罪。我要是给哪个局长写这么一封信，人家该吓坏了，这是什么人啊，品德有问题。他这封信还没完，接下来怎么说的？"望陛下收臣才，与臣官。"陛下，您就把我要了吧，给我个官做好不好啊。前面放的狂话，现在说的什么话呢？说一软话，笔锋一转又变了，说，"如用臣刍荛之言，一辞一句，敢陈于玉阶之前"，接着说，"如弃臣微见"，如果你不听我的建议——他的建议是什么？是叫人来考试，如果一个人超过他，他就把头割下来。你要不听我这个建议，"臣即烧诗书，焚笔砚"，我就把我们家的藏书全都烧了，不学了。不学干嘛呢？臣"独坐幽岩"，我一个人躲到深山老林里边去看陛下你能招来什么样的人，我看你那科举考试能弄来什么样的人，陛下你肯定会郁闷而死的。这是天下奇谈啊。这封信的题目叫《陈情表》，是一种特殊的文体，意思是"写给主席的心里话"，是古代一种专门的文体。大家觉得武则天看完这封信心情肯定不能平静吧，因为武则天心情一不平静，就会做出一些比较偏激的事情。这封信很能代表唐代人的这种心态，只有唐朝的知识分子才会做出这种事情，说出这种话，苏轼欧阳修永远不会说这样的话。这就好比你在南京、你在镇江是看不到长江波涛连天的，因为这里的江道很宽，底下很平坦，江水走得很顺畅。但是你要是在长江上游，在黄河的上游，在虎跳峡，那就完全不一样。所以你在唐朝能发现这种怪才和奇才，在宋朝你只能看到天才，话说半天，此人到底怎么样呢？弄了半天啥事儿也没有。那大家可能会问说，这个《陈情表》是怎么到康老师手里的？在我们的理解中只有两种渠道。第一，武则天看到这封信非常激动,然后狂印多少份,藏到皇家档案馆里,准备流传后世。还有一种情况是,酝酿半天自己写完觉得心满意足,也特别自恋,然后复印很多份儿,流传千古一直到现在。我觉得这两种可能都很疯狂,根本不可能实现,因为这篇文章是在清朝年间被编入《全唐文》中的。那大家就会说,这是一件不可能的事情啊,这样的东西怎么能拿给国家元首看呢?而且她看了根本没事儿,她不但没事儿,过了几年之后,武则天做了皇帝,特别提拔员半千做了她的中书舍人,什么叫中书舍人?一句话,专门负责给武则天起草诏书的人。

这种奇才和怪才,在唐代是可以被用的,但在宋代却未必。这就是唐宋两个时代,文化的风气、人格的养成有很大的不同。武则天不是个一般的人。武则天做了皇帝以后各地纷纷起义,起兵反对她,其中有一个军队是徐敬业的部队。这个徐敬业起兵反对武则天,部队里头有个文人,叫骆宾王,初唐著名的大文人。骆宾王一辈子穷困潦倒找不到机会,这回终于找到机会了,他参加了徐敬业的军队。他是个文人,手无缚鸡之力,啥用都没有,只有一个用处,就是写一篇战斗的檄文,他写了一篇文章叫《讨武曌檄》,翻成白话就是讨伐武则天。写得特别好,从祖宗骂起,再骂到武则天的生活作风。武则天看到这个《讨武曌檄》,拍案叫绝,写得太好了。这样的文人写的一篇文章,真的太好了。她就责怪宰相,这样的人才应该为我所用,怎么跑那边去了。我说这个,大家可能会觉得武则天心胸开阔。我告诉你,这事儿闹在谁头上,看到这玩意儿心里都不会高兴。这什么人那?武则天的做派跟曹操是很相近的。曹操打袁绍的时候啊,袁绍的门下有一个文人叫陈琳。陈琳也擅长写这种玩意儿,他写了一篇讨伐曹操的檄文,也是从最头上骂起。曹操看了这篇檄文啊,惊出一身冷汗,他患有偏头疼,偏头疼竟治好了。最后大家都知道曹操杀掉了袁绍,打败了袁绍,活捉了陈琳。他就把陈琳带回来,问那个陈琳,说你骂我一个人就算了,怎么连我祖宗八代都骂呢,你这不地道啊。陈琳说:"箭在弦上不得不发也。"当时那种形势下,我没办法。周围的人都说杀了陈琳,可是曹操说:"继续跟着我写文章写诗吧。"陈琳后来也成为曹魏时代著名的建安七子之一。

所以我们说啊，在唐代，特别是在唐代的前期，有唐太宗、唐玄宗、武则天这样伟大的恢弘的君王，所以虽然当时有很多不正常的社会环境，但是由于有这些君王的存在，因而可以提拔某些奇才、怪才，甚至是傲慢不羁之才。但是在宋朝呢，因为整体的环境特别的顺畅，有利于文人的发展，所以宋代涌现出了很多天才，层出不穷的。这些天才论其天资而言可能不及李白，但是由于有非常丰厚的后天的培养，他们终于能够成为一代豪杰。所以我们说啊，在一个时代里边，既需要一个宽松的环境和政策以培养千千万万的天才，同时也需要领导者以恢弘的气量和气度来提拔为数并不多的怪才和奇才，这样我们才可能有后代难以望其项背的盛唐和大宋的风韵。所以中国人一提到我们的祖先，最为骄傲的一个朝代，就是唐朝，唐人街、唐装，对不对？唐朝乐队，梦回唐朝，这都有。宋朝也足以让我们骄傲，因为宋朝发明了印刷术，四大发明之一，宋朝出现了后代难以望其项背的很多的科学家、发明家、文学家，多极了。所以著名的历史学家陈寅恪讲过，宋代是中国古代文明最辉煌的时代，但唐朝是令我们后代最骄傲的时代。唐宋两朝，如此多的天才、奇才和怪才给了我们一个启示：就是一个时代要发展，不但要对外开放，也要对内开放。所谓对内开放，核心就是要广揽人才、要开放人心，只有这样，众多的人才才能变成天才，这个时代也才能成为一个天才的时代。这个也是我今天讲唐诗，讲宋诗，讲唐宋诗人的目的所在。

非常感谢大家，谢谢。

（2010 年 6 月 19 日）

变法双雄——王安石与张居正的改革智慧

郦波

郦波
Li bo

    南京师范大学副教授、硕士生导师,南京师范大学中国古典文学与文化专业博士、汉语言文学博士后。2007 年出现在江苏城市频道《万家灯火》节目中,创下了该节目收视率的第二新高。2009 年 10 月初,在《百家讲坛》主讲《大明名臣:风雨张居正》、《大明名臣:抗倭英雄戚继光》、《大明名臣:于谦》和《大明名臣:海瑞》已录制完毕,《曾国藩家书》正在录制中。主要著作有:《五代前的那些爱》、《宋元明清那些爱》、《风雨张居正》、《抗倭英雄戚继光》、《救时宰相于谦》、《颜氏家训》、《大明名臣海瑞》等。

镇江的父老乡亲们，大家下午好！

我用"父老乡亲"这个词，绝对是实至名归的，绝对是发自肺腑的，因为刚才主持人也说了，我的父母就是镇江丹阳人，填籍贯我都填镇江丹阳，但是为什么说我父母呢，因为我从小，我母亲告诉我，一生下来，才生下来 10 天，我就离开这儿了，丹阳什么样，我当然看过，但是没印象，10 天实在很难有印象，10 天之后就沿着京杭大运河到北方去了，因为我父亲在山东，在驻军，然后我就随军了。我记忆中第一次回到江南，是13 岁的时候，那时候不是走的南京长江大桥，古代回南京只有两条路，一条走上游的采石矶，一条就是走我们下游的镇江。我记得当时回丹阳，父亲带我第一次回到江南，第一次走这个瓜洲古渡，我记得是坐轮渡回来的，走到那儿，父亲跟我讲这个地方就是杜十娘怒沉百宝箱的地方，这个地方就是王安石写《泊船瓜洲》的地方："京口瓜洲一水间，钟山只隔数重山，春风又绿江南岸，明月何时照我还？"所以这个景象虽然已经过去了 20 多年，但是记忆犹新。什么叫江南，春风又绿江南岸，总算见到江南啦，到扬州不算江南，过了江，才算江南，一过江看到镇江青山绿水，真是叫江南岸。那时候就有一种想法，长大了以后一定要回到江南，不住北方，北方风沙太大，太干，没水，知道吗，没水就不养人，所以镇江真美，真是一个美丽的宜居城市。所以这个城市最早的名字我们知道叫做京口，叫做润州，很滋润的一个地方，对不对。最早的名字叫什么？叫宜，宜居城市的宜，适宜的宜，住在这个地方太舒服了。我第一天来这儿的时候，道路宽敞又不堵车，听说房价还没那么高，真的很适合居住，所以我到现在还记得 13 岁的时候初到江南的那种印象。人的童年会决定人的一生，真的会这样，所以我一直梦想着回到江南，现在是总算如愿以偿，回江南了。

事实上很多人的童年都是这样的，比如说张居正，从小看看，到老一半，童年决定人的一生，按我们中国人的俗话讲，小时候就可以反映出一生来。张居正、王安石，他们小时候的事情我觉得都能反映出他们以后整个人生的走向来。张居正的出生很神奇，古代的名人出生都很神奇，为什么，因为中国人喜欢讲究神秘文化、灵异文化。但凡是个名人，出生都搞得很神奇。比如说刘邦，《史记》里怎么写的？讲他妈妈到河边去洗衣服，奇怪了，洗了半天都没回来，他爸爸在家里着急了，怎么半天没回来呢？就到河边去找，一看，刘邦妈妈在河边的草地上睡着了，这也很奇怪，有人洗衣服洗到一半睡着的吗？他妈妈睡着了以后身上还盘着一条红颜色的龙，赤龙，盘着一条龙，样子很吓人。他父亲一出现，龙惊了，于是飞走了。然后刘邦妈妈就醒过来了，就怀了刘邦了。后来《史记》就记载，刘邦是因龙生孕。所以后来刘邦杀了项羽叫赤帝子斩了白帝子，赤龙斩了白龙。诸葛亮出生的时候也很神奇，诸葛亮出生的时候说是仙乐齐鸣、祥云万朵。我说这哪是诸葛亮出生，这明显就是神仙们在开 party 嘛，弄不好掉下一个，就成了诸葛亮了。朱元璋，朱元璋出生的时候他们家火光冲天，别人都以为起火了。胡扯，史书纯属胡扯，朱元璋原来连名字都没有，叫朱重八，他爹叫朱五四，只能起一个数字代替名字，听说他们家穷得就只剩一个茅草屋，连面墙都没有，红光满天，还不给烧光了，是不是。曾国藩，说他爷爷做了个梦，天上一条蟒蛇，为什么是蟒蛇呢，是因为他后来没造反，没当皇帝，他要造反当了皇帝了，那就是一条龙下来了。刘邦当了皇帝了所以他是龙，曾国藩没当皇帝，所以不能是龙而是蟒蛇。蟒蛇从天上盘旋而下，落在曾家老屋的屋顶上。最后一直盘旋着到了他爷爷面前，他爷爷一看是条蟒蛇吓出一身汗。忽然梦醒了。梦一醒听到旁边屋里"哇"一声，曾国藩出生了。然后他爷爷跑去一看，曾国藩他妈他爸都在掉眼泪。为什么呢？这孩子长得忒难看了，长得太丑了。他妈说我肚子疼了一夜，生了这么一个妖怪下来。为什么呢？头顶是谢的，扫帚眉，三角眼，长得很恐怖。曾国藩的爷爷跟曾国藩妈说，别着急别着急，这将来一定是个大人物，你看孔子生下来头顶就谢一块。孔丘嘛，头顶是谢的。

但凡名人出生都很神奇。张居正也是。张居正出生的时候是什么情形呢？他爷爷也做了一个梦，在院子里面散步。这个古代的院子里头，你去故宫看知道，都有个大水缸，大水缸是为了防火，蓄水救火。突然月光像水银一样泄到水缸里，他爷爷就很奇怪，走到水缸边一看，这缸里有一只白乌龟。他也是做将相的，蟒蛇、乌龟之类的，当了皇帝就龙了，那就不一样了。出来一只白乌龟，他爷爷就梦醒了，然后"哇"一声，张居正就出生了。据说张居正小时候生下来就非常英俊，非常漂亮，爷爷高兴坏了，这孩子天赐，一定得起个好名字，不能糟蹋了。这是神乌龟托梦给他，总不能叫乌龟吧，这孩子取名叫张乌龟，以后没办法上学啊，他爷爷说不行，这个神托的梦一定要按照这个梦取名字，乌龟我们常见，但白乌龟很少见，因为乌龟的乌就是黑的意思，再加上白乌龟，不就是黑白配吗？张居正的爹是文化人，说不能按梦起名字，他爷爷说不行，非得按着梦取名字，最后还是取了一个张白圭。张居正12岁以前根本不叫张居正，叫什么？叫张白圭。这白乌龟弄得张居正也不肯上学。乌龟的龟改成了两个土，圭在古代是玉印的意思。结果果然很神奇，神童，两岁认字，5岁能诗，10岁能文，12岁考秀才。湖广当地，当时古代的大省，秀才第一名，不得了。当时的荆州知府发榜的时候，头30名，要点榜的，荆州知府叫李士翱，发榜之前也做了个梦，名人都和梦想有关系，都要经常做梦，梦到什么呢？梦到玉皇大帝托梦给他，拿了一方玉印给他，说交给那个叫张白圭的小孩。第二天点名，第一名就是张白圭，12岁。一上堂，李士翱一看，正好是昨天梦里面的小孩儿，你点名的张白圭，这名字已经叫张白圭了，我拿玉印交给他，这什么意思呢？李士翱是知府，知府在那儿想，别人都想，底下士人都站在那儿，12岁的张居正，站在大堂上，知府不说话，他也不说话，很镇定。结果李士翱想了半天，突然想明白了，他说白圭，你这个名字是不错，刚才看了你的卷子，觉得你以后一定是国家栋梁，是个重要的人才，将来叫这个名字有点不太适合，这样好不好，我给你重新改个名字。搁我们现在的小朋友，堂堂知府大人要给你改个名字，有的小朋友会不开窍地说，我得回去问问我妈去；有的反应快的，大人你给我改个名字吧。张居正从小表现地就比一般孩子快，才12岁，说什么呢？非常感谢知府大人，但是我要看你给我改个什么名字，如果好，不要白不要，如果不好，要了白要，李士翱一听，这孩子真不简单，改什么名字呢？张居正。张居正12岁之后才叫张居正。张居正一听这名字，好，感谢知府大人。所以这个孩子从小就表现得非常镇定，12岁就中了秀才，13岁可以考乡试。乡试就是考举人，考

变法双雄——王安石与张居正的改革智慧

郦波

秀才就是考童生,举人考试就相当于我们的高考,考秀才就相当于现在的考中考。

古代,考个秀才都不容易,更不要说考举人了。《范进中举》大家知道,范进考到50多岁,才考上。一考上就高兴得疯了,被他老丈人打了6个巴掌才打醒。张居正不一样,13岁,神童。一下考了湖广乡试的第一,但是落榜了,为什么呢?当时的湖广局相当于两湖两广的省长,叫顾璘,二品大员。跟张居正是什么关系呢?忘年交。12岁结识张居正,就认定张居正将来一定是国之栋梁,把12岁的张居正请到家里做客,用的都是陈酿。当时顾璘已经50多岁了,对待12岁的张居正就像同辈一样。吃饭的时候,他跟他两个儿子,都已经20多岁了,指着张居正说,这就是江陵的张秀才,这个人将来一定是国家栋梁,你们将来找不到工作就跟着他混,为父我就放心了。你看对张居正尊崇到什么地步。但是13岁张居正乡试第一名,顾璘找到主考官,当时的主考官都是有京城的御史。找到主考官,为什么呢?主考官都很奇怪,顾省长的忘年交。顾璘怎么说?年龄太小啦,才13岁,考中举人就可以进入官场,就可以当官儿,13岁的孩子进入官场,整天应酬整天风花雪月,这就又是一个王维,王维15岁名震天下,到了京城之后,到了洛阳,天天王侯客下宾,最后可惜了一代天才,最后只不过成为一个诗人而已。顾璘就讲了,张居正还不是诗人,让他这么早进入官场,也不过是多了个弄风吟月的诗人而已,可惜了这个孩子,他是大才,13岁就让他进入官场太早了,一定要让他接受挫折教育。但问题是,张居正的成绩第一,所以当时湖广的教育厅厅长陈束坚决不同意,说这个事情顾省长虽然说得有道理,但是考试要遵循公正、公平、公开三公原则,他就是第一名,你怎么能不录取他呢?这两边都很厉害,结果主考官赵御史不知道拿什么主意好了,正方反方辩论半天,最后还是听顾省长的,没有录取张居正。张居正、唐伯虎和徐文长都号称大明王朝的天才儿童,当时大家都认为张居正肯定能考得上,哪知道天才儿童落榜了,这下当地媒体纷纷报道,说张居正落榜了。但是张居正自己呢?情绪上没有任何变化,很多文艺作品说到他愤愤然,去找主考官。这个不是,张居正在自己的文集上明确表示了他当年的心情。过了几天顾省长就请他吃饭，把张居正请来，然后顾省长怎么跟张居正说呢？他说，你可能不知道，是我耽误了你，是我没有让他们录取你，本来你的成绩是第一，但是我让他们没有录取你。张居正听了顾省长说的这个话，什么反应？这段往事是在他40多岁当了内阁的副宰相时记下来的。回忆当时的情景，说他当时一听顾省长说这个话，跪下来就磕头，说我明白您的一片苦心，我此生一定不辜负您的期望。一个13岁的孩子当时就完全能理解主动让他落榜的一片苦心，这个理解力，这个胸怀……我们说从小看看，到老一半，这是张居正小时候。

苏东坡小时候也有这种很惊人的事情。苏东坡8岁的时候，他的父亲苏洵，苏洵年少的时候也是游手好闲、不学无术，到了28岁才立志求学，两个儿子不管了，求学去了，苏轼和苏辙小时候都是谁教的呢？是他们的母亲陈氏教的，有一天陈氏教苏轼苏辙两兄弟读书，读《后汉书·范滂传》，有个名臣叫范滂，当时东汉末年宦官集团和知识分子相斗党争，然后宦官就派来像锦衣卫、东厂西厂的特务来抓范滂，范滂被抓走肯定必死无疑，范滂临走的时候说，我要和我的80岁老母告别，到堂上欲拜老母，潸然泪下说，儿不能尽孝，儿此去无还，结果他母亲怎么说，他母亲说，哭什么，你此去是就义，成就天下的英名，你不能尽孝但你能尽忠，做母亲我高兴还来不及呢，死去吧，别害怕别流泪。儿非凡，母亲也非凡。结果读到这一段的时候，8岁的苏东坡突然一拍桌子站起来，对着他妈说了一句话，说，妈，将来我要是范滂，您哭吗？您同意吗？人家都说虎父无犬子，这是虎母无犬子，结果他妈一拍桌子站起来说，你要是能当范滂，我就不能当范滂他妈吗？两人义愤填膺，旁边还有个6岁的苏辙，苏辙抬头看了看他俩一声都不吭。所以后来苏辙做到什么？做到副宰相，大政治家。这苏东坡就是一种文人情怀，小时候看来，长大一定是个大文学家，很感性。

司马光也是，司马光小时候多聪明，天才儿童，6岁的时候，别人碰到危险都懂得救。现在小朋友碰到危险都知道喊救命，喊 help，有的还知道打110，都不如人家司马光，司马光6岁的时候碰到危险就知道拿一块石头到处乱砸，司马光砸缸嘛，他一生特别聪明。但小时候的一件事对他影响很大,就在他砸完缸之后,7 岁的时候,有一次,他姐姐给了他一个青胡桃,青胡桃的皮非常硬,轻易剥不下来,两个人在屋里就是剥不开这青胡桃的皮,司马光很着急,这青胡桃不好砸,缸可以砸,吃的东西怎么砸,刚好他姐姐的玩伴来了,他姐姐就说我出去打个招呼,弟弟你等我。司马光那青胡桃还是扒不开皮,着急,刚好一个仆人经过,一看,小少爷想吃青胡桃,扒不开皮儿是吧?简单,我来帮你,弄一碗滚烫的开水把那个青胡桃泡了一会儿,然后砸了个口子,这下你自己扒吧,然后仆人就走了。姐姐回来进门一看,哎呀,小弟你想什么办法把这青胡桃扒开的呀,你真聪明,是不是你想出来的办法?姐姐一问,你想 7 岁的孩子虚荣心很强,平常都被人称做神童,叫习惯了,这姐姐一问是不是你想出来的办法?不好意思不承认,点点头,嗯,是我想出来的办法。刚说完这话,一个人进屋了,谁呢?他爹进来了,这爹简直就是潜伏,简直就是余则成,他爹在外头站了老半天,从他姐弟俩扒不开青胡桃开始就早早地站在外头,等他姐姐回来之后进来,非得在他姐姐问是不是你想出的办法,司马光答应了一句"是我想出来的办法"的时候,他就进来了。他爹眼睛一瞪,是你想出来的办法吗?然后一顿冷训,说,一个人不聪明,他要撒谎没有诚实的品质也就罢了,因为他不会对社会造成很大的危害,不会对自己造成危害;一个人要是很聪明,他再品格败坏,将来对国家对社会的危害尤其大,还不如现在就去死,一下讲得司马光"哇"地放声大哭。后来司马光一生最尊崇一个字:诚,诚实的诚,不仅以诚待人,也以诚待己。所以后来司马光做事情从不越雷池半步,因而在北宋王安石改革中变成了保守派的领袖,聪明,但是小时候的一件事影响了他一生。

王安石小时候也有件事儿,也可以看出他将来的人生,13 岁时,当时王安石离家百里求学,一个人背着行囊,听说有名师就去求学了,当然也是像现在的民办技术学校。13 岁离家百里自个儿去求学,以前的学生上学,不像现在的学生这么辛苦,现在小学生的作业实在太多啦,减负减负,都是向负的方向减。我的孩子也在上小学,我也去学校里提过意见,孩子作业太多,老师总是跟我说,作业不多,我这门课作业20 分钟就做完,是,每门课的作业不多,但是语数外数理化那么多门课,每门课20分钟,不做到10点钟他能做完吗?以前的孩子不像现在这么辛苦,为什么呢?他们没有那么多学科,王安石只有一门课,什么呢?语文,语文也不是非要写生字词什么的,只上一门课,作文,写文章,科举考试就是考谁的文章好,文章写得好,就能踏入仕途。所以王安石背了个行囊离家百里到了学校就问老师,我怎么样才能写出一手好文章来。结果这个老师很神奇,我估计读过教育心理学的,说,小石头,想写好文章?简单,来来来,跟我来,就把王安石带到自己的宿舍,然后说,小石头,写文章简单,我有绝招,什么绝招呢?然后从床底下抬出一筐东西来,一筐毛笔,然后跟王安石讲,一筐有多少呢?一千支毛笔,这里面有一支传说中的生花妙笔,画龙点睛就靠生花妙笔,都能生出花,但是哪一支呢?我不告诉你,看你能不能有本事找得到。换我们一般小朋友,老师说这里头有支生花妙笔,那激动坏了,回去肯定睡不着,当天晚上,拿这枝看看好像不像,拿那枝看看,哎,有点像。王安石也跟一般的小朋友一样,很激动,睡不着,搬了一筐毛笔回到宿舍,但是跟一般小朋友不一样,他搬了这一筐毛笔回到宿舍,铺开笔墨纸砚,拿起一支笔来,想到什么,来手就写,写什么呢?写文章,习作,练习,不眠不休废寝忘食,连写了几天几夜,把笔给写秃了,写秃了之后,然后再拿起一个笔写,闷头就写。王安石这个人的特色什么?就是有强大的行动能力,他一旦想到什么,立刻就去做,毫不迟疑,结果写了几个月,写秃了八九十支毛笔了,这时候,13岁的王安石同学,被全校同学传为丑谈,不是传为美谈,全校同学都讽刺他,都挖苦他,都骂他,说你笨蛋,你弱智,你们老师就是个大忽悠,他说有生花妙笔你就相信,胡扯,哪儿有生花妙笔?每个同学都问,他就拿一筐毛笔给人家,从来没有一个人相信老师的话,就你,你怎么这么笨呢?就你相信他有一支生花妙笔,在那儿写。你想想,如果被全校的同学骂成笨蛋,这个心理压力谁受得了,但是当时王安石冷哼一声,什么话都不说,掉头回宿舍了。哪里有人比王安石还聪明,是不是,别人笑他愚蠢,冷哼一声,什么都不答应,回到宿舍,在众人的嘲讽声中,铺开笔墨纸砚拿起笔来就写,4年时间,整整四年时间废寝忘食,整整写秃了一千枝毛笔，这个时候不得了，文章惊天下！当然有人也会产生疑问，这也太夸张了吧，我们也写过毛笔字，写秃一支毛笔多不容易，很多人都有写毛笔的经验，三天打鱼两天晒网的，我们自己都秃了笔还没秃呢。当然了，这需要解释一下，写毛笔字要怎么样让毛笔的寿命长呢？你得几支毛笔轮换着用，为什么呢？毛笔和人一样，一个人你天天折磨他，老折磨他一个人，他也掉头发的，对不对？毛笔老使用一个，它也掉毛，很快就秃了。所以王安石4年时间写秃了上千枝毛笔，然后端着这一筐毛笔去找老师，说，老师我毕业了，我找到我人生的生花妙笔了，我不需要考试了。然后17岁的王安石回到他家南京，准备参加科举考试，这时候一考准考得上，但是就在这个时候他爹死了，古代讲究守孝要三年，没有地方去。他爹当时是南京市的副市长，葬在牛首山，就是传说中岳飞大战金兀术的地方，三年，山里头建个茅草屋，为他爹守孝。按照儒家的仁义道德，给父母亲守孝的时候，就不能会客，不能出去游玩，哪怕有世博会也不能去参加。王安石干什么呢？三年时间又写秃一千支毛笔，到21岁的时候进京赶考，这个时候文章惊天下，不得二话，所以你看出王安石他小时候体现出的能力吗？相当的行动能力，埋头去干，到21岁，王安石进京赶考，有一个人看了王安石的文章，当时就惊为天人，谁呢？当时的文坛盟主，欧阳修，虽然那一年的主考官不是欧阳修，但是考下来之后，欧阳修向仁宗皇帝建议，王安石应该是第一名，文章写得太漂亮了，文章惊天下。仁宗皇帝最大的心病是什么？最大的爱好是什么？他一直想生个儿子，但是他一直没能生出儿子来，作为一个皇帝他没接班人，他就比较着急，就请方士给他炼丹，给他弄药什么的，方士就骗他，说皇上你不能急，心急吃不了热豆腐，你得平和一点，结果仁宗皇帝有个口头禅是什么？我一个平和的人。所以他死后叫仁宗皇帝，很仁慈很慈祥的一个人，所以他很喜欢平和的人，一看王安石的这个文章，王者大也，石破天惊，不喜欢，欧阳修说应该是第一名，仁宗一看，一般一般全国第三，给了个第三名。欧阳修说这个好文章你给第三名？给了领导难堪，领导火了，很次很次全国第四，第三名也不给了，给了个第四名，前三名，状元榜眼探花，结果这欧阳修一争，王安石第三名也没拿到，只拿了个第四名。到地方上当官，到哪儿当官呢？江浙这一带当地方官。王安石这个人胸有大志，到地方上就实行自己的改革。当时古代和我们一样，贵族家里搞装潢也搞精装修的，别人家搞装潢，王安石家也搞装潢，王安石装潢比较奇特，他每面墙上写几个大字，大书法家，他们家客厅墙上写八个大字，他的人生格言，"不求做官，只求做事"。不让做官没关系，只要能让我做事，实行改革一下成功了。他是县令，县里实行改革非常容易成功，然后王安石将他的改革经验写成了一篇《上仁宗皇帝言事书》，这个是他改革纲领性的文件，这个文件在历史上非常有名，后来又有个名称叫万言书。为什么叫万言书呢？写了整整一万字。有的人说一万字有什么了不起，我上网聊 QQ 也能聊一万字呢，白话文说一万字容易，古文说一万字那就不得了啦，古文是多精炼的语言，汉字是人类历史上独一无二的象形会意文字，为什么呢？浓缩的精华，梁实秋的英文字典三百多万英文词汇，你看康熙字典多少，47 000 个一等单字，我们现实世界也是一样，我们用最少的话表现最丰富的情景。比如家里来客了，坐，请坐，请上座，6 个字 3 层意思；茶，敬茶，敬香茶，12 个字 6 层意思。汉字浓缩的精华，写一万字，不得了，万言书，很惊人，结果，仁宗皇帝拿到王安石的万言书一看，看一半就看不下去了，谁写的？懒婆娘的裹脚布又臭又长。一看署名，作者王安石，他本来就不喜欢王安石，当时仁宗皇帝就说了一句名言，我喜欢平和的人。结果仁宗皇帝不喜欢，自有人喜欢，当时后来的神宗皇帝还很年轻，仁宗皇帝经常说我是一个平和的人，但到最后也没生出儿子来，他死了之后他的堂弟英宗继位，英宗没过几年也死了，英宗的儿子就是后来的神宗皇帝，神宗当时就住在宫里头，垃圾桶里拣出王安石的万言书，一看惊为天人，哎呀，还有人能写出这么漂亮的文章？这是谁写的？现代人还是古人写的？当时神宗皇帝也说了一句名言，我选择，我喜欢。太喜欢了，回去晚上不睡觉，打手电筒看，到处找人打听，这人是谁，王安石，就记住了王安石，结果神宗皇帝一登基，立刻招王安石进京。神宗皇帝和仁宗皇帝不一样，他的人生志向是要收复燕云十六州，石敬瑭大汉奸，有人说他不是汉奸，说他不是汉奸的人才是汉奸呢，割掉了燕云十六州。两宋为什么虚弱？镇江以前叫京口、叫润州，什么时候叫镇江？就是宋代。北宋后期的时候，改名叫镇江。为什么北宋虚弱，就是燕云十六州那一带原来是天然的屏障，被少数民族占领了，没有屏障了，过了那一带就逐鹿中原，一马平川，直下江南，所以两宋积弱，所以宋神宗就想收复燕云十六州。想收复燕云十六州就要打仗，要打仗就要有钱，所以王安石的万言书就一个观点，你让我改革，我就可以让你国富兵强，这句话彻底打动了宋神宗，于是就把王安石叫到京城来，委托他变法。当时宋神宗全力支持王安石，也说了句名言，你办事，我放心。说了句古文就是，"卿我一哉"，咱们俩就像一个人一样，用流行歌曲来唱就是咱们俩是一条心。结果王安石听了这话，热泪盈眶，当时就跟神宗说，即使前面是万丈悬崖，我也勇往直前，一定要把改革推行下去。有了神宗皇帝的支持，王安石就开始实行九条新法，开始了震惊历史的王安石变法运动。前后总共 10 年，和张居正一样，万历改革也是前后总共 10 年，但问题是和后来的张居正不一样，他在凡事还没定之前喊了一句口号，惊天动地的口号，我要改革了，他那句口号我们温总理很喜欢，在答中外记者问的时候经常说到三不足，哪三不足？"天变不足虑，人言不足恤，祖宗不足法"，这三句话石破天惊！

　　什么叫天变不足虑呢？我要改革肯定有人要攻击我，喜欢拿什么事儿？拿灾异先讲，古代人迷信，不认为地震、海啸是自然现象，会认为老天爷在惩罚当政者，所以王安石说，到时候有什么天灾人祸了你们肯定拿这个攻击我，我不怕，天变不足虑。结果王安石说这话惹恼了一个人，谁，老天爷，结果王安石变法第一年，全国大涝，第二年全国大旱，此后也是霍乱不断，老天爷说我给你看看。第二句，人言不足惧，你们骂我好了，我不在乎，说完之后全国的知识分子士大夫全在骂他，人人骂他，为什么呢？不是因为前两句，说因为第三句，祖宗不足法，这句话捅了马蜂窝了，为什么呢？中国是一个农业社会，农业文明最讲究什么？最讲究传承，农业文明最重要的技术是什么？耕地！耕地那点儿事，那点儿经验是谁传给我的？我爹教给我的，我爹怎么会的？我爹他爹教给他的。对不对？就是这样传下来，所以你看中国人的这个祖宗家法，家天下，一个词就可以看出这种文化来。家这个字，这个汉字我刚才讲了，是独一无二的象形会意文字，非常神奇。什么叫象形，造字有"六法"：象形、指事、会意、形声、转注、假借。但最重要的是象形和会意，象形就是描摹，比如说日这个字，就是象形，一个圈儿一点，你看中国古人多聪明，不仅画出了太阳的形状还画出了太阳黑子。月，一个下弦月，日月和明，这就是会意字。女，女是象形，文字学家也分析，有一种说法说是织布机的象形，上面一横机杼，下面两个腿儿是机梭。男这个字，就是田里的劳动力，所以男这个字告诉我们多少要干点活吧？不干活不算男人，况且现代医学也告诉我们，每天干 20 分钟左右的家务活，可以减少 50% 的患癌症的几率，所以这个中国人造字，太聪明了。你看最典型的会意字，腐败的腐，什么叫做腐，是政府内部的人干的事情，这祖先太聪明了；败呢，贝，钱也，反文是什么呢？有人说是文化，错，反文是象形，是一只手握着一根权杖，古希腊，任何一个民族都有权杖，象征权利的，权杖做反文，所以你看，所有和反文有关的，政治的政、赦免的赦，所以简单解释就是政府内部的人进行的权钱交易。有人就问了，郦老师，你说汉字是象形会意，家这个字，房子下面怎么会是头猪呢？这个问题问得好，是，房子下面应该是老公老婆，怎么会是头猪呢？应该是父母妻儿，怎么会是头猪呢？我就去考证了一下，远古的时候都是很野蛮的猪，怎么会是头猪呢？一考证才发现，郭沫若先生一早就考证过，因为这个房子在最早的殷商时期，不是给人住的，也不是给猪住的，是给部落的祖先住的，最早的房子是给祭祀的部落神和部落祖先住的。我们知道祭祀祖先要用三牲，牛羊猪，所以牢狱之灾的牢最早也是祭品的意思。那为什么这种祭祀要叫家祭呢？我估计，当时的野猪非常凶悍，野猪排座次和谁排在一起？和狼排在一起，所以有个成语叫豕突狼奔，所以我们一般的凶狠的野兽都是反犬旁，所以打到一头野猪非常不容易，物以稀为贵，所以当时最重要的祭品是什么呢？野猪。所以郭沫若先生考证，这种祭祀的形式叫什么？家祭。你应该听过，陆游有一句临终名言，"王师北定中原日，家祭无忘告乃翁"。所以中国文化，家国天下，这个家字就可以看出中国人对祖宗的尊敬到了无与伦比的地步，所以祖宗家法，中国古代改革都叫复古,打着复古的旗号来改革,你要不听祖宗的话,有句骂人的话叫数典忘祖。跟鲁迅所说中国的"国骂"一样,一般还要加上个动词或名词,中西一样。为什么要这么骂呢?因为要搞乱你的血缘关系,所以中国人什么都可以动,不能动祖宗。

王安石一句"祖宗不足法",当时就惹恼了四五个人,哪些人?砸缸的司马光、苏东坡、苏辙、程颢、程颐。当时大家都是好朋友,一个时代的精英,大家吵作一团,斗作一团,由此开始了北宋历史上长达百年之久的北宋文人党争。中国历史上有党争,都是知识分子和宦官斗,文人和文人之间的党争都是小规模,很小规模,真正意义上大规模的党争,就是北宋,文人之间的党争。以王安石为首的新党,以司马光为首的旧党,旧党后来互相吵,吵得分裂出两个党派,以二程兄弟为首的洛党,以苏东坡兄弟为首的蜀党,一个时代的精英他们的智慧全在争吵中消耗殆尽,你说司马光这样的人,苏东坡这样的人,你说哪一个是好人哪一个是坏蛋?哪一个不是心怀着家国天下,为民族为国家,哪一个不是可以抛头颅洒热血的仁人志士,正是因为观点不同,意见不同,大家斗作一团。司马光原来和王安石是好朋友,都在开封府做左右司判,司马光只比王安石大两岁。王安石要改革给神宗上了一篇改革纲领性的文件,我刚才说过,万言书,写了一万字。司马光不同意王安石的改革主张,给他写了一封信,多少字呢?三万字。简直就是篇博士论文,论我的同学王安石改革的 12 条意见,司马光写的这封信一般人可能不知道,但王安石回的那封信我们一般都知道,这就和王安石的性格有关,结果司马光写了三万多字,他回了多少字呢?四百一十七个字,那篇文章很有名,中学课本选读。《答司马谏议书》,什么意思呢?很简单,你走你的阳关道,我过我的独木桥,你要愿意跟我混,就跟我混,不愿意跟我混,一边凉快去。完全的不合作,把司马光,把苏东坡都赶走,贬官,赶出京,当时号称五大宰相,老百姓起了个外号叫生老病死苦五大宰相,老的老,生病的生病,要死的要死,长的特丑的特丑,就一个有生机活力,王安石,王安石对那几个不搭理。所以王安石变法一开始就遭遇了巨大的抵制。虽然他改革的想法很好,他改革青苗法,说他思想跨越了千年的尘埃,直指当下,为什么呢,他的想法太神奇啦,他那个改革,他那个青苗法,中学历史课学过,但是没人能记得住,太长了,其实很简单,青苗法说什么呢?就是每年农民春耕之前,农民是什么? 小农意识,小农意识最典型的,三四亩地一头牛,老婆孩子热炕头,守住自己一亩三分地就行了,王安石说这样的话不能扩大再生产,生产规模不能扩大,社会财富不能增加,那不行。农民没有资本扩大再生产,我政府出钱,贷款给你,你扩大生产规模,那么秋收的时候收成不就多了吗? 到时候你再还给我政府,有人说这样政府不就吃亏了吗? 不吃亏,只要你多还我一点儿利息就行了。王安石没有自由市场经济的经验,他随意定了个利息,还多少利息适合呢? 他想了想,这样吧,还个百分之二十的利息吧,这哪是还利息,简直就是高利贷,所以他失败了。但是他这个想法不得了,这个青苗法就是最早的农村信用合作社,农村信贷机制。古代的赋税分为两份,交赋税都是交食物,张居正改革交白银,前面都是交食物,除了这一块还有徭役,政府的徭役,比如说,收税的,衙门里当差啦,官吏官吏,官和吏不一样,官是通过科举考试考上的,吏呢,有很多是徭役,是临时摊派的。举个例子大家就明白了,有很多小同学,你们班上,麻雀虽小,五脏俱全,班长肯定是官,副班长也是官,学习委员也是官,大队长就不得了了,几条杠在肩上都是横着走的。但是值日呢? 今天你们三组值日,你们三组就是吏,明天四组值日,四组就是吏,都是摊派的轮着来的,专心致志地抓生产,这个生产效率才高,我政府出点钱,专门聘点人,做这个吏,你们交的时候多交一点给我,这是人类历史上最早的公务员制度。所以列宁佩服王安石,说王安石是超人,11 世纪最伟大的改革家,简直就是个超人,这个思想跨越千年。但是当时怎么样? 一开始就卷入文人矛盾中,有人说老王你这个改革不错,老王你这个主意很棒,立刻越级提拔,结果叫上来的都是投机分子,都是小人,所以当时新党里头除了王安石是个好人,其他全是坏蛋,所以他一上来犯了一个错误。等到张居正改革的时候,又遇到和王安石一模一样的环境,因为张居正改革是在明代,王安石改革是在宋代,这是中国历史上最典型的文人政治时代,文人主政,文人政治,文人最大的特点是什么? 不是写文章,文人最大的特点是吵架,写文章也是为了骂人,口诛笔伐嘛。谁文章写得最好? 鲁迅先生;谁最会骂人? 鲁迅先生。这个文人,骂起人来不得了,明代文人骂人,比起宋代有过之而无不及,因为明代文人骂人有制度保障。

王安石的设想,其实也是开辟了人类历史的几个先河。第一,他废除宰相设内阁制,人类历史上最早的内阁制。第二,还有个更大的贡献,他最早提出两权分立的思想,六部为首的行政系统,设置一个言官系统,相当于我们现在的检察院。言官系统不受行政系统的领导,所以像美国的司法独立一样,这个言官,虽然品级不高,京城的御史一般只有七品,但是有两个特权:第一,他可以越级言事,内阁首辅相当于宰相都不能领导他,他直接向皇帝负责,这个权力就大了。第二个特权更重要,叫风闻言事? 什么叫风闻言事,我听到风就是雨,我听到点儿事,可以不经过调查研究我就可以弹劾你,就可以骂你,就可以批你,就可以斗你。比如你张居正,有生活作风问题,立刻就可以写一篇文章骂你,向皇帝弹劾,最后一调查,没有这回事儿,没有这回事儿就算了,下次另外找别人。所以大明王朝文人之间骂来骂去,我估计当时大明王朝办公用纸一大多半是用来骂人的,以至于产生了中国历史上绝无仅有的一代骂神:海瑞。这个海瑞不得了,别人说老虎屁股摸不得,海瑞最大的业余爱好是什么,摸老虎屁股。他原来在县学里头,相当于是公办小学的校长,市长来视察骂市长,钦差来视察骂钦差,教育厅厅长来视察骂教育厅厅长。最猛的,东南诸侯胡宗宪没人敢惹,胡宗宪他也敢骂,把胡宗宪的儿子又打又骂,把他身上的钱搜刮走,最后还把胡宗宪的儿子绑起来,送给胡宗宪。海瑞这个人明明就是老虎屁股喜欢摸,他这个人命大福大造化大,他每骂一次人,就提一级官,人家骂人准倒霉,他不,他每骂一次人提一次官,一直做到了京官。原来什么都骂,宰相都骂,现在没人可骂,这个时候海瑞的境界东方不败,实在没人可骂了,走在街上,走着走着突然想起来,有个人还没骂,皇上还没骂呢,不行,得骂一下,回去立刻写这个骂嘉靖的文章。你说骂就骂吧,还骂出个行为艺术出来,他去送这个骂嘉靖的奏折,他还抬着个棺材去骂人,你说这是不是行为艺术? 那个嘉靖皇帝,跟宋仁宗一样,平常也不上朝的,他也怕死,他的口号是什么呢？信道教，得长生。找一堆方士来，天天给他炼丹，平常都不上朝，哪天心血来潮，有什么奏折我看看，拿起一篇一看，刚好是海瑞的，多少年不看了，难得看一次，就看到海瑞骂他的文章，这海瑞呢？文章写得特别的漂亮，海瑞当年也写秃过一千支毛笔，没人敢骂嘉靖，嘉靖脾气特别大，跟朱元璋一样，立刻杀人的。你一看骂你的，你不看就得了，但是平常难得看一看奏章，加上文章写得非常流畅，虽然气得浑身发抖，还一路看下去了，为什么呢？因为海瑞骂嘉靖的文章写得太漂亮了，结构清晰流畅，骂嘉靖不负责，什么不负责呢？对天下百姓不负责，对朝廷对政府不负责，对你自己不负责，为什么呢？因为嘉靖他信道教得长生，海瑞就骂他，你笨蛋，你信这个方士能炼出长生不老药，这个方士他去年都死啦，他要是有长生不老药他不自己先吃？你怎么这么弱智，你想想看，三皇五帝到如今，唐宗宋祖、一代天骄成吉思汗到现在都死了，这么多贤君都死了，你这么砢碜一皇帝，你凭什么要活那么久？嘉靖看了浑身发抖，他也不是不知道人生固有一死，他这就是一个爱好。第四条，说他对谁不负责。他不是怕死吗，他就不立太子，所以他十几年听方士的话，不见太子，没有父子的亲情。这四条，嘉靖气得浑身发抖，到第五条，嘉靖都要哭了，因为实在让人想不到，海瑞讲的什么呢？你对你老婆不负责，你长年为了炼丹求长生搬到一个西苑的地方，长年不回皇宫，你长年和你老婆不过夫妻生活，不是对你老婆不负责吗？那么多人守着你一个男人，结果你还是个不负责的男人，你还跑掉。嘉靖气得，我过不过夫妻生活还要你来管，你太过分了，拿着海瑞的奏折，大喊，快去快去，快去把这个混蛋给我抓住，千万不要让他给我跑了。嘉靖恨极了，要杀海瑞，将其下到大牢里面，海瑞骂得太狠了。犹豫，杀不杀，该怎么杀？想不通，犹豫了一年，结果嘉靖被海瑞骂死了，他还没想清楚怎么办海瑞自己就死了。嘉靖死了以后海瑞被放出来，节节高升，做了江浙沪皖4省的省长，所以明代文人骂人的风气，不得了。

张居正上台之前，还没上台呢，当时就有人说，随便骂，张居正这个家伙一定又是一个王安石，王安石在古代是骂人的话，王安石名气很大，虽然不像张居正改革那么成功，但是名气很大，为什么呢？名气大的有两种人，我们总结一下：骂的人特别多，名气就很大，捧的人特别多，名气也很大。王安石两个都占了，古代封建社会，各个都骂王安石，正史上都认为两宋之所以积弱，根源就在王安石那场失败的改革。所以当时人们都说，张居正又是一个王安石，张居正上台之后跟王安石很像，王安石上台谁支持他改革？宋神宗。谁支持张居正改革？明神宗。别人都说他是王安石，但是张居正上台半年之后什么事儿也没干，干什么呢？读书，读好书，读朱元璋的书。有人说，朱元璋也出过书，我怎么没读过？大明王朝建国之初，所有的法律文件，但凡有钦此两字的，都算朱元璋文集作品。为什么读朱元璋的书呢？这就体现出张居正和王安石不一样，这个还得说到业余爱好。海瑞的业余爱好是骂人，嘉靖的业余爱好是求长生，朱元璋的业余爱好是什么？杀人。但没人敢骂朱元璋，为什么呢？你骂他一句，他灭你九族，断子绝孙让你没法骂人，有的人写文章只是捧他不是骂他，他却觉得骂到他了，立刻灭九族。后来他儿子把他爹的光荣传统发扬光大，明成祖朱棣，遗传基因决定的，他不是灭九族，灭十族。灭十族是什么？比方说，如果我骂朱棣了，要推赴刑场，我所有的亲戚朋友、我所有的学生、所有听过我课的在座的各位，大家同去。这就是灭十族。所以从来没有人敢骂朱元璋。张居正聪明，他要改革，他什么事儿也不干，读了半年老朱同志的文集，从老朱同志的话里找出几句证据来。老朱同志当年只是有这么一个想法，说你们这些行政部门老是说忙，你们得有一个具体的考核的方法出来，老朱同志只是这么一想，他没落实，张居正逮到这句话，立刻给神宗皇帝上书，请稽查当众实行考核制。张居正聪明的地方就在这里。我一直觉得小平同志的30年改革向张居正学习了很多，比如说，一个中心两个基本点，张居正开始也是一个中心两个基本点，他一个中心是以经济改革为中心，当时经济改革反对派的领袖是都察院的左都御史，相当于我们的最高人民法院大法官。我为什么说小平同志改革向张居正学习呢？张居正当年经济改革就是沿海经济特区的思路，他怎么做呢？他先在福建划了一个经济特区，为什么选福建呢？当年福建沿海饱受倭寇之乱，刚好戚继光把倭寇给赶走，地方大乱之后可以大治，结果福建一下改革成功。张居正很谨慎,在紧靠着福建的两个省,江西和浙江,闽浙赣三角经济特区,扩大经济特区,又成功了。张居正再往内地推,推到哪儿呢?湖广,两湖地区,为什么湖广?因为他是湖北人。然后再往山东去,山东成功了之后,才在全国推广。可惜张居正在向全国推广的时候,已经到了万历八年,离他死只有一年半了,他一死,他的政策立刻全推掉。他是以经济改革为中心,同时以国防、政治体制改革为两个基本点,他就是根据朱元璋的这几句话。张居正这个考成法,看上去只是一个工作效率的改革,但本质是什么?是反腐败反官僚主义,这个反腐败反官僚不得了,为什么?他打的是朱元璋的旗帜,没人敢议论他,当时上层的官僚是非常支持的,下层的百姓也是非常支持的,只是一些腐败分子不支持,但是却不敢说,所以他的考成法就像竹子,小小的但很坚韧,想砍断不容易的,砍断竹子不容易,挑一个小小口子,往下一滑,势如破竹。所以这个考成法毫无阻碍地实行了,如果王安石身上体现的是强大的行动能力的话,张居正身上体现的就是一种执行力。

鲁迅说过,中国不会亡国,因为中国人有脊梁,中国人有 4 种脊梁,哪 4 种呢?埋头苦干的人,拼命硬干的人,为民请命的人,舍身求法的人。鲁迅是为民请命的人;舍身求法的人是海瑞,不怕死;王安石就是拼命硬干的人,硬干未必能干好;张居正是什么?张居正就是埋头苦干的人。王安石,国学大师梁启超非常推崇他,说尧舜禹以来,没有道德品质这么高尚的人,为什么呢?因为王安石有三不爱,不爱做官,不爱钱,这两个很容易理解,清官都能做到,关键是第三条,不爱色,有人说不爱色很难吗?是这样,放在当时北宋的文化环境里头,不爱色非常困难。什么是不爱色?其实就是不纳妾,北宋当官的文人,都纳过妾,只有一个例外,王安石。虽然河东狮吼的典故出在北宋,陈季常最后还是纳了很多妾,苏东坡就更不用说了,最喜欢的那个王朝云,歌女,买回家做了妾,苏东坡把王朝云买回去的时候,她才 13 岁,放在现在就有拐卖幼童之嫌,当然他买回去的时候不是做妾的,说先做他的学生,到了 18 岁的时候才娶了她。中国夫妻爱情的最高典范是谁呢?情投意合有共同的语言的:李清照与赵明诚,完美的夫妻生活,但赵明诚最后还是纳了很多妾。所以宋代文人不纳妾,只有一个例外,王安石。王安石不纳妾惹恼了一个人,他老婆。他老婆说了,别人都纳妾,你干嘛不纳妾?人家都骂我是母老虎,都以为是我不让你纳妾,谁又知道我的一片苦心,我其实是同意的。女人狠起来不得了,他老婆的确比较狠,比较了解王安石,花了十万金给他买了一个非常漂亮的妾,藏在卧室里头,知夫莫若妻。王安石这个人有一个特点,行动力非常强,他能够全心全意扑在工作上,生活根本不能自理,所有时间都在思考工作。王安石很有意思,在宋代有很多外号,有一个外号叫邋遢蛋,特别邋遢,没时间拾掇自己,据野史记载,王安石一年只洗一次澡,以至于身上经常有虱子,说王安石和司马光为什么关系不好,因为一件小事儿,说王安石冬天不洗澡虱子特别多,朋友到家里来聊天谈工作,聊着聊着身上痒,就开始捏虱子,他身上虱子比较多,一个个捏不是办法,王安石脾气比较大,当时就火了,把衣服脱下来放到火盆上烤,这一烤虱子受不了了,噼里哗啦地上蹦下跳。王安石是一个诗人,他一看,哎呀如此壮观的景象,难得一见,当时泼墨挥毫写了一首诗,咏虱子。你说这诗写就写了,他偏要拿给司马光看,结果司马光也回了他一首诗,也咏虱子,说虱子,不是你造成这个壮观的景象,是你身上的这个人,太邋遢了。王安石一看就不高兴了,我好好写一首诗给你看,你嘲讽我,王安石就是这么一个性格,特别拧。我之前说过王安石开始是和司马光一起在开封府里当左右司判的,这包黑子也不喜欢王安石,说有一次开封府里的牡丹花一夜之间全开了,难得一见,包拯从来不请客吃饭,清官,难得这一次高兴,请手下和几个重要的人吃饭,但是王安石和司马光都有个重要的原则,一般参加人家的宴请,坚决不喝酒,劝这两人喝酒,这两人就不喝。这包黑子发起火来,你喝不喝?结果司马光到最后不好意思喝了一杯,王安石就不喝,所以后来包黑子不喜欢他,司马光不喜欢他,仁宗就更不喜欢他了,仁宗看到他的文章就不喜欢他。后来仁宗特别恨的是,有一次在御花园和大臣们一起聊天,仁宗喜欢钓鱼,聊到一半仁宗皇帝兴致来了,哎,大家和我一起到御花园钓鱼吧,领导说要钓鱼,手下还不都屁颠屁颠地都跟着去,说好好,钓鱼钓鱼,同去同去,都跟去钓鱼,只有一个人说,我不喜欢钓鱼。谁呢?

王安石。仁宗就说，他不喜欢就不给他玩，走，我们去，每人发了渔竿鱼饵，就钓鱼去了，钓了一会儿鱼回来一看，当时气得就跟旁边的宰相说，你看，那个家伙在干吗，王安石在那儿干吗呢？他也发了一筐鱼饵，他闲着没事儿在那儿想问题，想着想着，坐在庭院里吃鱼饵。仁宗就说，他吃鱼饵就罢了，还把一筐鱼饵都吃光了，这就是作秀。仁宗是误解王安石了，王安石的确是全心全意一心扑在工作上，经常工作到深夜。他老婆，给他买了个妾，藏在卧室，想他回来倒头就睡，睡了醒来才发现，所以就生米煮成熟饭了。他老婆比较厉害，但还是低估了王安石，王安石这种领导还是纪律性、组织性非常强的，一进门就发现不对，不是自己老婆，你是谁，怎么在我屋里？王安石当时就火了，不像话太不像话了，当时就命人另开一间屋，请这个女孩子居住。第二天早晨亲自派人送她回家，买人的十万金怎么样？不要了，做什么呢？精神损失费。所以王安石是这个品德。

梁启超还有一句话讲张居正，说大明王朝唯一一位政治家。张居正私生活不像王安石，张居正后来有人说他纳了六个妾，有的说纳了十几个妾，张居正到了晚年也的确是特别奢华，但是他改革十年带来了什么巨大成果？他改革之前，国库每年亏空两百万两，改革之后，每年盈余两三百万两，到他死了之后，《明史》里头明确记载，国库的白银物资粮食可资10年之用。什么意思？全国老百姓白吃白喝不干活10年也没问题。张居正改革之前，大明王朝两百年已经到处都是农民起义，没有张居正改革，李闯王的农民起义早70年就到了，四处烽烟；改革之后，10年国富兵强。举个最简单的例子就能说明问题，张居正是不是贪官，最后抄家抄出十万两银子，十万两在万历年间多吗？我举个例子，当时有个从事服务行业的人，谁呢？名妓杜十娘，随随便便就存了个几百万，怒沉百宝箱，几百万两白银。所以当时国富民也强。万历年间的中日战争，戚继光抗倭、朝鲜之战的时候，兵中无大将，戚继光死了，能打的都死了，世间也无张居正。万历十五年的冬十月，一代道德楷模海瑞死在南京，死的时候贫病交加，死的时候他的同事到他家去看他，海瑞没有一件衣服不打补丁的，只有件官服是新的，平常海瑞不穿官服出门，别人还以为他是丐帮九袋长老,死了之后没钱安葬,都是同事出份子把他安葬。冬十二月,大明王朝一代战神戚继光死在贫病交加中,死的时候没钱看病。大明王朝三大支柱轰然倒塌,所以当时中日战争打了 7 年,就是因为张居正改革留了丰厚的家底。我觉得作为一个民族的普通一分子,我们更应该呼唤像张居正那样的、能为百姓为国家带来福祉的政治人才。

谢谢大家。

(2010 年 7 月 4 日)

鲁迅的智慧

孔庆东

孔庆东
Kong qingdong

　　孔子第73代直系传人，钱理群先生的开山硕士、严家炎先生的博士，北京大学中文系教授曾在电视台和大专院校讲授金庸小说，广受欢迎，人称"北大醉侠"。他语言驾驭出色，文章不仅生动有趣且愤世嫉俗，其与生俱来的幽默给读者留下了深刻的印象。主要著作有：《超越雅俗》、《谁主沉浮》等。

各位敬爱的镇江的朋友，大家好。

我走过很多地方，对很多地方都很喜爱。实事求是地说，我这个人是博爱主义者，喜爱很多地方，但是让我在"爱"字之前再加上一个"敬"字的地方真的不多，镇江就是一个。以前，我没有来过镇江，但这两个字，早早地就印在了我的脑海里，因为这个地方太有文化了。要说文化，哪个地方没有文化？我的老家哈尔滨没有文化吗？我的祖籍山东没有文化吗？都有文化。很多地方的文化是很容易概括的，说说这个地方的文化特点，可能三五句话就把它的主要特点概括了，但是镇江没法概括，一言难尽。来到镇江马上就想到一句词："何处望神州，满眼风光北固楼。"镇江就是这样一个地方，满眼都是风光，满眼都是文化。今天上午我去了西津渡，我不清楚它为什么这么有文化，我们谁也不敢下结论。只要往这儿一站，就能感受到苏轼所说的"江南江北青山中"那样的意境。这样的话、这样的文字翻译成英语之后就一点意思都没有了，只有用伟大的汉字才能表达。中国人看到青山想到的是什么呢？每一个汉字里面都有它文化的智慧所在。《红楼梦》被翻译成英语，老外把"林黛玉"的"黛玉"翻译成"黑色的石头"，一个女孩子叫"黑色的石头"还有什么可爱的？咱们中国人看到黛玉哪里会想到黑色的石头啊？这就是说不尽的文化的奥秘。我到过很多地方，喜欢那里的文化，但不一定会被镇住，但来到这里的的确确感到被镇住了。你想李白到这里都被镇住了，何况我一个小小的孔庆东？所以让我在这里做报告，多少有几分拘束。

我这些年做了很多工作，后面都有一个取向，就是找寻人类文明的奥秘。人类文明的奥秘不能用一句话说出来，我是中国人，我首先去寻找中华文明的奥秘，我觉得中华文明的奥秘之一在于智慧。许多文明都灭绝了，断裂了，湮灭了，只有中国还在。所以，我们说镇江的时候不是指此时此刻的镇江，而是三千多年来的整体，一个时间和空间合起来的整体。我们说，中国任何一个地方都是这样一个时空的整体的感觉，因为这个文明没有断裂。我觉得中华文明一脉传承下来，有一个核心的寓意，就是这个民族有智慧，有大智慧。所以，五千年来历经风吹雨打，不论经受多么大的困苦，遭受多么大的折磨，有的时候国家都亡了，皇帝都给别人做了，你看看最后胜利的是谁？最后胜利的还是中华民族，这不得了。很多民族到了最后，只要皇帝给人家做了，就算灭亡了，就没了。但是，中国好像永远不会灭亡，虽然很多时候我们喊"中华民族到了最危险的时候"，但其实，政权给人家夺了去，这个民族还是会继续延续，而夺我们政权的那个，废掉了。今天上午我特地去镇江博物馆参拜舍利子，看到11粒舍利子，我觉得自己获得了灵气，也获得了勇气，所以我才敢讲"智慧"这个问题。我觉得中国人的智慧在每朝每代的发展都是不同的，特别是容纳了佛教思想之后。佛是什么？佛就是大的觉悟。佛是干什么的呢？佛是探讨人类生活的智慧。今天我们国人最缺乏的东西恰恰就是智慧。有人说缺法治，有人说缺民主，但归根结底，缺的是智慧。今天，我有幸在镇江市图书馆讲这个问题，我小时候的梦想就是当一个图书馆的馆长，随便读书，给我一屋子书，没人管我，我在书堆里面游来游去，可一直到今天这个梦想也没实现。我觉得今天我读的书还远远不够，所以我讲的有不适的地方，还请大家多多批评。

我不过是以鲁迅为例，来讲智慧的问题。鲁迅在我看来就是一个有大智慧的人。在他还没有成为鲁迅之前，在他叫"周树人"的那个时候，他用十年左右的时间研究过佛经。鲁迅是对佛教有深刻研究的人，最懂佛教的不是庙里的和尚，真正推动佛教思想前进的人才是真正的大和尚。鲁迅的弟弟周作人写过一句诗："前世出家今在家，不将袍子换袈裟。"你别看我现在是在家的人，我前辈子是出家的人，我的本质、我的魂是和尚，这样去理解和尚。提到鲁迅，大家都知道，刚才记者采访我也问到语文教学中的鲁迅的问题。我说媒体总是以讹传讹，我说中学课本里面鲁迅的文章一点没减少，但是有一个问题是事实，就是学生们越来越不能理解鲁迅。为什么不能理解？不怪孩子，因为我们老师都不能理解。所以，体系把鲁迅讲僵化了，他本来就是这么一个有大智慧的人，讲的时候却一点智慧都没有，所以讲得学生越来越不喜欢，很多人一讲到鲁迅就感到一种压抑，好像被一座塔压住了。刚才戈矛同志讲了，鲁迅是伟大的哲学家、思想家、革命家，但是当我们把这几个符号套在一个这么充满智慧的作家身上时，鲁迅就成了一个不知疲倦、不懂休闲、不近人情、不谈风月,就知道写呀写的一个老劳模。所以有人说鲁迅是不是不适合当代? 今天的学校里面,鲁迅是不受欢迎的人之一。有人说语文教学中,一怕写作文,二怕文言文,三怕周树人,这是学生的三怕。所以我在大学里讲鲁迅的时候,如果是面对本科生,我首先要打掉他们中学里灌输的那种僵化的鲁迅形象,要告诉他们,鲁迅不是董存瑞,不是李逵,不是张飞,他虽然骨头硬、能战斗,是伟大的战士没错,但是你要想,他为什么是伟大的战士? 他不是天生的。所以我讲鲁迅,从来不片面地讲鲁迅是多么伟大,我把他伟大的一面和世俗的一面结合起来讲。伟大的一面我们知道就行,我们学不了,或者大多数人学不了;他世俗的那些方面我们往往忽略了,这些方面有时候更需要我们去领略。所以学生从的我讲述中知道鲁迅其实跟我们差不多,跟我们一样是凡人,就比我们聪明一点、勤奋一点、深刻一点、生猛一点,加起来就是伟大。伟大是这样加起来的,伟大不是毛泽东送给他的一个形容词,是自己累积起来的。所以很多年前,我在北大第一次讲鲁迅的时候,我开了一学期的鲁迅研究课。北大图书馆的一个副馆长很奇怪,因为《鲁迅全集》从来没人借,但那个学期北大图书馆的《鲁迅全集》被借光了,以前《鲁迅全集》和马恩列的书摆在一起,没人借,这个学期怎么回事?《鲁迅全集》突然都被借光了,而且还有很多被预订,后来一打听是我开了鲁迅研究课,所以他给我打电话,很高兴。鲁迅研究的著作很多,但是海内外这么多的鲁迅研究学者,写了六七千本研究鲁迅的专著,大多数不是写给民众看的,实际上等于在鲁迅和老百姓之间砌了一道一道的墙,使人们更加接近不了鲁迅。也有少数的学者能够去挖掘鲁迅辩证的一面、智慧的一面,有一本书的作者这样写道:"他(指鲁迅)懂得避祸保全,却不龟缩苟活,他善于经营生计,却不促狭卑怯,他迎来送往,却不敷衍虚伪,他嬉笑怒骂,却不玩世油滑,他善于发现你闻所未闻的真相,也善于推翻你司空见惯的常理,他的智慧最朴实,最平俗,也最雅致;最实用,最真切,也最深沉。"所以依我个人的感觉,你说鲁迅他是愚公吗? 也对。你说他是智叟吗? 也对。他既是愚公也是智叟,伟人都是超越左右的,但是伟人不是两面派。孔夫子讲的这个中庸之道,不是固定的一道,不是数轴空间的一点,中庸之道是活的,是动态的,是随着情况的发展而永远恰如其分的一点。当这个时代剧烈地向左倾斜的时候,你往右拉,这就是中庸之道;当这个时代向右的时候,你向左拉一把,这也是中庸之道。所以你去衡量鲁迅时,会觉得有时候左、有时候右,他是根据全局来考虑问题的。所以我说鲁迅既是愚公也是智叟。我们再看看愚公,愚公每天挖山不止好像很愚,但是实际上我们看看这个故事的结尾,愚公像他自己所说的那样,子子孙孙无穷无尽地挖下去了吗? 不是啊,愚公挖了两三年就感动了上天,上天派人把山搬走了,愚公事实上并没有一辈子干下去,也就是,愚公这个形象本身就包含着智叟的形象,这个才是愚公移山这一寓言的内在的智慧。我们光注意了鲁迅那个勇猛的一面,没有注意他动脑筋、大智慧的一面,所以我结合一些鲁迅的事迹,来展开一下我的观点。

大家都认为鲁迅是战士,没有错,我就讲两条关于鲁迅作为一个战士的智慧。鲁迅这个战士是个文化战士,不是部队里真的那种战士,且他又不是一个领导。我们现在把鲁迅推为一个伟人,推为一个领袖,这个是后来追认的,在鲁迅活着的时候,他就是一个人,他并不是领导干部,不是宣传部长,也不是文化局长,都不是,他手下没有兵,他就是一个个体户。所以鲁迅打的战,战术叫做壕堑战,壕堑战里面包括运动战啊、游击战啊,都有。"壕"这个词是第一次世界大战的时候产生的,古代是没有壕堑战的,我们看《三国演义》的时候没有看到过刘备、张飞刨一条沟趴在里面,壕堑战是热兵器产生以后,可以远距离杀伤敌人的时候才产生的。因为壕堑可以把大部分身体遮蔽起来,面对密集的火力,躲在掩蔽物后面,然后打对方,这种战术在一战过后得到广泛的重视。对鲁迅来说,密集的现代火力是指什么呢? 就是现代媒体。鲁迅躲在掩蔽物后面,沉着冷静地打防守,这是鲁迅的智慧。他不跟你硬干,他不同时攻击所有的媒体。所以,鲁迅的战略战术,恰恰和毛泽东思想是不谋而合的。毛泽东的战略思想就是适合被压迫者的,当一个被压迫者,处在敌强我弱的情况下,用什么办法去打? 壕堑战是最好的办法。鲁迅的主张是尽量不做无谓的牺牲,他讽刺那些做无谓牺牲的人。鸦片战争的时候,中国是全世界最有钱的,那时候世界十亿人口,中国占了四亿多,中国的 GDP 是全世界的三分之一,即使赔款赔到 20 世纪二三十年代,中国普通老百姓的生活还是远远高于日本的。日本物价很低,低消费,中国很多城镇的青年在家待着没意思,父母就让他们到日本去留学,混个文凭。那个时候在日本留学的人多数都是吃喝玩乐,少数是想学点知识救国,还有一部分就是革命党。鲁迅是兼后两者,他既要好好学习救国救民,又和革命党混在一起,伸张革命。鲁迅一生最佩服的人是谁?最佩服的是他的女老乡——秋瑾。鲁迅参加了革命党,当时的革命党要推翻清朝统治,主要的途径是什么呢? 暗杀。但鲁迅质疑那种方式,不同意用暗杀的办法,鲁迅认为暗杀不能达到效果。后来的历史可以证明,国民党由一个革命党变成了一个暗杀党,国民党经常采用这种暗杀的方式,不止对敌人,包括对自己内部的竞争对手,都采取暗杀的方式,所以最后这个党丧失了人心。国民党最失败的一次暗杀就是 1946 年杀掉了闻一多。为什么杀掉了闻一多就失掉了民心呢? 因为闻一多并不是"左派",闻一多并不是共产党,闻一多就是一个爱国知识分子,他气愤不过出来说几句公道话,结果就被杀掉了。所以,很多人想,这个政权绝对不可靠,今天杀闻一多,明天就可能杀掉我。鲁迅认为,中国的问题必须通过长期的思想斗争才能解决,而且这种方式是适合他做的,他不适合搞暗杀。但鲁迅坚持革命,做一个革命的知识分子,所以他后来就跟共产党成了战友。为了打壕堑战、游击战,鲁迅成了中国笔名最多的作者,三天两头就换一个笔名,我们现在知道鲁迅一生一共用了140 多个笔名,还有没发现的,也许哪天又发现一篇文章是鲁迅写的。鲁迅研究专家中有专门研究鲁迅笔名的,仅仅从 1932 年到 1936 年他逝世之前,在上海的这段时间里,他就用了 80 多个笔名,是中国文化史上的奇迹。现在老有人说,国民党的时候很民主、很自由,这是胡说,民主的话,鲁迅需要换这么多笔名吗? 你看看鲁迅那个时候,尽管今天我的博客经常被删掉,我仍然认为今天比国民党时代要光明得多、自由得多,我想假如鲁迅还活着,他也一定会写博客。当年鲁迅写的这些文章相当于博客,可是人家不给他打招呼,一条反动的消息立刻就给抓起来

鲁迅的智慧　孔庆东

了，所以鲁迅不断地换笔名。他的笔名都很有意思，比如有一个笔名叫"隋洛文"，因为国民党批评他是堕落文人，组织了写手批判他是堕落的文人，他就把"堕落"的"堕"下面的土去掉，起了一个笔名，叫"隋洛文"，这个人就是鲁迅。鲁迅还有一个笔名叫"何家干"，就是谁干的？鲁迅还善于利用国家机器——法律，打法律战。比如在女师大风潮中，鲁迅支持学生、反对校方，结果这些学生都被开除了，鲁迅也受到了牵连。鲁迅本来是教育部的一个官，过去的官没有今天这么多，一个科长相当于现在一个处长，鲁迅在教育部的官被撤了，他就跟教育总长章士钊打官司，而且居然胜了，所以有人说鲁迅是绍兴师爷。鲁迅既善于合法斗争，也善于不合法斗争，两手都来，不肯吃亏，这一点恰恰是我们大多数知识分子没有学到的。我们大多数知识分子逆来顺受，自己的事情忍过去了，对别人的事情自然也是袖手旁观，不肯见义勇为，也没有能力见义勇为。

讲讲鲁迅生活中的智慧。鲁迅是战士，但是战士不是时时刻刻都在战斗的，其实当兵的大多数时间也和我们一样，打仗的时间毕竟是有限的，特别是现在的战争，越来越重视后勤工作，越来越重视你平时干什么。比如现在社会上流行一种论调，认为国民党是有文化的，共产党是没有文化的，这都是浮光掠影的表面看法，没有去考察，没去看看历史。现在很多军事专家认为现代战争打的就是后勤就是生活，鲁迅就是非常讲生活情调的人。我很满意今天画的这个鲁迅的形象，这个形象画得非常好，画得有威严但又很温和，就是《论语》里孔子的形象，"威而不猛"，有威但是不给人压力，这是鲁迅的本来面目。鲁迅的人生观是一要生存、二要温饱、三要发展，讲得非常通俗。后来他又解释了，我之所谓生存，并不是苟活，所谓温饱并不是奢侈，所谓发展也不是放纵。今天很多人类学家讲人生几大需求，我看倒不如鲁迅这个概括得好，生存、温饱、发展，对人是这样，对一个国家民族也是这样。所以，我们国家一百年来，分几个阶段解决这个问题。毛泽东那一代领导人解决了我们国家生存的问题，那时候的国家，第一任务是生存。中国人民站起来是什么意思？活下来了，然后用几十年的时间解决温饱。那么，现在的问题是发展中的问题。所以鲁迅说，我怎么生存、我怎么温饱、我怎么发展。我以前讲过鲁迅很重视钱，那么鲁迅的钱是从哪儿来的？鲁迅的钱主要有三个方面的来源：一个是薪水，一个是他讲课的费用，一个是稿费。讲课费和稿费我们知道是不固定的，讲课就有，写作就有，不讲课不写作就没有，所以鲁迅很重视他那笔固定的薪水。鲁迅在教育部工作的时候，每个月的薪水是三百大洋，不知道镇江的朋友知不知道300大洋意味着什么？那个时候北京市市民的最低生活标准是两块大洋，两块大洋可以买200斤白面，按这样的物价来计算的话，当时一块大洋购买基本生活品的购买力是今天人民币的七八十倍到一百倍，也就是三百块大洋相当于两三万块钱呢。我再举一个旁证，因为我也研究老舍，老舍当时在北京当了一个劝学员，劝学员相当于一小片儿的教育分局分局长，他每个月的收入是100元，当时一个小学校长是40元，小学老师是25元，学校的勤务员是6元。我再举一个例子，当年毛泽东在北大图书馆当临时工，每个月的工资是8块大洋，图书馆馆长李大钊每个月是300大洋。8块大洋也不少啊，一个单身年轻人花一个月是花不了的，300大洋怎么花啊？再举一个例子，根据老舍的回忆，20世纪30年代的北京，花一毛多钱，就可以吃什么样的饭呢？他说："连酒带肉一毛五分钱。"吃的是什么饭呢？一盘炒肉丝儿，三个火烧，一碗馄饨里头有两个鸡蛋，这些只要一毛二、一毛三，如果花到一毛五，还可以加一壶老白干儿。这一顿饭我不知道今天在镇江要花多少钱？得30块钱吧？怎么着也得30块钱，可当时在北京是一毛五。所以用这个物价一衡量，一个人一个月挣了30大洋，真是没有地方可花。你想，那个时候又不买电视又不买电脑，这钱真是花不出去，除非买古董，鲁迅这些钱主要是买古董了，买线装书了，所以在这样的情况下，鲁迅就很重视他的300大洋。后来，鲁迅离开了官场，离开教育部，从北京到广东，从广东又到了上海，最后住在上海了。他在上海的时候，已经不在教育部当官了，可是教育部的领导是蔡元培先生，蔡元培是民国政府元老，他看在鲁迅曾经为革命作出的贡献上，每个月给他的干薪还是300大洋。每个月不干活、不上班，教育部还给他300大洋，鲁迅也接受了，鲁迅要了。鲁迅的原则就是钱是我该拿的，但是骂还是一定要骂的。鲁迅的这个做法在辛亥革命的时候就已经有了，辛亥革命以后鲁迅在绍兴办了一个革命性质的日报，这个日报天天骂这个政府，有天政府给他们送了一大笔钱来，这下报社慌了，坏了，这政府送钱来了，我们明天还骂不骂啊？鲁迅说，他送了钱就算咱们的股东了，这个股东做不好事当然要骂，咱们就算骂股东。第二天继续骂政府，这就是鲁迅的处世态度。在鲁迅看来，跑到外国去，在帝国主义的大旗下面骂中国，那是没出息的表现，那样骂中国太安全了，在美国骂中国算什么英雄？当然骂的内容可能是对的，但是这个姿态不是英雄的姿态，因为你是安安全全的。我就在中国，我还要批评中国，我在体制内，我还要批评这个体制，我跟这个体制一块完善、一块进步，这才是真的爱国主义，这才是真的勇士、真的豪杰，这是鲁迅的处世态度。

我再讲一下鲁迅比较庸俗的一面。鲁迅有一个学生，叫李秉中，在国民党的部队里当官，由于他受鲁迅思想的启蒙，觉得国民党的统治很黑暗，于是就写信征求鲁迅的意见。结果，鲁迅反对。按我们的想法，鲁迅应该表扬他，觉悟了，很有革命思想，没想到鲁迅反对。鲁迅认为人的饭碗可以和人的理想分开，鲁迅给他回信说："人不能不吃饭，因此即不能不做事，我看中国谋生将日难一日也，所以只得混混。"我第一次读到鲁迅这封信的时候，心里受到了很大的震撼，我没有想到从鲁迅嘴里会出来"混混"这两个字，很不英雄，很不容易理解。我觉得理解了鲁迅的这段话，我对整个鲁迅的理解就上了一个境界。鲁迅重视饭碗，重视人的物质生活对人的精神生活的决定作用，这恰恰是马克思主义的态度。鲁迅不是先学了马克思主义理论才按照理论这样做的，鲁迅是从长期的革命实践、生活实践中，体会到了人生的很多道理，所以他才最后喜欢马列主义。他觉得马列主义是最有人情味的主义，因为马克思就是从研究人的物质生活入手，发现了很多秘密，最大的真理是人要吃饭。鲁迅和他的弟弟周作人尽管最后的政治结局不一样，但他们看很多问题都是先从人要吃饭这一点上出发的。由于看明白了鲁迅的这封信，我今天也经常这样对待我的学生。比如我的学生在一个大公司里工作，他很不喜欢公司的老板，也不喜欢自己的工作，他说他们公司生产的产品都是骗人的，在那里他很苦恼，还说想辞职。我就采取鲁迅的方法，我说这个公司当然不好,或者你的领导不好,你想办法反对他,你想办法提意见可以,但是你这个饭碗得来不容易,你在这个公司辞职,到了另一个公司说不定一样,天下乌鸦一般黑,可能都一样,那个公司可能更坏。我说,你不一定要离开你这个饭碗,但是你在你这个职位上要想办法改善,不要一怒之下拂袖而去,我觉得这个是把理想和现实结合起来的态度。

鲁迅在领取这个很高很高的薪水之外,还到处讲课,最多的时候,鲁迅同时在北京 8 所大中学校上课。不仅在大学上课,中学他也去上课,当然那个时候讲课费也比较多,否则也不值得一个礼拜一个礼拜地到处跑,所以他在哪个学校领了工资,回来就记上,这也是他的一笔收入。稿费他就更要计较了,稿费是他像老牛一样吃了草挤了奶的劳动。后来 30 年代鲁迅在上海的时候,大洋的购买力有所降低,但是一块大洋也相当于今天的四五十块钱,那个时候鲁迅一年的平均收入是一万多块大洋,也就是说他一年的收入在今天的 50 万以上,所以鲁迅是高薪阶层。我们以前老以为鲁迅是个穷人,穷着补丁的长衫,这样一个鲁迅,根本不对。其实鲁迅不是这样,真正地读了鲁迅的材料、日记和书信,你会发现不是,他的生活过得很好,是当时大多数中国人享受不到的生活。鲁迅在一篇很著名的文章里面专门说到钱:"'钱'这个字很难听,或者要被高尚的君子们所非笑,但我总觉得人们的议论,不但是昨天和今天,往往饭前饭后都有所差别,凡承认饭需钱买而以说钱为卑鄙者,倘能按一按他的胃,那里面怕总还有鱼肉没有消化完,需得饿他一天之后,再来听他发音。"鲁迅说得很刻薄,但这恰好是马克思主义的观点,一饿他,他就不说钱是卑鄙的,钱是中性的,钱不一定是好东西,钱也不一定是坏东西,鲁迅是这样认识的。所以我现在也不避讳"钱"这个字,比如我到饭店吃饭,吃完饭,不说"买单"这种虚伪的词儿,简单地说算钱,服务员拿单来检查一下,看看对不对。可见鲁迅的生活智慧是建立在实实在在的日常生活之上的,因为他不是职业革命家,他不是毛泽东、刘少奇、周恩来这样的革命家,在革命根据地可以不讲钱,因为大家过的是集体生活,每个人每个月 5 分钱可以了,他作为一个革命的个体户又是文化人,他必须要讲钱,他必须要把生活搞好。

还有很多人生活搞得不好，仍然追求理想，这样的人当然值得尊敬。我在北大经常遇到这样的文学青年，生活得一塌糊涂，说自己喜欢文学，跑到北大来找某个老师，有时候就找到我，我一般给他泼冷水，我说你的志向很好，不论你立志当一个大作家还是立志改造社会，我支持你的理想，但是我建议你先把谋生的问题解决，如果你现在有困难我可以给你点钱，但这不能解决你一辈子的问题，我说你这样子跑出来，你老婆孩子怎么办？要实事求是地考虑问题，你是一个有志青年，但是你的生活如果没有解决好，现在又不需要你上山打游击闹革命，你这样就变成一个幼稚青年了。

由于鲁迅重视生活，所以他的观察能力特别强，很多人说鲁迅是思想家，但他更是一个文学家。他写的东西特别有意思，特别好玩儿，他有超人的了解能力。比如鲁迅写一支蜡烛，说一支细瘦的洋烛，蜡烛有什么胖或瘦呢？可是鲁迅写的蜡烛就是瘦的，你读了蜡烛是瘦的，就觉得不光是写它细，这蜡烛好像人一样，所以鲁迅写的这些处处都跟生活细节有关，一看就难忘。他的小说没有什么波澜起伏、惊天动地的情节，一个平淡的故事你都忘不了，一件平淡的小事、几乎没有什么故事你都忘不了，孔乙己你忘不了，那个儒生的细节写得太传神了，太有个性了，超过所有人，所以鲁迅在生活中非常注意细节。据萧红回忆，有一次他们到鲁迅家吃饭，当时很多青年作家很穷，经常到鲁迅家蹭饭吃，萧红、萧军等很多文学青年到了上海就给鲁迅写信，其实目的只有一个，到鲁迅家去蹭饭，鲁迅收到信之后都邀请他们到家里来吃顿饭。有一次，他们在鲁迅家吃从福建菜馆叫来的菜，其中有鱼丸子，鲁迅的孩子海婴说不好吃，但大家都说好吃，就小孩说不好吃，大家都觉得这个孩子不懂事。鲁迅觉得不可能，鲁迅说我要尝一尝他的那个丸子，就从孩子的碗里夹出来自己尝了一口，说，这个丸子真的不好吃，别的丸子都好吃，就这一枚不好吃，鲁迅说孩子说不新鲜一定有他的道理，不加以查看就抹杀是不对的。鲁迅对人设身处地的这种功夫，是圣贤功夫，圣贤不是光会讲大道理，圣贤体现在每一个生活细节上，从小事入手去关心，不是讲大道理。

我们的研究生论文答辩，很多老师说这个不行，不能这么写，他们是从自己的角度去否定学生的,老师给学生挑毛病太容易了,但是我总是想,我不能从自己的角度看问题,我从自己的角度看问题,学生可能永远都毕不了业,我总是从学生自己的角度看他们的文章。按照你的可能性,你可能做到的,你却还没做到,这我要批评你。学生是一棵杨树,我不能以一棵松树的标准去要求他,他若是一棵松树,我要让他长成一棵好松树,我不能以一棵柳树的标准去要求他。从这里可以看到,针对每一个个体去解决问题,这是从孔夫子到鲁迅到毛泽东一以贯之的,伟人在根本性的问题上是一致的。

有人说鲁迅太细心了,所以他苛刻,他写文章太损。鲁迅是这样的,他愿意观察,再细致的东西他都能观察出来,通过这些细节,刻画的人物栩栩如生。可是鲁迅在对待自己的事情的时候,他观察得很细,结果却很大度。我讲一个事情,当年在北大有一个学生叫冯省三,他是一个山东青年,对鲁迅太随便了,有一天跑到鲁迅家里,往床上一坐,翘起脚说:"哎,我刚才看到你们家门前有修鞋的,我这双鞋已经破了,你拿去给我修一修。"鲁迅听了也没说什么,说"那你休息吧,我拿去修",鲁迅拿着钱到门口去给他修鞋,修好以后这个冯省三连句"谢谢"都没说,反而埋怨道:"修了这么长时间啊!"这种事情要是落在我们头上,肯定大骂他一通,说不定打他一顿都有可能。我这人脾气不好,鲁迅脾气也不好啊,但是鲁迅是怎么对待这种事情的? 鲁迅提到这件事情的时候哈哈一笑,"山东人真是直爽啊",鲁迅是这么评价的。我看到鲁迅的这个评价,很不好意思,我也是山东人,我想,山东人给人这么不好的印象,特别不好意思。鲁迅看人是看大节,他觉得冯省三这个学生是个好学生,这个事虽做得不妥,但可以原谅。冯省三当年是北大学潮中的学生领袖,是英雄,领导学生闹学潮,被学校开除了。当时北大的教务长是胡适,胡适还落井下石地嘲笑他,他去找胡适讲道理的时候,胡适说,"你好汉做事好汉当嘛,你好汉做到底嘛,既然闹事就不要怕被开除嘛"。鲁迅从这个事情上觉得社会不公,一个人为了大家做了牺牲,可是最后大家并不来救他。他闹了这个学潮,最后获得了胜利,可是自己被开除了,大家都忘了;他们闹学潮是为了抗议学费,最后大家学费都免了,学校把他开除了。所以鲁迅和周作人都写了文章，为这个学生鸣不平，周作人好像写了还不止一篇文章说这个事情，后来因为这个事情，周作人就不愿意为别人做牺牲了，鲁迅反而是更加愿意为他人做牺牲。

　　所以我们可以看到，鲁迅虽然细心，但是对待个人生活并不斤斤计较。那鲁迅到底世故不世故呢？这就很难说了。首先，鲁迅应该是懂得世故的，怎么做事不吃亏，鲁迅肯定是懂得的，而且懂得的比一般人多。比如鲁迅就写过，应该如何和高人谈话。高人包括有学问的人、有钱的人、有权势的人、名导、老板，等等，怎么跟他们说话呢？对于他之所想，要装作偶有不懂之处，太不懂被看轻，太懂了被厌恶，偶有不懂之处，彼此最为合宜。现在市面上很多《心灵鸡汤》告诉人们怎么待人接物，鲁迅对这一套懂得很，也完全可以把这一套应用于上班，应用于各种场合，可是鲁迅自己却不一定这么做，这一套他都懂，但是他不这么做。他告诉学生，将来工作的时候怎么办，自己却不这么做。你当鲁迅这个话是世故，但是这个话被他这么一写，本身就包含了一种讽刺或者嘲讽，背后有一股冷气。所以鲁迅自己做事的时候，经常不给人家面子。比如日本请他去主持"中日通航典礼"，鲁迅说，"不去，这个绝对不去，别的逢场作戏可以，这个绝对不行"，请他去的人说，"这是领导安排好的，如果您不答应，我就非常为难了"，鲁迅说，"如果我答应，我就非常为难了"。所以说鲁迅的智慧不一定很从容很婉转，也有斩钉截铁的时候，有原则性，说话得客气，但原则问题不能让步，不能参与中日之间的这个事情。今天有人说鲁迅到底抗日不抗日，他在日本留学，是不是对日本特别友好？不是，鲁迅也好，包括他的弟弟周作人也好，在抗日战争之前就写了大量的文章，都表明了他们对中日关系的态度，但是鲁迅主要不是去骂日本，他主要是骂国民党不抗日。在鲁迅看来，狼没什么可骂的，主要该骂的是羊，狼要吃羊不用骂狼，该骂的是这只羊为什么要给人家吃。这是他的思维方式。所以，鲁迅看透了这个生活，从理论上来讲，他可以从心所欲，但是实际上又不可能随便敷衍，或者他的敷衍背后有着理智的清醒。

　　在中国做人很难，集中体现为说话难，原来只是官场上说话难，现在全社会都官场化,所以在我们学术界说话也不容易,在商场上说话也不容易,有时候亲朋好友来往都要考虑怎么说话得体。鲁迅有一篇短文叫《利论》,里面举了一个例子,说有一家生了一个男孩,满月的时候抱出来给客人看,想得一点好兆头,有人说"这孩子将来要发财的",这家人就一定要感谢他,给他礼物给他钱;有人说"这孩子将来要当官的",这家人也给他钱给好话;第三个人说"这孩子将来要死的",便挨了一顿打。其实我们看,前两个都是撒谎,你怎么知道这孩子将来要当官要发财呢?不可靠么。只有第三个说的是真话,因为人都是要死的。撒谎的得好报,说真话的遭痛打,鲁迅说做人太难了。那怎么办呢?你不想撒谎也不想挨打,就只能说"嘿嘿哈哈",只能这么说,所以鲁迅的这个调侃包含着一种沉重,是批判这个社会不让人说真话的。鲁迅还有一篇短文叫《世故三昧》,他说"人世间真是难处的地方,说一个人不通世故不是好话,但说一个人深于世故也不是什么好话,世故似乎也像革命,不可不革而亦不可太革一样,不可不通而亦不可太通一样",这是鲁迅的一个论述。还有一句,"然而据我的经验,得到深于世故的恶谥者,却还是因为'不通世故'的缘故",这个话是很有深度的。所以一个人被别人说"深于世故",恰恰是因为他还不够世故,真正世故的人,别人是看不出他世故的,让别人看出来了,算什么世故呢?所以被人看出来世故的,修行都不到家,都还幼稚,段位都不够。所以鲁迅说得好,所有深于世故的人都是因为不懂世故,真正世故的人,一直到死都不漏,还被很多人冠以好的名声,这种人才是真正的深于世故。鲁迅死了这么多年了,还有人骂他,像鲁迅自己所说,"世故得还不到家",或者只是纸上知道世故的道理,实践能力很差。鲁迅有一个好朋友——许寿棠,他说:"有人认为鲁迅深于世故,却也有人以为不通世故,其实都不对,只是与时宜不和罢了。"这说得很贴切,鲁迅只是不合时宜,而且鲁迅一生都不合时宜,这个不合时宜是他的选择。鲁迅从理论上能够全面地看问题,全面地看问题之后呢,他不是哈哈一笑就没事儿了,他看地很全面,既有优点也有缺点,然后集中火力去攻击缺点,这就是鲁迅的想法。既然作了这样的选择,就必然不合时宜。

鲁迅得罪的人特别多,尽管在大多数情况下是对事不对人,但是人的心胸并不是都那么开阔的。其实这些人应该感谢鲁迅,如果没有鲁迅骂了他们两句,他们的名字怎么会留在历史上呢?很多人的名字都是因为出现在《鲁迅全集》的注释里面,我们才知道的。我从小读两部书,一个是《毛选》,一个是《鲁迅全集》,我从《毛选》的注释和《鲁迅全集》的注释里,几乎知道了一部现代史。多少人的名字出现在《鲁迅全集》的注释里,这个人被鲁迅骂过,长大以后一看,这个人是个作家,很有名啊,如果没有鲁迅,根本不知道这个人,所以鲁迅得罪的人太多。

鲁迅对好人是天真的,是宽容的,对不好的人是严厉的,或者是敷衍的,我说的鲁迅这么的有智慧,是不是做事都恰到好处呢?多数事情是这样,但是也不尽然,鲁迅也有尴尬的、智慧失灵的时候。鲁迅这个人年轻的时候受过"计划论"的影响,一辈子都没有改过这个毛病,就是对年轻人特别慈善,即使他发现很多年轻人不好,人品很坏,他也不忍心拒绝人家。"计划论"认为,年轻的时候听老人的,所以他教过的学生有的特别感谢他,有的则利用完他还要骂他。比如鲁迅在广州的时候教过一个学生,这个学生好多年没见了,突然跑到鲁迅家里,还带着一个女朋友,说要做鲁迅的义子,然后就要住在家里。鲁迅没办法,这小夫妻两个就在鲁迅家里连吃带住了几个月,每天在家里待着无聊,又说让鲁迅给他们找工作,找了工作又嫌工作太劳累、收入低,就不干了,怎么都不满意。几个月之后腻烦了,说干脆你给我一笔钱把我打发走算了,最后鲁迅给他拿了120块大洋,又送了十来件家具,搞了一辆车拉走了。鲁迅受伤害的事情比较多,就是因为他不够势利,对人也太好,所以我们从鲁迅身上不但能学到经验,也能看到值得吸取的教训,就是有时候不能对人太好。

我工作的单位也很引人注意,北大是天下人注目的焦点,北大里面什么人都有。所以现在北大门卫查证件,不让闲杂人等进来,我是支持的,不然这北大的教学没法搞,每天几万人拿北大当不花钱的旅游胜地,所有的地方都要指点指点,最后还要找一找,孔庆东写的那个47楼在哪里?还要到47楼去看一看,实在让北大难以承受。特别是很多人来寻求我们帮助,提几个问题还可以,老要求经济上的帮助,那受不了。

有一次一个青年找到我，说生活怎样困难，我身上只有 500 块钱的稿费，我说："我只有把这 500 块钱给你。"然后我就到系里开会去了，一开会系主任就讲："大家注意，最近有一个骗子，已经骗了我们老师很多钱了。"我说："长什么样啊？"他一说，我说："哎呀，我刚给骗了 500 块钱去。"这个人厉害，骗我不要紧，最厉害的是骗我们钱老师，钱老师在家里，他在中文系给钱老师打电话，也是如此这般地诉说了一番，大热天啊，30 多度，钱老师从家里赶到北大来给他送钱，拿钱的时候那人还说："我等了这么久，你怎么才来啊？"他还把钱老师训了一番，这个很可恶。经过这个事情之后，我变得比较吝啬，不是谁来我都帮助，有时候还会把他们训出去。前几天我才把这样的一个青年训走，他可能有点精神不正常，坐在那儿等我们系的张老师。我跟他聊天，他好像不认识张老师，我吓唬他，我说张老师和我不一样，他脾气很坏的，我说他发现你这样的人，没准要打你，他一听害怕了，就跑掉了。

鲁迅就是这样一个层次很多、层面很多、非常丰富的人，一般人要有这么多层面，是承受不了的，会精神分裂的。其实精神分裂的人层面多，本来是好事，但是因为自己不能统一，没有一个主心骨，所以会变得喜怒无常。那么有大智慧的人，能够用自己的智慧把自己的诸多侧面统一起来，所以鲁迅才会战斗得那么持久那么坚韧。鲁迅在各个时间都不合时宜，晚清的时候他反对清政府，民国的时候反对民国政府。他反对北洋军阀，北洋军阀被打倒了，蒋介石统一中国了，他又反对蒋介石。他在每个时期都不说现在的统治是好的，但也不全盘否定。用鲁迅的话说就是在绝望中抗战，他说："我活着的目的，只要世界是不圆满的，就永远和不圆满作战。"战斗就是他的乐趣，这是他说的真心话。他说："你们年轻人啊，都幻想将来有一个美好的世界，所以你们奋斗，这是你们年轻人的想法，但是在我看来，永远不会有一个理想的世界，你老把希望寄托在未来，这是空的，你不如把希望就放在现在，就放在此时此刻的战斗上。"他说："我就是和这个黑暗的社会捣乱，你不是黑暗吗，我也不指望你好，但是我也不让你好，我就跟黑暗捣乱，我让一个坏人永远活得不安生。你不是不让我们活得好吗？我也不让你活得好，谁也别想睡好觉。"这是鲁迅的态度。他因为有了这个态度，就不怕失败了。年轻人为什么怕失败，因为有一个美好的理想，理想一受挫折就灰心丧气了。鲁迅曾经说过，极"左"容易变成极右，极右容易变成极"左"，这时候我们发现极端反而离得很近，真正的中庸之道是非常难的。鲁迅能够战斗得这么久，也跟他研究佛家思想有关系。佛家讲的都是大智慧，我们今天就是丧失大智慧的时代，所以才造成非此即彼。我们今天的生活中，表面上看来是不需要像鲁迅那个时代那样频繁的战斗的，但实际上今天这个时代更复杂。我在十来年以前第一次在北大讲鲁迅的时候，曾经说："今天是又一个鲁迅时代，鲁迅时代又一次来临了。"我小的时候不是鲁迅时代，鲁迅说的什么洋奴啊、殖民地啊，我都不知道怎么回事，到 20 世纪 90 年代，慢慢地，被我们推翻的三座大山，不知谁给背回来了，重新压到了我们头上，于是马上就读得懂什么叫阶级斗争，什么叫洋奴了，全都明白了。所以我在 90 年代初说，"我们又到了鲁迅时代"。我的很多灵感都是从鲁迅那儿来的，翻开鲁迅的那些杂文一看，说的都不是 20 年代 30 年代，说的和现在一模一样，就像我们现在发生的事情又回到了鲁迅的那个年代，格局都一样，所以我们今天不是又一次面临鲁迅时代，而是比鲁迅时代更复杂的时代。

所以我们只能从鲁迅那里得到一种理论上的智慧，那些具体的招数不一定管用，但是我们可以受他的启发，这些启发是我们学之不尽的。当然鲁迅还有很多的东西没有被我们读懂，因为我们长期把鲁迅讲得太僵化，把鲁迅当成一个符号放在那里。鲁迅必须被讲成一个活生生的人，然后我们才能去领悟他的智慧。这些智慧哪怕被我们领悟一半儿，就像我小时候看的电影《闪闪的红星》里的红星一样，这个闪闪的红星能够让我们在长夜里驱黑暗、寒冬里迎春来。但愿鲁迅的智慧能够给我们今人提供一些启示，帮助我们在一生中，解决种种的痛苦和困惑，使我们的一生相对完满、相对美丽。

谢谢大家。

（2010 年 8 月 17 日）